Carl-Ludwig Reichert

Blues

Geschichte und Geschichten

Mit Schwarzweißabbildungen
und Audio-CD

Deutscher Taschenbuch Verlag

Dem Buch ist eine Audio-CD mit 21 Musikbeispielen beigegeben. Ausführliche Hinweise auf Autoren, Interpreten und Rechteinhaber finden sich nach den Cover-Nachweisen ab Seite 272 des Buches.

Originalausgabe
Oktober 2001
© 2001 Deutscher Taschenbuch Verlag GmbH & Co. KG,
München
Umschlagkonzept: Balk & Brumshagen
Umschlagfoto: Howlin' Wolf in »The 1815 Club« Chicago
(© PoKempner 1975)
Redaktion und Satz: Lektyre Verlagsbüro
Olaf Benzinger, Germering
Gesetzt aus der Revive 565
Druck und Bindung: Kösel, Kempten
Gedruckt auf säurefreiem, chlorfrei gebleichtem Papier
Printed in Germany · ISBN 3-423-24259-0

Inhalt

Einleitung: Blues – die Mutter (fast) aller Popmusik . . . 7

Kapitel 1: Die Anfänge 19
Kapitel 2: Frühe Dokumente 38
Kapitel 3: Die Zentren des Blues 49
Kapitel 4: Die anderen Regionen des Blues 81
Kapitel 5: Die ersten Stars 96
Kapitel 6: Vorkriegs-Blues 113
Kapitel 7: Feldforscher, Field Recordings, Produzenten . . 136
Kapitel 8: Nachkriegs-Blues 148
Kapitel 9: Blues Revivals 175
Kapitel 10: Blues in Europa und überall 193
Kapitel 11: Blues heute 204
Kapitel 12: Crossroads to nowhere 226

Anhang
Auswahl-Bibliografie 239
Diskografie 247
Register 258
Nachweis der abgebildeten Cover 271
Hinweise zur CD 272

»You got a good woman and lose her and that's
the beginning of the blues.«

*(Du hast eine gute Frau und du verlierst sie
und das ist der Anfang des Blues.)*

Champion Jack Dupree

Einleitung: Blues – die Mutter (fast) aller Popmusik

Der Blues ist das Einfache. Deshalb ist er so schwer. Man kann ihn auf nur einer Saite spielen, wie Lonnie Pitchford, auf der Gitarre wie Robert Johnson oder Jimi Hendrix, auf dem Piano wie Pinetop Perkins oder Memphis Slim, allein wie Blind Blake oder Corey Harris, mit anderen wie die Memphis Jug Band oder The North Mississippi Allstars, sogar als voll instrumentiertes Orchester wie bei W. C. Handy oder Andy Kirk And His Clouds Of Joy – Blues bleibt immer erkennbar, gebunden an das wenig variable Schema der zwölf Takte, der drei, höchstens vier grundsätzlichen Wechsel der Harmoniestufen I, IV und V* und der Blue Notes, jenen zwischen den Tonarten schwebenden unkorrekten, aber unendlich aufregenden Zwischentönen, die den Blues charakterisieren. Es gibt freilich immer wieder Ausnahme-Blues-Musiker, die sich nicht einmal daran halten. Doch ob sie nun acht, elf oder sechzehn Takte spielen oder in nur einer Harmonie – am Feeling, am einfühlsamen Spiel und an den Blue Notes wird man den Blues-Charakter immer erkennen. Seinen ohnehin vorhandenen Hang zum Metaphysischen drückt am besten die bekannte Legende von der geheimnisvollen Kreuzung aus, zu der sich der noch unvollendete Blues-Sänger begeben muss. Dort war-

---

* Das harmonische Grundschema des Blues basiert auf der Akkordstufen-Abfolge: I / I / I / I / IV / IV / I / I / V / IV / I / I /

Das charakteristische Text-Schema des Blues ist häufig A A B, also etwa:
»I went to the crossroad, fell down on my knee,
I went to the crossroad, fell down on my knee,
Asked the Lord above for mercy, save po' Bob if you please.«

(*Ich ging zu der Kreuzung, fiel auf meine Knie. [2 x]
Bat den lieben Gott um Gnade, hilf Bob, dem Armen, bitte sehr.*)

tet er, mit der Gitarre in der Hand, bis aus dem Nichts eine dunkle Gestalt hinter ihm auftaucht. Er dreht sich nicht um, auch nicht, wenn die Gestalt ihm die Gitarre aus der Hand nimmt, sie stimmt, ein paar komplizierte Blues-Riffs darauf spielt und sie ihm wieder zurückgibt. Damit ist der Teufelspakt geschlossen und von nun an kann der Sänger den Blues vollendet auf der Gitarre begleiten – wie Robert Johnson oder all die anderen, denen man es nachsagte.

Rein musikalisch gesehen, ist der Blues zunächst geradezu simpel und schematisch, das macht es so schwierig, ihn einfallsreich und interessant zu spielen. Dazu ist im Grunde eine erhebliche Virtuosität innerhalb des Genres nötig, wie die Einspielungen der Meister zeigen: ausgefeilte Picking-Technik, Experimente mit offenen Gitarrenstimmungen, Übernahme von Einflüssen anderer Musik-Stile wie Gospel, Ragtime oder Techniken wie das Sliden, der Walking Bass oder das Boogie-Ostinato in unendlichen Variationen. Allerdings: Der Blues ist viel mehr als einfach nur ein Musikstil und entzieht sich somit erfolgreich der grauen Theorie. Man hat ihn. Man singt und spielt ihn oder man hört dem zu, der ihn singt und spielt. Manche leben ihn, freiwillig oder unfreiwillig. Er ist Singular und Plural in einem – »The blues got me und I got these blues«. Er ist die Basis aller angloamerikanischen populären Musik, die sich nicht direkt aus der europäischen Folklore ableiten lässt. Er hat Geschwister in Afrika, Brasilien und Hawaii und er hatte ein Baby, das nannte man Rock'n'Roll.

Den Blues ziert keine illustre Verwandtschaft, aber zu ihm gehören ehrliche Leute. Viele seiner Abkömmlinge gingen ins Show-Business: Boogie, Rhythm & Blues, Dixieland, Skiffle, Blues-Rock. Einige studierten und wurden Intellektuelle: Jazz, Free Jazz. Andere zogen in die Metropolen und modernisierten ihn: Soul, Hip-Hop, Rap. Inzwischen taucht er manchmal sogar als Sample bei Moby oder in Techno-Stücken auf. Wenn B. B. King und Eric Clapton ihn zusammen spielen, kauft ein Millionenpublikum das Album, egal, was Puristen, Leute mit Geschmack, Kenner oder Fans davon halten. Das führt im-

Einleitung: Blues – die Mutter (fast) aller Popmusik

merhin dazu, dass man den Blues nachhaltig wahrnimmt, auch im 21. Jahrhundert. Dessen definitiver Blues-Sänger stand freilich schon im späten 20. Jahrhundert fest: Captain Beefheart alias Don Van Vliet.

Als in den Sechzigern ebenfalls Millionen eine Single der Rolling Stones mit dem Titel »Love In Vain« hören wollten, ahnte kaum jemand, dass es sich um einen Blues von Robert Johnson, dem großartigen Mississippi-Delta-Sänger und Gitarristen, handelte. Erst als Mitte der neunziger Jahre ein weiteres, bis heute andauerndes Blues-Revival einsetzte, das sich insbesondere auf die archivalischen Schätze des Vorkriegs-Blues richtete, wurde zur allgemeinen Überraschung eine Gesamtaufnahme der Blues-Klassiker von Robert Johnson über eine halbe Million Mal verkauft. Pop als Blues? Blues als Pop? Einmal so, einmal anders?

Fragen, die nur mit einem deutlichen »Jein« beantwortet werden können. Denn wie das Wort Pop auch, das einerseits eine Abkürzung für »popular culture« ist und den gesamten Bereich populärer Vergnügen umfasst, andererseits aber einfach populäre Musik von der Heimatschnulze bis zur Noise-Avantgarde bedeutet, war der Begriff Blues von Anfang an mit einer Doppelbedeutung behaftet. Schuld daran war kein Geringerer als sein angeblicher Vater W. C. Handy selbst.

Dessen eigentlich für Tanzkapellen komponierte Stücke, die er auf den Straßen von Memphis adaptiert, als Notenblätter veröffentlicht und als Blues betitelt hatte, lösten nämlich die erste Blues-Welle in Amerika aus. Blues war hier analog zu Bezeichnungen wie Charleston oder Shimmy der Name für eine bestimmte Art von Tanzmusik, die mehr oder weniger nach dem Blues-Schema funktionierte – eher weniger offenbar, denn schon in seinem Megahit »St. Louis Blues« schrieb Handy abwechslungshalber eine Einleitung im Tango-Rhythmus hinein.

Von welchen Blues-Arten soll also in der Folge die Rede sein? Vom Tanz-Blues, vom Blues-Tanz, vom Landeier-Blues oder von dem der Stadtstreuner, vom Blues im Bordell oder vom Revival-Blues im Hörsaal oder Stadttheater? Lassen wir Experten sprechen, doch auch die blicken nicht ganz durch:

»Der Blues als eigenständige musikalische Form ist wahrscheinlich in den Jahren kurz vor dem Ersten Weltkrieg entstanden, doch der Stil und die ›Blues-Stimmung‹ waren schon seit über hundertfünfzig Jahren Bestandteil der Musik der nordamerikanischen Neger. Ein Blues ist ein tief empfundener Song von ganz persönlicher, gefühlsbestimmter Eigenart. Im Blues fanden die Gefühle der Negersänger in allen Teilen des amerikanischen Südens ihren Niederschlag, und als sich die regellose Vielfalt der Plantagenlieder langsam in lose Muster ordnete, wurde der Blues zu einem Teil des Negerlebens selbst.« So romantisierend und gefühlig konnte Samuel B. Charters noch in den fünfziger Jahren sein, als er sein bis heute unverzichtbares Standardwerk ›Country Blues‹ verfasste. Einen scharfen, witzigen Verstand, Showmanship und geschäftliches Kalkül wollte er seinen Protagonisten nicht so gern zuschreiben.

Auch Giles Oakley wandelte 1976 auf dem Pilgerpfad der großen Gefühle. Aber er sah schon mehr: »Für diejenigen, die versuchten eine geordnete Frömmigkeit, eine anerkannte, allgemein gültige Handlungsnorm im Leben aufrechtzuerhalten, die wenigstens im Tod noch Freiheit bringen würde, war es die Musik des Teufels ... Aber für die, die ihn sangen und ihn auch heute noch singen, ist er eine Musik des Gefühls, der direkten Beobachtung und des Feststellens von dem, was ist, und nicht, was sein könnte, unverziert, unvollkommen und ohne Ansprüche.«

Davor schon hatte der Franzose Hugues Panassié charakteristische Züge von Blues-Texten festgestellt: »Die Texte des Blues – die sich der Sänger oft selber ausdenkt – spiegeln die Lebenseinstellung der Schwarzen wider: Auf eine Melodie mit dramatischem Akzent werden häufig komische, humorvolle Texte gesungen; und mitunter begleiten dramatische Texte voll bitterer Wahrheit eine heitere Melodie.«

Der Blues ist schwer zu fassen. Nimmt man ihn zu eng, rutscht er zwischen den Fingern durch; definiert man ihn zu breit, landet man bei Sprüchen wie »Ois is Blues«; legt man ihn einseitig auf Gefühl, Protest oder Unterhaltung fest, macht er sich aus dem Staub. Aller Wahrscheinlichkeit nach ist der Blues eine besondere Haltung der Musik, der Welt, Gott und Teufel, den Mitmenschen und sich selbst gegenüber. Er definierte sich bei jedem einzelnen seiner Interpreten auf ganz besondere, eigenartige, individuelle Art. Ich werde deswegen keine eigene, nur scheinbar objektive Definition des Blues versuchen, sondern verschiedene prägnante Aussagen von Blues-Musikern zitieren, die in ihrer Gesamtheit eine Ahnung von der existenziellen Dimension des Blues ermöglichen.

Hier sind einige davon. Die schockierendsten gleich zu Beginn. Leadbelly in der Einleitung zu »Good Morning Blues«:

»Now, this is the blues. Never the white man had the blues, 'cause nothing to worry about. Now you lay down at night. You roll from one side of the bed to the other all night long. You can't sleep. What's the matter? The Blues has got ya! You git up and sit on your side of your bed in the morning, may have a sister and a brother, a mother and father around, but you don't want no talk out of them. What's the matter? The blues got ya! When you go and put your feet under the table, look down at your plate, got everything you wanna eat. With your shaky head you get up and you say: Lord, I can't eat I can't drink. What's the matter? The blues got ya! Wanna talk to ya. Hear, what you got to tell em:

Good morning blues, blues how do you do?
Good morning blues, blues how do you do?
I'm dyin allright, good morning, how are you?«

(*Also, das ist der Blues. Niemals hatte der weiße Mann den Blues, denn er hatte keine Sorgen. Also, du liegst nachts da. Du wälzt dich die ganze Nacht lang von einer Seite des Betts zur andern. Du kannst nicht schlafen. Was ist los? Der Blues hat dich! Du stehst auf und sitzt in der Früh auf deiner Seite vom Bett, kann sein, du hast eine Schwester und einen Bruder, eine Mutter oder einen Vater um dich rum, aber du willst nicht, dass sie mit dir reden. Was ist los? Der Blues hat dich! Dann stehst du auf und stellst deine Füße unter den Tisch, du schaust auf dein Frühstück, alles, was du essen möchtest, ist da. Du stehst auf, schüttelst den Kopf und du sagst: Herrgott, ich kann nichts essen und nichts trinken. Was ist los? Der Blues hat dich! Will mit dir reden. Hör, was du ihm zu sagen hast:*

Guten Morgen Blues, Blues wie geht's dir so?
Ich geh grad drauf, Guten Morgen, was machst du?)

Schlechte Zeiten für »weiße, angelsächsische Protestanten« schon damals. Denn selbst den Blues zu haben sprach ihnen

Einleitung: Blues – die Mutter (fast) aller Popmusik

einer wie Leadbelly, den sie aus dem Gefängnis gelassen hatten, um sein Repertoire von über fünfhundert Songs anzuzapfen und um sich in den Konzerten beim Anblick des ungeschlachten Mordbuben mit seiner Zwölfsaitigen gepflegt zu gruseln, glatt ab. Und jüngst setzte David Honeyboy Edwards in seiner Autobiografie ›The World Don't Owe Me Nothing‹ noch eins drauf: »Weil sie weiß sind, weiße Musiker, bekommen sie den Ertrag unserer Musik, wenn sie Blues spielen. Sie erhalten mehr Anerkennung für unsere Musik als wir selbst. Andererseits macht es den Blues auch populärer. Ich habe verschiedene Ansichten darüber ... Eine Menge dieser weißen Jungs spielen den Blues wirklich gut. Allerdings hat die Sache einen Haken: Die meisten können ihn überhaupt nicht singen.«

Alles klar? Von wegen. So schwarz, wie der Blues gern wäre, ist er nämlich vielleicht gar nicht. So, wie David Honeyboy Edwards selbst einen Schuss Indianerblut in seinen Adern hat, so multikulturell sind die Einflüsse, denen er entsprang: Afrikanisches sowieso, aber dazu aus Hawaii die Slide-Technik, aus den Alpen und den Prärien die Jodler, und wer etwa die Musik der brasilianischen Cangaçeiros mit offenen Ohren hört, weiß auch nicht so recht, wer was von wem hat. Mit Sicherheit ist der Blues nicht von heute auf morgen als fertige Sing- und Spielweise entstanden, sondern hat sich über lange Zeiträume hin und unter spezifischen sozialen und kulturellen Bedingungen entwickelt.

Houston A. Baker jr. beschrieb das in seiner unter Musikern viel zu wenig bekannten Untersuchung ›Blues, Ideology, and Afro-American Literature. A vernacular Theory‹: »Die Blues sind eine Synthese ... Sie vereinigen Work Songs, weltlichen Gruppengesang, Field Hollers, geistliche Harmonien, sprichwörtliche Weisheiten, volkstümliche Philosophie, politische Kommentare, schlüpfrigen Humor, elegische Klagen und noch viel mehr, sie stellen ein Gemisch dar, das in Amerika immer in Bewegung gewesen zu sein scheint – und das die besonderen Erfahrungen von Afrikanern in der Neuen Welt ständig ausgebildet, geformt, verformt und durch neue ersetzt hat.«

Einleitung: Blues – die Mutter (fast) aller Popmusik

Der Blues ist der entscheidende Beitrag der schwarzen Bevölkerung zur amerikanischen (Musik-)Kultur. Er ist zudem, um mit Baker zu sprechen, die »Matrix afroamerikanischen Lebens« überhaupt. »Die Matrix ist ein Punkt ständigen Inputs und Outputs, ein Netz aus einander überlagernden und sich kreuzenden Impulsen, die sich immer auf produktive Weise voranbewegen. Afroamerikanische Blues stellen solch ein vibrierendes Netzwerk dar.« Genau auf diese Weise überlagern und ergänzen sich die individuellen Definitionen der Blues-Interpreten. Sie alle befinden sich innerhalb der Blues-Matrix.

Booker (Bukka) White: »Die Grundlage des Blues ist die Arbeit hinter einem Maultier, damals, zu den Zeiten der Sklaverei«, oder Champion Jack Dupree: »You got a good woman and lose her, that's the beginning of the blues« (zum Autor, auf die Frage, was denn der Blues für ihn sei).

Lightnin' Hopkins: »Also, das ist der Blues – nimm deine Sorge und bau daraus eine kleine Geschichte. Glaub nicht, dass die Sorge deswegen verschwindet. Es ist, wie wenn Mama dir eine Salbe auflegt, wenn dich die Biene gestochen hat – es nimmt den scheußlichen Schmerz weg.«

Willie Dixon: »Der Blues ist das Überbringen einer Botschaft in einem Song. Aber heutzutage hören die Leute nicht mehr in einen Song hinein, um Information zu bekommen. Sie singen den Song wegen seiner musikalischen oder rhythmischen Qualität und erfassen so niemals den wirklichen Sinn des Songs. Die Leute haben den originalen Blues verloren und den Blues selbst wegen der anderen Erfindungen drum herum. Deswegen beschreibe ich Musik immer so: Die Blues sind die Wurzeln und die anderen Musiken sind die Früchte. Ohne die Wurzeln hat man keine Früchte, also ist es besser, die Wurzeln am Leben zu halten, denn das bedeutet, von nun an bessere Früchte zu haben. Deswegen sage ich, die Blues werden immer da sein, denn die Blues sind die Wurzeln der amerikanischen Musik.«

Sam Chatmon: »Die Blues kamen teils auch aus New Orleans und dem Jazz. Und man hat sie aus Kirchenliedern abgeleitet. Und ich sag dir, warum die Blues entstanden. Es ist eine Ausdrucksweise, die eine Person hat – er will dir etwas erzählen und er kann es mit seinen Worten nicht tun, also singt er es dir vor.«

Wenn man den Blues unter Respektierung seiner vielfachen Wurzeln individualisiert, wird klar, dass eine Blues-Frau und ein Blues-Mann nur sein konnte, wer ihn entweder selbst erfand oder durch kongeniale Interpretation sich aneignete und weiterentwickelte. Ob das im textlichen oder instrumentalen Bereich war, spielte dann kaum eine Rolle. Dass freilich den Instrumentalisten und Sängern in Personalunion der meiste Respekt gebührt, steht für mich und damit in diesem Buch außer Zweifel. Es sind die archaisch-anarchischen, fast mythischen Gestalten der Sängerinnen und Sänger aus der immer besser erforschten Frühzeit des Blues, denen besondere Beachtung gebührt, allen voran der dämonische Robert Johnson, aber auch die derbe Ma Rainey, die kaiserliche Bessie Smith, der kompakte Charlie Patton, der elegante Lonnie Johnson, der schlüpfrige Tampa Red oder der fingerfertige Blind Blake, um nur einige zu nennen. Damit soll nichts gegen rein reproduzierende Musiker und Interpreten gesagt sein, aber sie werden in dieser Darstellung nur eine Nebenrolle spielen.

Die Hauptrolle spielt ohnehin der Blues selbst. Denn er war und ist spätestens seit Beginn des 20. Jahrhunderts die Basis der gesamten modernen amerikanischen Unterhaltungsmusik, vom Jazz bis zum Rock'n'Roll, vom Schlager bis zum Musical. Obwohl seine Ursprünge nach wie vor im Dunkeln liegen und die Forschung inzwischen afrikanische Einflüsse (etwa aus - Mali) stärker einbezieht, wird der Blues erst Ende des 19. Jahrhunderts als eine Musikform greifbar, die die Gesamtheit der Erfahrungen und Gefühlsregungen schwarzer Menschen ausdrücken konnte. Zwei Hauptformen sind zu unterscheiden:

a) Der städtische Blues, der in den dortigen Vergnügungsvierteln entstand und als Vaudeville-Blues meist von einer Jazz-

Band mit einer Sängerin vorgetragen, bald auch von der Plattenindustrie auf so genannen »Race Records« speziell für den schwarzen Markt produziert und verkauft oder von Einzelunterhaltern und kleinen Gruppen in Kneipen und Bordellen dargeboten wurde. Zentren waren unter anderem Chicago, Kansas City, St. Louis, Dallas, Memphis und New Orleans.

b) Der ländliche Blues, heute auch gern »downhome blues« genannt, der von vagabundierenden Einzelsängern, Duos, String- oder Jug-Bands professionell gegen Entgelt erfunden und aufgeführt wurde. Solche Sessions wurden schon sehr bald zu kommerziellen Zwecken von Talent-Suchern der Plattenfirmen mitgeschnitten und auf den Markt gebracht – ein Umstand, dem wir die günstige dokumentarische Lage für den älteren Blues verdanken. Dieser wurde aber wohl auch als privates Freizeit-Vergnügen praktiziert, zumindest bis zu dem Tag, an dem ein Folklore-Forscher mit Aufnahmegerät vor der Tür stand.

Entgegen der landläufigen Tanzmusik-Definition sind die Blues weder notwendigerweise langsam noch traurig. Sie umfassen das gesamte Spektrum menschlicher Lebensäußerungen: Freude, Trauer, Liebe, Hass, Witz, Ernst, Tragik, Komik, Lust und Leid. Eine Besonderheit der Texte ist in vielen Fällen ihre Doppeldeutigkeit, der so genannte »Double-Talk«, nicht nur im erotisch-sexuellen Bereich, sondern auch im politischen.

Es war dies mit Sicherheit eine Selbstschutz-Strategie, um nicht mit den jeweiligen Obrigkeiten in Konflikt zu geraten. In diesem Zusammenhang muss betont werden, dass der Blues weit unter- und außerhalb der bürgerlichen weißen und, soweit vorhanden, schwarzen Gesellschaftsschichten angesiedelt war, vor allem in der Zeit der Prohibition. Freilich erregte er gerade dadurch das Interesse junger nichtkonformer Weißer, die sich zunächst für die Musik begeisterten, bald aber auch den Lebensstil der schwarzen Protagonisten kopierten – bis heute.

Einleitung: Blues – die Mutter (fast) aller Popmusik

Was die meisten Fans in ihrem Enthusiasmus freilich vergessen, ist, dass der Blues von individuellen Erfahrungen handelt, die einer Gemeinde von Eingeweihten mitgeteilt werden. Man kann die Musik zwar bis ins letzte Detail kopieren und spielen lernen, aber, wie der Delta-Blues-Musiker David Honeyboy Edwards oben lakonisch anmerkte, »sobald sie (die jungen weißen Blues-Musiker) den Mund aufmachen, ist der Ofen aus«. Edwards meinte junge Amerikaner, wohlgemerkt. Was er von dem urigen Mississippi-Denglisch-Geknödel hiesiger Muddy-Waters-Imitatoren halten würde, mag man sich lieber nicht vorstellen.

Die Blues-Forschung in den USA ist in mehreren Wellen erfolgt. Pionieren wie John A. Lomax und seinem Sohn Alan, die im Kontext der Folksongs, der Cowboy-Folklore und des Gospels den Blues entdeckt hatten und ihn vor allem in den Gefängnissen der Südstaaten sammelten, taten es in den sechziger Jahren junge Enthusiasten nach, die sich auf die Spuren legendärer Sänger wie etwa Robert Johnson setzten, viele Überlebende ausfindig machten und neu aufnahmen. Seither werden verstärkt die regionalen Varianten des Blues untersucht, also etwa der Texas-Blues, der Piedmont-Blues, der Red-River-Blues und viele andere. In jüngster Zeit hat sich die feministische Forschung umfänglich mit den widerständigen Inhalten der Vaudeville-Blues von Sängerinnen wie Alberta Hunter, Bessie Smith, Ma Rainey oder Victoria Spivey beschäftigt und den Subtexten von Gewalt, lesbischer Sexualität und weiblichen Gegenstrategien zum Patriarchat der weißen wie der schwarzen Bosse nachgespürt.

Das Material dazu lieferten die wieder geöffneten Archive der privaten und öffentlichen Sammlungen, die dank der neuen Technologien der Digitalisierung und Entrauschung ein fast verschüttetes Erbe wieder gut hörbar machten. Der Erfolg der Robert-Johnson-Edition trug sicher ebenfalls dazu bei, dass seit 1995 die Blues der zwanziger bis fünfziger Jahre, also der Schellack-Epoche, auf CD-Alben wieder erhältlich sind. Die meisten sind zudem liebevoll und kompetent ediert.

Die Rezeption dieser Musik war zur Zeit ihres Entstehens in Deutschland kaum möglich. Die Race Records wurden nicht exportiert, alles Weitere verhinderte die Nazi-Barbarei. Deshalb ist bei uns die Vorstellung vom Blues immer noch stark geprägt von den Blues-Interpreten der Nachkriegszeit, insbesondere vom Chicago-Blues und von der amerikanischen Folksong-Bewegung um Pete Seeger, die eine puristische, dem Kunstlied zuneigende Interpretation traditioneller Songs für besonders authentisch hielt. Da Sänger wie Big Bill Broonzy, Josh White oder Dave van Ronk in den fünfziger Jahren sich dieser Forderung anpassten, wurden sie zeitweise immens populär, verhinderten damit aber lange Zeit die Rezeption bodenständigerer Blues-Musiker von Slim Harpo bis Howlin' Wolf.

Auch der Rhythm & Blues wurde hierzulande fast ausgelassen, dem Dixieland-Revival der Dutch Swing College Band und Chris Barbers folgte gleich der Rock'n'Roll eines Elvis Presley und des abtrünnigen Bluesers Chuck Berry, der es auf kleine weiße Mädels abgesehen hatte. Die Skiffle-Bewegung, eine Simplifizierung der Jug-Band-Musik, war ein spezifisch englisches Phänomen, das im Wesentlichen mit Lonnie Donegan personifizieren lässt. So stand einer akademisch-idealistisch-puristischen Jazz-Gemeinde europaweit ein kleines, ebenfalls zu jedweder Dogmatik neigendes Häuflein von Blues-Enthusiasten gegenüber, das erhebliche Informations-Defizite aufwies. Manche davon wirken sich bis heute aus.

Es ist daher die Absicht dieser Darstellung, einige Akzente anders zu setzen als bisher üblich. Der Autor rechnet deshalb mit heftigem Widerspruch oder lebhafter Zustimmung, hofft auf Anregungen und bittet um Korrekturen, weist aber vorsorglich darauf hin, dass Daten und Fakten in Blues-Biografien selten solide sind und er sich nach bestem Wissen und Gewissen für die plausibelste Variante und die bestmögliche Quelle entschieden hat.

Kapitel 1: Die Anfänge

Geschichtsschreibung ist immer eine Konstruktion, den Umständen der Zeit verhaftet und abhängig von der Interessenlage der Historiker sowie deren gesellschaftspolitischer Haltung. Eine feministisch orientierte Forscherin wie Angela Davis fixierte sich jüngst auf städtische Sängerinnen wie Bessie Smith, Ma Rainey und Billie Holiday und stellte sie in ihrem Buch ›Blues Legacies And Black Feminism‹ (1998) als Protagonistinnen im Kampf gegen das weiße wie das schwarze Patriarchat dar. Ein liberaler Patriarch wie John A. Lomax war in seinen ›Adventures Of A Ballad Hunter‹ (1947) an der authentischen Folklore der »Neger«, wie er seine Informanten noch unbefangen nannte, mehr interessiert als an deren Vorstrafen und sonstigen Lebensumständen, die scheinbar offen und unbeschwert ausgelebte Sexualität einmal ausgenommen. Man muss beide Positionen zusammen betrachten, aber bei beiden Autoren vom ideologischen Gehalt weitgehend absehen, um vielleicht einen halbwegs realistischen Eindruck von der Lebenswirklichkeit der Blues-Sänger zu erhalten. Recherche vor Ort hilft heutzutage nicht mehr viel. Der Blues ist in den Südstaaten zu einem touristischen Spektakel geworden, der zwar die schwache Ökonomie der kleinen und mittleren Delta-Städte leidlich am Laufen hält, dies aber um den Preis einer musealen Nostalgie und eines Purismus der reinen Blues-Lehre, der erst von einer gerade nachwachsenden, mit dem Blues erfreulich respektlos experimentierenden Jugend überwunden werden wird.

Die beliebte Quizfrage nach dem ersten Blues erweist sich zunehmend als sinnlos, von ihm existiert nämlich garantiert kein Tondokument. Die Frage nach der ersten Aufnahme lässt sich freilich stellen und allmählich auch beantworten. Sie hat aber schon im viel späteren Fall DooWop nichts gebracht. Der voreiligen Behauptung von Greil Marcus, es habe sich um »It's

Kapitel I: Die Anfänge

Too Soon To Know«, eine Aufnahme der Orioles gehandelt, wurde inzwischen oft und kompetent widersprochen. Andere Kandidaten wurden zuhauf ins Spiel gebracht, aber der letzte, allgemein einsichtige Beweis für ein Primat fehlt immer noch. Ganz ähnlich ist die Lage beim Blues selbst. Kein seriöser Forscher wird sich auch nur auf ein genaues Datum seiner Entstehung festlegen wollen.

Immer weniger freilich ist man geneigt, die Field-Holler und Worksongs der schwarzen Plantagen-Sklaven im späten 18. und frühen 19. Jahrhundert als direkte Vorläufer des »echten« Blues darzustellen. Diese gelten inzwischen als eigenständige Genres, die sich davor oder parallel dazu entwickelt haben. Immer fragwürdiger wird zudem die Ableitung des Blues aus einer einzigen Ursache, auch nicht aus einer nicht mehr gottergebenen, heidnisch-afrikanischen Widerstandshaltung der Unterdrückten. Letztlich auch nicht haltbar ist eine Konzeption des Blues als Anti-Gospel-Messe, quasi als heidnischer Gegenpol schwarzen Christenglaubens, obwohl es für diese Interpretation immerhin einige Zeugnisse aus der schwarzen Mittel- und Unterschicht gibt. Die freilich entpuppen sich bei genauerem Hinsehen schlicht als Vorurteile, wie sie eben auch brave schwarze Bürger gegenüber dem Sittenverfall der Zeit hatten. Hält man sich an die wenigen Fakten, liest sich eine kurzgefasste Geschichte der schwarzen amerikanischen Musik etwa so:

Anfang des 17. Jahrhunderts wurden die ersten schwarzen Sklaven nach Virginia verschifft. Unter zunehmend unmenschlichen Bedingungen entwickelte sich eine rigide Sklavenhalter-Ökonomie in den Süd-Ost-Staaten Nordamerikas. Musik und Tanz waren ein in den meisten Fällen geduldetes Ventil, das zudem die gewünschte Reproduktion von Nachwuchs förderte. Zwar war schon 1807 die Sklaverei offiziell abgeschafft worden, doch die Südstaaten hielten sich nicht daran. 1831 kam es zum ersten Sklaven-Aufstand unter Nat Turner. 1843 fand die erste öffentliche Minstrel-Show in Virginia statt. Minstrel-Shows waren eine Art derb-komischer

Kapitel 1: Die Anfänge

Revue mit stark formalisierten Rollen, in der die Schwarzen meist von angemalten weißen Schauspielern dargestellt wurden. Aus den Minstrel-Shows stammten auch viele der spöttischen und abschätzigen Bezeichnungen für Schwarze wie »Jim Crow« – geschrieben 1828 als »Jump Jim Crow« von einem Schauspieler namens Rice. Der Name wurde später zu einem Synonym für Rassenhass und Segregation – wie auch »Pickaninny«, »Niggah«, »Abraham Lincum«, »Coon« und so weiter. Neben den Virginia Minstrels oder den Ethiopian Serenaders waren es vor allem die Christy Minstrels, die sich auch in England anhaltender Beliebtheit erfreuten. 1852 leitete Harriet Beecher-Stowes sentimentaler Roman ›Uncle Tom's Cabin‹

eine Bewusstseinsveränderung in bürgerlichen Kreisen zugunsten der Schwarzen ein. Es bedurfte aber eines Bürgerkriegs (1861 bis 1865), bis von den siegreichen Nordstaatlern die Sklaverei offiziell abgeschafft wurde. Im Jahr darauf wurde der Ku-Klux-Klan, die Organisation der unverbesserlichen Rassisten, gegründet, allerdings auch der erste weltberühmte schwarze Chor, die Fisk Jubilee Singers, dessen akademisch korrekter Gospel-Gesang ein etwas sehr keimfreies Bild schwarzamerikanischer Religiosität unter Auslassung jeglicher Ekstase vermittelte.

Über eine Tatsache gibt es keine Diskussion: Die Spirituals sind älter als der Blues. Schon 1867 erschien eine erste Sammlung in Buchform, betitelt: ›Slave Songs Of The United States‹. 1890 stieg Columbia Records ins Geschäft ein, später verantwortlich für viele maßgebliche Blues-Aufnahmen. Aus dieser Zeit datieren auch die ersten schriftlichen Aufzeichnungen bluesähnlicher Songtexte, allerdings ohne Hinweise auf die Gesangs-Phrasierung oder die begleitende Musik.

1892 verwüstete erstmals der gefürchtete Baumwollschädling »boll weevil« die Felder von Mexiko bis zum Mississippi-Delta. 1898 trat Hawaii den Vereinigten Staaten bei, und es brach in der Folge eine Welle der Musikbegeisterung für die hawaiianischen Stahlsaiten-Zauberer aus. Die Steel-Guitar, 1889 erfunden, wurde von Musikern wie Joseph Kekuku (siehe auch Seite 88, Kapitel 4) meisterhaft traktiert. Der Anekdote nach soll er die Slide-Technik schon 1884 als junger Mann auf der Kamehameha Boys School erfunden haben, als ihm der Kamm aus dem Hemd und auf die Gitarre fiel. Es ist ziemlich wahrscheinlich, dass die Slide-Technik auf diesem Weg in die Countrymusik und von da aus in den Blues gelangte. Ob es eine Sonderentwicklung im angeblich von äußeren Einflüssen abgeschnittenen Mississippi-Delta gegeben hat, wo man auf einsaitigen Instrumenten wie dem Diddley-Bow slidete, ist auch nach neuesten Untersuchungen, etwa von Gerhard Kubik, nicht sicher, wird aber Musikwissenschaftler und Ethnologen noch lange beschäftigen.

Kapitel 1: Die Anfänge

1899 kam mit dem Ragtime Scott Joplins die nächste Popwelle. Drei Jahre später entstanden Aufnahmen einer schwarzen Gesangs-Gruppe für die Firma Victor. Sie nannte sich ›The Dinwiddle Colored Quartet‹.*

Schon lange vor der Jahrhundertwende, ab 1877, hatte in den Südstaaten, wo immerhin drei Viertel der schwarzen Bevölkerung lebte, der Prozess der Re-Diskriminierung begonnen und war durch die juristische Formel »getrennt, aber gleichgestellt« abgedeckt. Sie wurde unter dem Deckmantel des föderalen Systems – und ohne dass der ohnehin desinteressiert gewordene Norden eingegriffen hätte – so rabiat ausgelegt, dass in manchen Gegenden die Verhältnisse der Sklavenzeit in leicht modernisierter Form erneut etabliert wurden. Schwarze lebten meist als so genannte »Sharecroppers« in halbfeudaler Abhängigkeit. Von dem Ertrag des gepachteten Landes durften sie gerade das Existenz-Minimum für sich behalten und waren ansonsten der paternalistischen Willkür der weißen Herren bis hin zu sexueller Gewalt und Lynch-Justiz schutzlos ausgeliefert. Kein Wunder, dass sich unter diesen Verhältnissen der Blues machtvoll entwickelte.

Musikalische Talente sammelten sich nun in den ersten rein schwarzen Minstrel-Shows wie den Georgia Minstrels, den Young Colored Minstrels oder den Mahara Minstrels, denen auch der junge William Christoffer Handy angehörte und deren Chef er später wurde.

1912 wurde zum Schlüsseljahr für den Blues. Innerhalb kurzer Zeit kamen drei gedruckte Blues-Titel auf den Markt: »Memphis Blues« von W. C. Handy, »Nigger Blues« von Leroy White sowie »Dallas Blues« von Wand-Garrett. Spitzfindige Tüftler wie zuletzt Francis Davis führen gelegentlich an, dass im Jahr davor schon der auch heute noch geläufige Hit »Oh

---

* Alle erwähnten CDs und DVDs finden sich in der Reihenfolge ihrer Erwähnung im Text mit ihren Bestellnummern gesondert aufgeführt in einer Diskografie im Anhang dieses Buches ab Seite 247.

You Beautiful Doll« erschienen war, dessen Anfang im zwölftaktigen Blues-Schema steht. Wie dem auch sei, jedenfalls lösten der »Memphis Blues«, der eigentlich »Mr. Crump« hieß und anlässlich dessen Wahlkampfs um das Bürgermeisteramt in Memphis geschrieben wurde, und Handys »St. Louis Blues« von 1914 eine Tanzwut-Welle sowohl in den Großstädten wie in den ländlichen Gebieten aus.

Diese hielt auch 1920 noch an, als der »Crazy Blues« von Mamie Smith erschien. Es war dies übrigens das Jahr, in dem die Frauen das Wahlrecht erhielten. Die Musikindustrie reagierte auf den Erfolg von »Crazy Blues« mit der Einführung so genannter »Race Records« – Schallplatten, die speziell für die schwarze Bevölkerung produziert wurden. Die Erfindung des aufziehbaren Fonografen ermöglichte das Abspielen der Victrola-Platten auch in ländlichen Gebieten ohne Stromversorgung. Schwieriger waren die Tonaufnahmen selbst. Obwohl bald mehrere Verfahren zur Verfügung standen, setzte sich auch im heißen Süden das Mitschneiden auf Wachsplatten durch. Diese mussten dann in Kühlschränken gelagert werden, dennoch wurden viele Aufnahmen durch die Hitze beschädigt. Man ging daher dazu über, alle wichtigen Stücke zweimal einspielen zu lassen. Ansonsten verfuhr die Musikindustrie wie auch heute noch: wahllos. Wer fünf eigene Blues-Kompositionen vorweisen konnte, wurde auf Verdacht aufgenommen. War es kein Hit, musste der Sänger wieder auf die Baumwollfelder zurück, denen zu entkommen er gehofft hatte.

Kein Wunder, dass Erfolgsmuster vielfach kopiert und gerade dadurch entwertet wurden. Papa Charlie Jackson hatte es 1924 noch gut. Sein »Lawdy Lawdy Blues« war einer der ersten, die den Weg aufs Wachs fanden. Ebenfalls 1924 nahm Ed Andrews in Atlanta auf der zwölfsaitigen Gitarre seinen stilistisch einwandfreien »Barrelhouse Blues« auf. Zwei Jahre später folgte Blind Lemon Jeffersons »That Black Snake Moan«. Danach gab es kein Halten mehr.

Blues-Geschichte, soweit wir sie kennen, ist vor allem die Geschichte der erhaltenen Aufnahmen, sie sind die primären

Kapitel I: Die Anfänge

Quellen. Denn selbst hinter dem schlimmsten Rillen-Rauschen der einzigen noch vorhandenen Schellack-Platte wird eine Person hörbar, die in ihrer Zeit gelebt und eben dieses Dokument produziert hat.

Die Frage der Authentizität ist damit freilich noch lange nicht beantwortet. Fast alle frühen Tondokumente waren bereits kommerziell orientierte, auf Verkauf an ein modebewusstes Publikum getrimmte Produkte. Und wie wir Woche für Woche aus den Hitparaden schmerzlich erfahren, ist es nicht immer die beste Musik, die es ganz nach oben schafft. Manchmal aber eben auch doch. Einen Überblick verschafft nur das Hören möglichst vieler Aufnahmen. Das ist erst seit ein paar Jahren wieder allgemein möglich geworden, seit im Zuge des CD-Booms viele Firmen ihre Archive durchforsten und Labels wie Yazoo und Document Records sorgfältig zusammengestellte Sampler oder gar das Gesamtwerk vieler Interpreten in sehr akzeptabler Tonqualität durch digitale Bearbeitung neu hörbar machten.

Das nicht genug zu lobende Vorhaben von Document Records, einer Initiative des österreichischen Sammlers Johnny Parth, ist es gar, alle jemals erschienen Blues-Aufnahmen digital zu konservieren. Hunderte von Alben mit teilweise aberwitziger Musik liegen bereits vor und harren der Analyse durch die Fachleute, aber auch der Entdeckerfreude der Liebhaber, die über das Delta und Chicago hinauszuhören in der Lage sind. Die Materiallage ist somit besser denn je, zumal endlich auch wieder Field-Recordings veröffentlicht werden, also Aufnahmen, die vor Ort in nichtkommerziellen Zusammenhängen entstanden.

Die Library Of Congress etwa hatte seit den dreißiger Jahren John A. Lomax beauftragt, mit Aufnahmegeräten in den Süden zu fahren und dort in Gefängnissen und in den kleinen Ortschaften Aufnahmen zu machen. Sein Sohn Alan setzte diese Praxis in den fünfziger Jahren erfolgreich fort. Vater und Sohn entdeckten Blues-Größen wie Leadbelly oder Fred McDowell und edierten reihenweise klassische Aufnahmen, die

Kapitel 1: Die Anfänge

auch heute noch unverzichtbar sind. Serien wie ›Sounds Of The South‹ oder ›Southern Journey‹ sollten mindestens ebenso freudig rezipiert werden wie die spektakuläre und gern überbewertete ›Anthology Of American Folk Music‹ von Harry Smith, die den Folkies der sechziger Jahre einen eher beliebigen Hauch von Ahnung vermittelte, welche Schätze amerikanischer Musik es noch zu heben galt. Im Großen und Ganzen ist die Erfahrung beruhigend, dass sich die folkloristischen Blues der Amateure und Nebenberufs-Sänger stilistisch doch nicht allzu sehr von den allerdings meist viel elaborierter und trickreicher spielenden Professionellen unterschieden. Deswegen ist es erfreulicherweise heutzutage nicht nötig, einen Scheinwiderspruch zwischen beiden Phänomenen zu installieren, wie es noch die Folk-Puristen der Sixties gerne taten – mit dem Ergebnis übrigens, dass einige Sänger eine recht profitable Mimikry entwickelten. So trat das Schlitzohr Lightnin' Hopkins im Rollkragen-Pullover und mit Zupfgitarre in einen Hörsaal, um sich als Folknik mit Sonnenbrille abfilmen zu lassen, zu sehen auf der ›DVD 502‹ von Yazoo.

Auch Big Bill Broonzy, der damals schon eine heftige Rhythm & Blues-Phase hinter sich hatte, stellte seine elektrische Gitarre hin, verbreitete die Behauptung, er sei der letzte echte Blues-Mann, der die letzten vierzig Jahre auf den Baumwollfeldern verbracht habe, und wandelte sich stracks zum akustischen Edelzupfer. Sein Kollege Josh White hatte schon vorher mit Witz und Geschmack den Folkie gegeben und auch Brownie McGhee und Sonny Terry kamen aus ihren Theater-Klamotten, die sie bei den umjubelten Tennessee-Williams-Aufführungen von ›Cat On A Hot Tin Roof‹ am Broadway trugen, lebenslang nicht mehr heraus. Sogar der bekennende Elektriker John Lee Hooker lieferte ein paar Folk-Blues-Alben ab – nicht einmal seine schlechtesten. Auch Muddy Waters hatte noch 1960 ein Folk-Album einzuspielen, obwohl er längst ein ausgefuchster Elektrogitarrist war. Deswegen bleibt festzuhalten, dass auch im Blues eine gewisse Skepsis allem gegenüber geboten ist, was sich als »urig«, »ehrlich« und »bodenständig« verkauft.

Kapitel I: Die Anfänge

Ein weiteres ideologisches Konstrukt dürfte übrigens auch die in den sechziger Jahren so beliebte Blues-Session gewesen sein. Bei weitem nicht jeder, der da im Studio oder auf offener Bühne auf die anderen Anwesenden losgelassen wurde, mochte wirklich mit ihnen den Blues spielen. Wer Ohren hat, der hört das selbst noch in den Aufnahmen. Die Geschichte der medialen Inszenierung des Blues ist ebenfalls noch nicht geschrieben, von den in deutschen Fernsehstudios nachgebauten Gefängnis-Plantagen bis zu dem Spielfilm der Coen-Brüder ›O Brother Where Art Thou? Eine Mississippi-Odyssee‹.

Die Geschichte des Blues ist also auch die Geschichte seiner Ideologie und seiner Ökonomie, der Profite und der Schwindeleien, mit denen Blues-Erfinder skrupellos um ihre Urheberrechte betrogen wurden, und derer, die die Unwissenheit der Musiker schamlos ausbeuteten. Eine solche Wirtschafts- und Kriminalgeschichte des Blues steht noch aus, eine fundierte Rezeptions- und Sozialgeschichte übrigens auch. Ansätze dazu finden sich am ehesten in den Büchern von Robert Springer, ›Authentic Blues‹ (1985) und ›Fonctions Sociales Du Blues‹ (1999).

Seit der Epoche machenden Studie von Samuel B. Charters aus dem Jahr 1959 arbeiten sich die Autoren vor allem am Material und an den Biografien der Musiker ab, wobei sich das Interesse der Forschungen inzwischen auf immer kleinteiligere Räume und vom Delta als Focus weg auch in alle anderen Regionen verlagert hat, von Georgia bis Kalifornien, vom Piedmont bis nach Texas.

Mit Akribie und manchmal detektivischen Mitteln jagten Blues-Ermittler wie der Journalist Gayle Dean Wardlow in den letzten Jahrzehnten den wenigen, versteckten Lebenszeichen obskurer Blues-Leute nach oder fanden sensationelle Dokumente, wie die Sterbeurkunde von Robert Johnson. Sein Buch ›Chasin That Devil Music‹ berichtete 1998 von der Jagd nach Blues-Phantomen wie den beiden Willie Browns, oder es wird erzählt, wie hinter einem Fantasienamen wie King Solomon Hill durch intensive Recherche und eine publizistische Kontroverse schließlich ein wirklicher Mensch greifbar wurde, nämlich der Sänger und Gitarrist Joe Holmes (etwa 1897 bis etwa 1949). Die Blues-Geschichte seiner Interpreten und Aufnahmen ist ein Prozess, der noch lange nicht beendet ist und der Mitarbeit vieler bedarf.

Blues-Geschichte ist aber zudem noch die Geschichte der Erzählungen seiner Protagonisten über sich selbst und ihre Kollegen. Der vergleichsweise sehr uneitlen und offenen Autobiografie des Komponisten W. C. Handy ›Father Of The Blues‹ kommt dabei immer noch eine Schlüsselstellung zu, zumal er – vom etwas angeberischen Titel einmal abgesehen – ehrlicherweise nicht die Urheberschaft am Blues selbst beansprucht. Er beschrieb vielmehr in einer oft zitierten Passage seines Buches, wie er ihn zum ersten Mal hörte:

»Eines Nachts dann in Tutwiler, als ich am Bahnhof auf einen Zug wartete, der neun Stunden Verspätung hatte, und eingenickt war, da packte mich das Leben auf einmal an der Schulter und rüttelte mich auf. Ein dürrer, schlaksiger Schwarzer hatte, während ich duselte, angefangen neben mir Gitarre zu spielen. Sein Anzug bestand aus Fetzen; seine Zehen schauten aus den Schuhen heraus. Sein Gesicht spiegelte etwas von den traurigen Verhältnissen der Zeitläufte wider. Beim Spielen drückte er ein Messer an die Saiten der Gitarre, eine Spielweise, die von hawaiianischen Gitarristen populär gemacht worden war, die ein Stück Stahl benutzten. Der Effekt war unvergesslich. Auch sein Song berührte mich unmittelbar:

Goin' where the Southern cross the Dog,
Goin' where the Southern cross the Dog,
Goin' where the Southern cross the Dog.

[Dog ist die Abkürzung für Yellow Dog. So wurde der Zug der Yazoo Delta Railroads, abgekürzt Y. D., genannt.]
Der Sänger wiederholte die Zeile dreimal, wobei er auf der Gitarre die abgedrehteste Begleitung spielte, die ich je gehört hatte.«

Kapitel I: Die Anfänge

Seltsamerweise wird der Hinweis auf Hawaii nicht immer zitiert, so etwa in der deutschen Ausgabe von Giles Oakleys Blues-Buch. Sollte da etwa die Fiktion der Puristen aufrechterhalten werden, ein einsames Genie am Mississippi habe in einer trunkenen Nacht eine Flasche Whiskey zerschmissen und mit dem Flaschenhals herumgespielt? Wie immer erweist es sich als nützlich, die Quellen selbst aufzusuchen. Denn die Story, die meist hier abbricht, war mitnichten zu Ende.

»Die Melodie blieb mir unvergesslich. Als der Sänger eine Pause einlegte, lehnte ich mich vor und fragte ihn, was der Text bedeutete. Er rollte mit den Augen, zeigte Anzeichen eines milden Amüsements. Vielleicht hätte ich es wissen müssen, aber er erklärte es mir trotzdem. Bei Moorhead trafen die Züge nach dem Osten und dem Westen aufeinander und kreuzten viermal täglich die nach dem Norden und Süden. Dieser Typ ging dorthin, wo der Southern den Dog kreuzte, und es war ihm egal, wer das wusste. Er sang einfach über Moorhead, während er wartete. Das war nicht ungewöhnlich. Schwarze in den Südstaaten sangen über alles. Züge, Dampfer, Dampfpfeifen, Dampfhämmer, Flittchen, üble Bosse, widerspenstige Mulis – alle werden in ihren Songs thematisiert. Sie begleiten sich auf allem, was einen musikalischen Sound oder einen Rhythmus hervorbringen kann, egal ob Mundharmonika oder Waschbrett. Auf diese Art und mit diesem Material erzeugten sie die Stimmung für das, was wir heute Blues nennen.«

Handy selbst hatte sich schon als Jugendlicher einschlägig betätigt, woran er sich nun erinnerte: »Meine eigene Sympathie für diese Dinge fing damals in Florence an, als wir uns nicht zu schade waren, unter dem Fenster unserer Angebeteten Serenaden zu singen. Wir sangen, bis wir einen Kuss im Finstern ergattert hatten oder ein Glas voll guten, selbst angebauten Weins. Im Delta aber sah ich die Songs auf einmal mit den Augen eines heranreifenden Komponisten.« Handy war aber nicht bloß ein Musiker, der komponieren wollte, er war auch ein Geschäftsmann. Zwar war er nicht clever genug, das

Hit-Potenzial seines »Memphis Blues« sofort zu erkennen, sondern verscherbelte ihn für ein paar Dollar, doch er kaufte später das Copyright wieder zurück. Und was er trotz seiner Ambitionen als seriöser Komponist sofort bemerkte, war die Anziehungskraft, die die einfache ländliche Musik auf die dortige Bevölkerung ausübte. Auch hier gab es ein eindringliches Schlüssel-Erlebnis:

»Ich beeile mich, zu gestehen, dass ich mich den niederen Formen der Folkmusik nur zögerlich zuwandte. Ich ging mit einer gewissen Furcht und mit wackligen Knien an sie heran. Wie viele andere Musiker, die ihr zunächst die kalte Schulter zeigten, hob ich zunächst die Augenbrauen und bezweifelte, ob sie das Richtige sei … Aber wir leben, um zu lernen. Meine eigene Erleuchtung geschah in Cleveland, Mississippi. Ich leitete das Orchester für eine Tanz-Veranstaltung, als jemand eine seltsame Aufforderung hochschickte. Ob wir so etwas wie ›unsere Volksmusik‹ spielen könnten, stand auf dem Zettel? Das verblüffte mich. Die Männer der Gruppe konnten nicht ›simulieren‹ und ›abliefern‹ wie Minstrels. Sie waren alle gestandene Notisten. Also spielten wir für unseren anonymen Fan eine alte Südstaaten-Melodie, eine, die eher sophisticated als volksnah war. Ein paar Minuten später kam eine weitere Anfrage. Ob wir etwas dagegen hätten, wenn eine schwarze Gruppe hier aus dem Ort ein paar Tänze spielen würde? Etwas dagegen haben! Das war lustig. Welcher Bläser würde schon etwas gegen eine bezahlte Schnauf- und Rauchpause haben?

Wir verdrückten uns elegant, als die Neuen kamen. Sie wurden angeführt von einem langbeinigen Schokoladenbuben, und ihre Band bestand aus drei verschrammten Gitarren, einer Mandoline und einem ramponierten Bass. Die Musik, die sie machten, entsprach ziemlich genau ihrem Aussehen. Sie spielten einen dieser ewigen Zieher, die keinen klaren Anfang und kein Ende zu haben scheinen. Das Gezupfe produzierte eine verstörende Monotonie, aber es ging weiter und immer weiter, eine Art von Musik, die lange mit Zuckerrohr-Plantagen und Feldarbeiter-Camps assoziiert wurde.

Kapitel I: Die Anfänge

Bum-Bum-Bum – ihre Füße stampften auf dem Boden. Ihre Augen rollten. Ihre Schultern wackelten. Und die ganze Zeit ging dieser kleine penetrante Zieher weiter. Er war nicht wirklich unangenehm. Vielleicht ist ›bedrückend‹ das richtige Wort dafür, aber ich fing an mich zu fragen, ob außer Kleinstadt-Saufköpfen und ihrem Anhang sonst noch jemand darauf stünde. Die Antwort ließ nicht lang auf sich warten. Es regnete Silberdollars. Sie fielen auf den Boden zwischen die seltsam stampfenden Füße. Die Tänzer drehten durch. Dollars, Viertel-, Halbdollarmünzen – der Regen wurde heftiger und dauerte so lang, dass ich meinen Hals reckte, um besser zu sehen. Vor den Jungs dort lag mehr Geld, als meine neun Musiker für das ganze Engagement bekamen.

Da erkannte ich die Schönheit primitiver Musik. Sie hatten den Stoff, den die Leute wollten. Er traf den Kern. Ihre Musik bedurfte der Verfeinerung, aber sie enthielt das Wesentliche. Die Leute würden Geld dafür ausgeben. Die alte konventionelle Musik war in Ordnung und gut und hatte ihren Platz, aber es war keine Tugend, blind zu sein, wenn man gute Augen hatte. In dieser Nacht wurde ein Komponist geboren, ein amerikanischer Komponist.«

So weit und so ehrlich W. C. Handy. Und auch wenn seine Kompositionen streng genommen oft nur Blues-Melodien oder Blues-Motive verwendeten, halfen sie doch mit, das zwölftaktige Blues-Schema und die Text-Formel AAB zu etablieren und zum musikalischen Gemeingut zu machen. Zudem dürfte er den Begriff Blues, der vor 1900 kaum allgemein gebräuchlich gewesen sein wird, fest in der amerikanischen Sprache verankert haben. Er war somit vielleicht, um ein angemessen schräges Bild zu verwenden, eher die Hebamme des Blues als der Vater, aber auch nicht weniger.

Möglicherweise gibt es eine Mutter des Blues. Obwohl sie diesen Titel nie für sich reklamierte, behauptete Gertrude Pritchett, besser bekannt als Ma Rainey (1886 bis 1939), sie habe schon um 1902 in einem kleinen Ort im Staat Mississippi, wo sie mit einer Tent-Show auf Tournee war, eine junge

Frau den Blues singen hören. Diese sei zum Zeltplatz gekommen und habe ein Lied gesungen, in dem sie den Verlust eines Liebhabers beklagte. Der Song war so seltsam und eindringlich, dass er viel Aufmerksamkeit erregte. Ma Rainey interessierte sich so sehr dafür, dass sie ihn der jungen Frau ablernte. Sie verwendete den Song in ihrem eigenen Programm als Zugabe. Angeblich wurde sie oft gefragt, was das für ein Lied sei, und will, einer Eingebung folgend, eines Tages gesagt haben: »Das ist ein Blues.« (Quelle dieser Anekdote ist John Works Buch ›American Negro Songs‹, das freilich erst 1940 erschienen ist.)

Während es lange Zeit nicht zuletzt aufgrund der »Erleuchtung« W. C. Handys und der Behauptung von Samuel B. Charters unter Folkloristen praktisch als ausgemacht galt, dass der Blues im Mississippi-Delta entstanden sei, also in jenem keineswegs an der Mündung gelegenen Gebiet, das westlich vom Mississippi und östlich vom Yazoo River begrenzt ist, wird auch diese Hypothese inzwischen stark relativiert. Denn wer Handy genau liest, stößt auf die Bemerkung, dass dessen Liebe zu dieser Art von Musik bereits ein gutes Jahrzehnt davor angefangen habe, und zwar in seiner Heimatstadt Florence in Alabama, und dass die Art von Musik, die ihm an diesem Abend so gut gefiel, im ganzen Süden gespielt worden sei. Aus Georgia sind ebenfalls sehr frühe Blues bekannt.

Ein weiterer, für die Anfänge relevanter Ort ist New Orleans. Ohrenzeugen berichteten von Hausmädchen, die seltsame Gesänge sangen, welche sich später als Strophen aus »Alabamy Bound« herausstellten, ein Blues, den insbesondere Leadbelly bekannt machte, der aber noch im Repertoire früher Beat-Gruppen der sechziger Jahre auftauchte. Der genialische Jelly Roll Morton erzählte Alan Lomax seine ureigene Version von den Ursprüngen des Jazz (ein Set von vier CDs gibt leider nicht die gesamte Konversation wieder). Aus seiner Sicht war es eine Klavier spielende kreolische Prostituierte namens Mamie Desdoumes, der zwei Finger der rechten

Hand fehlten und die dafür berüchtigt war, von morgens bis abends immer dasselbe Lied zu singen. Dieses verkaufte sie »als ersten echten Blues«.

Morton, selbst Kreole, zettelte allerdings in späten Jahren einen Streit mit Handy an, wie J. Graves in seinem Buch ›Könige des Blues‹ (1961) berichtete. »Morton hat gegen Ende seines Lebens, als er schon vollkommen verarmt war, Handy schwer angegriffen und ihm öffentlich vorgeworfen, dass er durch seine Bearbeitungen der alten Folk-Blues-Melodien ›die Seele des Blues‹ verkauft und geschändet habe. Bei diesem ungerechten Angriff mochte wohl Mortons Ärger darüber mitspielen, dass Handy eine glücklichere Hand als er gehabt hatte, wenn es galt, herrenloses Musikgut unter den Copyright-Schutz zu bringen.«

Handy verteidigte sich mit der lakonischen Bemerkung: »Viele Artikel und Bücher sind in der Absicht geschrieben worden, den Entstehungsort des Blues von Memphis nach New Orleans zu verlagern. Leider haben es die New-Orleans-Musiker unterlassen, den Blues vor meiner Zeit aufzuschreiben.«

Wie dem auch sei, als erstes Zentrum des Blues-Geschehens ist und bleibt ohnehin das Mississippi-Delta bei den meisten Autoren unangefochten. Die schiere Zahl der frühen Blues-Musiker aus dieser Region scheint dafür zu sprechen. Allerdings hat Francis Davis in seinem Buch ›History Of The Blues‹ (1995) eine erfrischend unkonventionelle andere Sicht der Dinge angeboten.

»Und die überwältigende Anzahl von großartigen Blues-Leuten aus Mississippi? Sind nicht die Aufnahmen von Charley Patton, Son House und Skip James aus den zwanziger und dreißiger Jahren an sich schon Beweis genug für die Überlegenheit, wenn nicht das Primat? Bevor wir Ja sagen, müssen wir uns überlegen, in welchem Maß unsere Wahrnehmung der Vergangenheit vom heutigen Geschmack beeinflusst worden ist.«

Davis spielt auf die allgemeine Vorstellung an, Blues sei eben nur das, was Musiker wie Robert Johnson, Muddy Waters, Son House, John Lee Hooker oder Howlin' Wolf spielen. Sie alle stammten aus dem Delta, auch wenn sie oft in Chicago arbeiteten. Doch was ist mit den Texanern, den Bluesern aus Georgia mit den meist zwölfsaitigen Gitarren, dem eleganten Ragtime-Blues des Piedmont? – Stilrichtungen, die oft nur Fachleuten bekannt sind. Schuld daran sei, meint Davis, vor allem die Veröffentlichungspolitik der Musikindustrie.

»CD-Reissues haben eine unschätzbare Rolle im Blues-Revival der neunziger Jahre gespielt. Bis dato freilich lag der Schwerpunkt auf dem Delta-Blues und seinem elektrifizierten Ableger in Chicago, praktisch unter Ausschluss von Georgia, Texas und Kalifornien. In den meisten Fällen sind kommerzielle Aufnahmen die einzigen empirischen Beweise, die wir dafür haben, wie der Blues zu irgendeiner Zeit in einer bestimmten Region geklungen haben mag. Aber vielfach täuschen uns die Aufnahmen. Plattenfirmen tricksen – sie stellen das moderne technische Gegenstück dar zu Légba und Èsù, den afrikanischen Göttern der Kreuzungen, die sich einen Scherz daraus machen, den Unvorsichtigen Streiche zu spielen.«

Das fing laut Davis schon mit Mamie Smiths »Crazy Blues« an, der 1920 erschien und häufig als erster Blues auf Platte apostrophiert wird. Davis widerspricht dem zumindest formal, indem er anmerkt: »Genauer betrachtet, ist ›Crazy Blues‹ eine Synthese aus Blues und schwarzem Vaudeville ... Die Trickserei bestand darin, den Plattenkäufern zuerst die Synthese anzubieten: Country-Blues-Sänger wurden in größerer Anzahl erst sechs oder sieben Jahre später aufgenommen und Charley Patton – der als der prototypische Blues-Mann gilt – musste bis 1929 warten.«

Patton hatte zudem, wie auch Ma Rainey und viele andere, das Pech, von Paramount aufgenommen zu werden, einer Firma, die für ihre miese Aufnahmetechnik berüchtigt war, was zur Folge hat, dass ihre Aufnahmen heutzutage echt antiquiert klingen, während »Robert Johnson und Bessie Smith, die elektrische Aufnahmen für die Firma, die später Columbia werden sollte, machten, immer noch so gut klingen, als befänden sie sich mit uns im gleichen Raum«.

Kapitel I: Die Anfänge

Die Aufnahmepolitik der Firmen hatte noch eine weitere, wenig bekannte Folge: Der Blues wurde im Gegensatz etwa zu den kollektiven Gospel-Gesängen als Ein-Mann- oder Eine-Frau-Angelegenheit definiert. Dabei gab es sowohl Gitarren-Evangelisten wie Blind Joe Taggart, Washington Phillips oder Blind Willie Johnson als auch Blues-Combos wie die allseits beliebten String- und Jug-Bands, in denen viele Musiker spielten, die auch als Einzelinterpreten bekannt waren. Erste Aufnahmen von Jug-Bands haben wir schon ab 1924 mit Bands aus Louisville, Kentucky. Dort war diese Musik, die eine Zwischenstufe von Jazz zu Blues darstellte, als Unterhaltung bei Pferderennen erfunden worden.

An fast allen frühen Jug-Bands war übrigens der umtriebige Geiger Clifford Hayes beteiligt. Das angebliche Blues-Kernland Mississippi hinkte auch hier nach. Die berühmte Memphis Jug Band war mit Aufnahmen erst 1927 dran, 1928 folgten Gus Cannon's Jug Stompers und erst 1930 die Mississippi Sheiks.

Das Image vom heulenden Einzelwolf mit Gitarrenbegleitung setzte sich seit den zwanziger Jahren solchermaßen fest. Gerade noch den blinden Blues-Barden wollte man einen koffertragenden Lehrling auf staubigen Straßen zugestehen, der eventuell ein zweites Instrument spielte. Doch es gibt glaubwürdige Aussagen, etwa von Son House, dass er, Charley Patton und Willie Brown häufig zusammen auftraten.

Auch geografische Gegebenheiten spielten damals eine Rolle. Die Bahnverbindungen zwischen Chicago, dem Delta und Memphis waren günstiger als nach dem konkurrierenden New York oder in das weit entfernte Texas. »Das änderte sich auch nicht nach dem Erfolg des texanischen Sängers und Gitarristen Blind Lemon Jefferson mit ›That Black Snake Moan‹ von 1926 ... Egal, wie sie sich selbst einschätzten, in den Augen der Plattenfirmen waren die Blues-Männer Folk-Sänger und keine professionellen Unterhalter. Ganz ähnlich wie bei den Feldarbeitern, die ihre Platten kauften, nahm man von Blues-Sängern an, es gäbe von ihnen einen unerschöpflichen Vorrat, sie seien beliebig austauschbar und gewillt, billig zu arbeiten. Sie waren praktisch die Hilfsarbeiter-Reserve der Musikindustrie.«

Die meisten von ihnen hatten angeblich nur ein begrenztes Repertoire von kaum mehr als einem Dutzend Stücke. Frank Walker, der Mann, der Bessie Smith entdeckt hatte, war jedenfalls dieser Ansicht. »Wenn du also die drei oder vier besten Songs aus dem so genannten Repertoire aufgenommen hattest, warst du mit dem Mann künstlerisch fertig. Du warst durch ... Auf Wiedersehen. Und sie fuhren wieder heim.«

Jeder, der selbst einmal als Straßenmusiker oder in einer Band gearbeitet hat, weiß, dass mit einem so begrenzten Angebot an Material kein Durchkommen ist. Auch hier liegt noch ein relativ großes Problem begraben: nämlich das Konzept des »Hundertfünfzigprozent-Blues-Sängers«, der seiner Lebtage nichts anderes hat und singt als den guten alten Blues. In Wirklichkeit dürfte das eine sehr späte Entwicklung gewesen sein.

Die frühen Interpreten waren »Songster« – Sänger mit stilistisch gemischtem Repertoire, die sangen, was ihnen gefiel und was die Leute wollten. Und möglicherweise wollten die Leute gar nicht immer nur Blues. Das Repertoire der weißen und schwarzen String-Bands, das sich übrigens ebenfalls häufig überschnitt und gegenseitig beeinflusste, unterstützt diese Vermutung. Es bestand aus weißen Folksongs, schwarzen Folksongs, Blues-Nummern, Tages-Schlagern, Instrumentals wie den beliebten Breakdowns, Bawdy-Songs und Hokum, also schlüpfriger weißer und gepfefferter schwarzer Erotik usw. Gut möglich, dass ein versierter Songster nur ein Dutzend Blues-Titel auf Lager hatte. Vielleicht wäre er aber auch in der Lage gewesen, auf Anfrage mehr zu spielen. Jedenfalls aber umfasste sein Gesamt-Repertoire viel mehr Stücke.

Leadbelly, mit seinem Riesen-Repertoire von angeblich fünfhundert Songs, darunter auch Cowboy-Lieder wie »When It's Springtime In The Rockies« – nachzuhören etwa auf ›Cowboy Songs On Folkways‹ –, war ebenso entschieden ein

Kapitel I: Die Anfänge

Songster wie Mississippi John Hurt, Hambone Willie Newbern, Jim Jackson, Frank Stokes aus Memphis, die Texaner Henry Thomas und Mance Lipscomb, der reisende Ragtime-Wizard Blind Blake aus Georgia oder der früh aufgenommene Papa Charlie Jackson.

Trotz aller Rassengesetze und aller Segregation scheinen zumindest die Lieder zwischen den Musikern, die kaum je Rassisten gewesen sein dürften, gewandert und getauscht worden zu sein. Davis kommt zu dem Schluss: »Das unterstreicht die frühere Behauptung, das Repertoire des typischen schwarzen Country-Songsters der zwanziger Jahre sei mehr oder weniger identisch gewesen mit dem der weißen ländlichen Musiker der Zeit.« Als weiteren Beweis führt Davis Leslie Riddle an, einen typischen schwarzen Songster aus North Carolina, der der berühmten Carter-Family viele Songs lieferte, aber kaum einem Blues- oder Country-Fan bekannt sein dürfte. In den Städten, in den Barrelhouses oder bei privaten Rent-Partys wird wohl auch gemischte Kost geboten worden sein – eine Vermutung, die aber noch der Bestätigung bedarf.

Festzuhalten bleibt, dass die Geschichte des Blues auch anhand seiner Aufnahmen allein nicht exakt beschreibbar ist. Es bedarf wohl noch vieler interdisziplinärer Forschungen, bis die Entwicklung des frühen ländlichen Blues in einer Gesamtschau darstellbar sein wird. Für den frühen städtischen Blues sieht es etwas besser aus. Denn hier gibt es zusätzliche Quellen, mehr Fotografien, auch filmisches Material, man denke nur an »St. Louis Blues« mit Bessie Smith von 1929, jetzt wieder zu sehen auf ›Hollywood Rhythm Vol. 1‹ oder »The Jailhouse Blues« aus dem selben Jahr.

Blues-Geschichte ist also zuletzt auch noch Medien-Geschichte – der Bücher, die über den Blues geschrieben wurden, der Fotografien und Filme, die ihn dokumentieren und auch die seiner Rezeption durch Kritiker und Fans.

Kapitel 2: Frühe Dokumente

Es wird alle Leserinnen, Feministinnen oder nicht, erfreuen, dass der allgemein als erste Blues-Aufnahme anerkannte »Crazy Blues« im Jahr 1920, als die Frauen in den USA das Stimmrecht erhielten, von einer Frau, Mamie Smith (1883 bis 1946), gesungen wurde. Mamie Gardener Smith war bereits im Januar des Jahres für das Label RCA Victor im Studio gewesen, ihre Aufnahme der Ballade »That Thing Called Love« wurde aber nicht veröffentlicht. Ihr Agent Perry Bradford verschaffte ihr im Februar einen neuen Termin im Studio von Okeh Records, die General Phonograph gehörten. Die gleiche Ballade und »You Can't Keep A Good Man Down« wurden im Sommer ohne große Werbung, aber mit Unterstützung der schwarzen Presse herausgebracht. Die Platte wurde sofort ein Riesenhit unter der schwarzen Bevölkerung, die buchstäblich die Läden leer kaufte. Angeblich sollen hunderttausend Exemplare abgesetzt worden sein. Okeh war auf eine Goldmine gestoßen.

Am 10. August 1920 nahm Okeh Records »Crazy Blues« auf. Das Studio-Orchester unter der Leitung von Perry Bradford wurde in Mamie Smith's Jazz Hounds umbenannt und auf dem Notenheft abgebildet. Ganz zu Recht beanspruchte Perry Bradford in seinen wenig bekannten Memoiren ›Born With The Blues‹ (1965) seinen Anteil am Blues-Kuchen und brachte wenig bekannte Details zur Aufnahmegeschichte von Mamie Smith.

»Mamie Smith nahm ihre erste Platte, ›That Thing Called Love‹ und ›You Can't Keep A Good Man Down‹ mit Fred Hagers Ofay-Orchester auf (ofay bedeutete im Theater-Slang eine weiße Musikgruppe). Die Aufnahme geschah im Februar 1920.«

Patent-Auseinandersetzungen zwischen den früheren Plattenfirmen Vocalion und Okeh auf der einen und Victor und

Kapitel 2: Frühe Dokumente

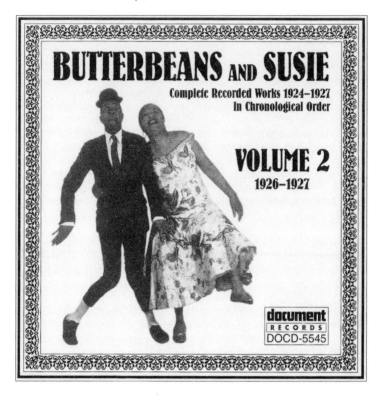

Columbia auf der anderen Seite verhinderten jedoch eine Veröffentlichung vor August. »Während des Veröffentlichungsmonats August hatte Okeh Records über zehntausend Stück verkauft – fast so schnell, wie sie die winzige Fabrik in Scranton, Pennsylvania, nachpressen und in den Süden schicken konnte. Obwohl diese Platte mit dieser Ofay-Band aufgenommen wurde, machte sie den Weg frei für einen Deal, ›It's Right Here For You‹ und ›Crazy Blues‹ einzuspielen, und die Plattenfirmen, die man mit einem Boykott bedroht hatte, falls sie eine junge Schwarze aufnehmen würden, drehten durch.«

Nun erhielt Bradford den Auftrag, eine Band zusammenzustellen, der er den Namen Jazz Hounds gab, und hatte die Gelegenheit, als erster schwarzer Bandleader mit einer schwarzen Sängerin einen Blues einzuspielen. Er wählte ein Stück, das er »Harlem Blues« genannt hatte, und übte es mit den Musikern und der Sängerin ein.

»Nach der Probe am Samstag wollte ich am ›Harlem Blues‹ noch einiges ändern ... Das erzählte ich zumindest Mamie; aber ich hatte bloß Schiss, falls der Song ein großer Hit werden würde, denn ich hatte die gleichen Lyrics schon dreimal vorher verwendet. Also übten Mamie und ich von Sonntag Nachmittag um vier bis Montag Früh um halb drei, konnten aber nichts verändern außer dem Titel ... Ich arbeitete hart, spielte den Song ein übers andere Mal, aber nichts passierte, denn er war einfach in sich stimmig. Meine Vermieterin, Mrs. Hall, muss Mitleid mit mir gekriegt haben, denn sie ging los und kam mit einer Flasche ›King Kong‹ zurück (einer Komposition aus Alkohol und Zucker mit einem Hauch von Whiskey-Geschmack). Sie musste nicht weit laufen, denn der Stoff wurde über Nacht gebraut; und eine Destillerie nebenan brachte ihn alle zwölf Stunden frisch unter die Leute, damit die Kundschaft am Morgen vor der Arbeit schon einen Augentrost hatte. Ich trank den ganzen guten Liter ›King Kong‹, konnte aber nicht schlafen ... bis Montag Früh. Als ich aufwachte, deutete Mrs. Hall lakonisch auf einen weiteren halben Liter ›King Kong‹, riet mir, ihn zu vernichten, und meinte, das würde mir auf die Beine helfen. Mamie und ich nahmen die U-Bahn, stiegen 42nd Street Ecke Times Square aus und gingen ums Eck in das Okeh Studio.«

Da es erst acht Uhr morgens war, die Session aber für halb zehn angesetzt waren, nahmen die beiden noch ein Riesenfrühstück, bestehend aus Schinken und Kartoffeln, Kaffee und Semmeln nebst zwei Glas Bier, ein, für insgesamt zehn Cents.

»Als wir dann im Aufnahmeraum waren und vier- oder fünfmal mit dem ›Harlem Blues‹ durch waren, sagte ich Mr. Hibbard, dem Toningenieur, alles sei paletti. War es aber nicht. Bis wir wirklich so weit waren, hatten wir zwölf Test-Platten kaputtgemacht. Denn die Okeh Studios benutzten Hill & Dale-Equipment, das bei weitem nicht so sensitiv war wie die modernen elektrischen Geräte (die heutzutage aus Flüsterern Sänger machen). Inzwischen hatten sich alle außer Mamie eine Gallone Brombeer und Gin, das bevorzugte Prohibitions-Gesöff der Musiker in Harlem, einverleibt und fühlten sich gut und high.«

Leider hatte Mamie vergessen, den Musikern die Teiländerung mitzuteilen. Deshalb hörten sie bei der Aufzeichnung mitten im Stück auf, da sie glaubten, Mamie habe das Stück vermasselt. Aber dann war es endlich so weit.

»Als wir die Einleitung spielten, genau so wie eingeübt, und Mamie anfing zu singen, hatte ich den Thrill meines Lebens. Johnnie Dunns Kornett klagte diesen träumerischen Blues, Dope Andrews machte einige Down-Home-Zieher auf seiner Posaune, Ernest Elliott jivte auf der Klarinette und Leroy Parker sägte mit seiner Fiedel in den Groove. Mann, es war schier zu viel für mich.«

Diesmal lief die Werbemaschine auf vollen Touren. »Crazy Blues« von Mamie Smith And Her Jazz Hounds war ein beispielloser Erfolg und löste eine jahrelange Erfolgswelle für Blues-Interpretinnen aus. Einen guten Überblick über die Epoche verschafft das Doppelalbum ›Women In Blues‹, das auch die Originalaufnahme von »Crazy Blues« bringt.

Angeblich war es der Manager der Firma, ein gewisser Ralph Peer, dem der schöne Begriff »Race Market« einfiel, aus dem später die »Race Records« wurden. Binnen eines Jahres boomte der Markt. Im Wochentakt wurden neue sensationelle Sängerinnen angepriesen, der weit verbreitete Name Smith, mit dem sich zwielichtige Figuren in Krimis in Hotelbücher eintrugen, war auf einmal gar nicht mehr karrierehinderlich. Nach Mamie kamen noch Bessie, Clara, Clementine und Trixie, alle zu hören auf ›Blue Ladies‹. Die schwarze Presse wurde nicht müde, auf den Umstand hinzuweisen, dass Mamie die erste schwarze Sängerin war, die Popsongs aufgenommen hatte. Ihrer Band kommt sogar noch eine weitere Pioniertat zu:

Sie war das erste schwarze Ensemble, das bereits im Januar 1921 den »Royal Garden Blues« aufnahm, also noch vor Kid Orys berühmter erster Aufnahme des »New Orleans-Jazz Society Blues« vom Juni 1922. Die weiße Truppe der Original Dixieland Jazz Band war beiden allerdings mit dem »Tiger Rag« im März 1918 vorausgegangen.

In ihrem grundlegenden Buch ›Black Pearls. Blues Queens Of The Twenties‹ (1988) gibt Daphne Duvall Harrison einen Überblick über die ersten Tondokumente schwarzer Musik: »Schwarze wurden schon 1895 hörbar, als George W. Johnson auf einem Edison-Phono-Zylinder ›The Laughing Song‹ aufnahm. Es gab auch eine Victor-Aufnahme des brillanten jungen Komödianten Bert Williams, eine Aufnahme des Dinwiddle Colored Quartet von 1902, Aufnahmen von Carroll Clark mit so genannten ›plantation melodies‹; die Fisk Jubilee Singers sangen ihre ›sorrow songs‹ und es gab ›coon songs‹ von ein paar schwarzen Minstrels (die das ein paar Jahre später öffentlich bedauerten).«

Ergänzend können seit 1998, dem Erscheinen der Anthologie ›American Pop: An Audio History. From Minstrel To Mojo: 1893–1946‹ noch weitere Dokumente angeführt werden: Das Unique Quartette mit »Mama's Black Baby Boy«, aufgenommen bereits im Herbst 1893, ein klassischer A-capella-Song; eine von Dick Spottswood entdeckte Aufnahme von 1897 einer Gruppe namens Cousins and De Moss, betitelt »Poor Mourner«, mit zwei Sängern und Banjo-Begleitung, wie sie in den Aufnahmen schwarzer Musik selten ist, da die Produzenten meist den Gitarrensound bevorzugten. Bert Williams (1874 bis 1922) nahm 1906 auch einen Song auf, »Nobody«. Eine weiße Sängerin namens May Irwin (1862 bis 1938) sang im Mai 1907 das Stück »The Bully« ein, dessen Autorschaft von einem Sportjournalisten beansprucht wurde, der aber zugab, es von Schwarzen gesungen gehört zu haben.

Ein überraschend hoher Anteil am späteren Erfolg des Blues kommt laut Harrison dem anhaltenden Interesse weißer Sängerinnen an gutem Song-Material zu. »Diese frühen Aufnahmen brachten komische Monologe und Choral-Versionen schwarzer akademischer Chöre von religiöser Musik, aber keine Blues. Die einzige Ausnahme war ein Blues-Titel in einer Serie von 49 Piano-Rollen, die 1906 herauskam: ›Music For The Aeolian Grand‹. Vielleicht war dies eine Anomalie, aber das war der Vorläufer jener Blues-Rollen, die zehn Jahre danach veröffentlicht wurden. Ironischerweise, aber typisch, war es die aktive Suche bekannter weißer Unterhaltungskünstlerinnen nach Blues-Songs, die diese Musik ins Zentrum der Unterhaltungsindustrie stellte. Nach Ronald Foreman, einem Erforscher der Geschichte des Jazz und der Race Records, waren es Sophie Tuckers Interesse am Blues und die nachfolgenden Adaptionen durch Blossom Seeley, Al Bernard und Nora Bayes ..., welche das Wort ›Blues‹ für viele Vaudeville- und Theaterbesitzer mit Bedeutung aufluden.«

So konnte Nora Bayes bereits 1916 einen »Homesickness Blues« aufnehmen, 1917 folgte Mary Cahill mit »Dallas Blues«, 1918 sang Irving Kaufman einen »Chinese Blues«, 1919 hatte er bereits den »Alcoholic Blues«. Alle Titel nebst vielen späteren sind zu hören auf ›Tin Pan Alley Blues‹.

James Reese Europe mit seiner Band aus schwarzen Musikern, der 1913 den »Down Home Rag« aufnahm, Al Jolson und auch W. C. Handy, der sich neben Mamie Smiths Manager Perry Bradford bei den Plattenfirmen unermüdlich dafür einsetzte, schwarze Sängerinnen aufzunehmen, waren weitere Pioniere auf dem Weg zu Mamies Erfolg. Für Mamie selbst machte sich der Durchbruch bezahlt. Allein 1921 warf sie 29 Songs auf den Markt. Aber sie sollte nicht die einzige Nutznießerin bleiben.

Schon 1921 tauchten Konkurrentinnen auf: Mary Stafford und Edith Wilson für Columbia, die junge Ethel Waters lief bei Cardinal als Sweet Mama Stringbean, Emerson hatte Lillyn Brown, Arto brachte Lucille Hegamin, ging aber trotzdem bald ein. Dafür erblühte Black Swan. Ethel Waters hatte mit »Down Home Blues« Erfolg und rekrutierte Katie Crippen und Lula Whidby. Später übernahm Paramount das Label.

Kapitel 2: Frühe Dokumente

Bereits 1922 schrieb ›The Metronome‹: »Eine Plattenfirma hat über vier Millionen Dollar am Blues verdient. Jetzt hat jede Firma ein farbiges Girl, das Aufnahmen macht. Blues wird bleiben.« Dafür sorgten unter anderem außer den bereits Genannten Daisy Martin, Ester Bigeou, Lavinia Turner, Laura Smith, Monette Moore und Gladys Bryant. Und es kam zu ersten Firmengründungen unabhängiger, rein schwarzer Plattenproduzenten. Die ersten hießen laut Perry Bradford The Grey-Gull und Black Swan Records, wobei Letztere einem gewissen Harry Pace gehörten.

Als Dokumente schwarzer Musik kommen natürlich auch Filme in Frage. Schon in der Stummfilmzeit vor 1928 wurden Gruppen wie das Cleveland Coloured Quartet dokumentiert. In Tonfilmen ab 1929 erschienen die Dixie Jubilee Singers in ›Hallelujah‹, einem Jazz- und Gospel-Streifen, Sara Martin sang einen »Cabaretion Blues« vermutlich in einem Streifen namens ›Dark Town Scandals Review‹ und einen weiteren Titel in ›Hello Bill‹. Maude Mills war mit den Club Alabama Stompers und »I'm Gonna Loose Myself Down In Louisville« vertreten. Bessie Smith sang in ›St. Louis Blues‹, einem Kurzfilm von Dudley Murphy, Mamie Smith trat in ›The Jail House Blues‹ erstmals vor die Kamera, später dann noch in ›Mystery In Swing‹, ›Sunday Sinners‹ (1940), ›Murder On Lenox Avenue‹ (1941) und ›Paradise In Harlem‹ (1939). Trixie Smith war zu sehen in ›The Black King‹ (1932), ›Louisiana‹ (1934), ›Swing!‹ (1938) und ›God's Step Children‹ (1938). Alberta Hunter tauchte in der ›Radio Parade Of 1935‹ (1934) auf. ›Wild Women Don't Get The Blues‹ (1985) war eine späte Dokumentation über sie.

Eine weitere, kaum bekannte Quelle sind die synchronen Film- und Tonaufnahmen für ethnologische Forschungszwecke aus dem Jahr 1926 von Dr. Milton Metfessel, der 1928 ein Buch dazu veröffentlichte. Titel wie »Westindies Blues«, »John Henry« oder »You Ketch Dis Train« erregen Blues-Verdacht. Noch in ›Belle Of The Nineties‹ (1934) von und mit Mae West, der im alten New Orleans spielte und von Duke Ellington musikalisch untermalt wurde, waren bewährte Vaudeville-Nummern wie der »Hesitation Blues« zu hören und zu sehen, Anklänge gab es auch in ›I'm No Angel‹ (1933). Filme wie ›Cotton Club‹ (1984) oder ›Pete Kelly's Blues‹ (1955), ja selbst Eddie Murphys Klamotte ›Harlem Nights‹ (1989) vermittelten eher Atmosphäre als das von Jennifer Jason Leed zerschwätzte Robert-Altman-Fiasko ›Kansas City‹ (1996).

Für die Blues-Ladies der zwanziger Jahre waren neben den Plattenverkäufen vor allem die Auftritte bei Tourneen wichtig. Die ausgefeilteste Form der Unterhaltung zwischen 1900 und 1925 stellten die Vaudeville genannten Nummern-Shows dar, die zudem die höchsten Gagen zahlten. In den weißen Varieté-Theatern traten die berühmtesten Unterhaltungskünstler der Epoche in eleganter Umgebung vor einem zahlungskräftigen Publikum auf. Oft gab es zwei verschiedene Orchester. Ein großes für die weiße Musik und eine kleine, heiße schwarze Band für das anschließende Tanzvergnügen. Schwarze Sänger freilich hatten keine Chance. Sie waren auf die rein schwarzen Theater angewiesen. Die Organisation ihrer Auftritte oblag fast ausschließlich einer Dachorganisation schwarzer Veranstalter, der »TOBA« (Theatre Owner Booking Association). Die Abkürzung wurde nicht selten als »Tough On Black Asses« uminterpretiert. Die Arbeitsbedingungen dürften also kein Zuckerlecken gewesen sein. Die Shows der TOBA ähnelten denen der weißen Vaudevilles, fanden aber in bescheideneren Lokalitäten statt und waren ausschließlich auf den schwarzen Geschmack zugeschnitten.

Nathan W. Pearson jr. beschreibt in seinem Buch ›Going To Kansas City‹ die zentrale Bedeutung der TOBA: »Die TOBA war die wichtigste Arena für Blues-Künstlerinnen wie Ma Rainey, Mamie Smith und Bessie Smith und trug viel dazu bei, stilisierten Blues bei einem schwarzen Publikum landesweit populär zu machen. Es war freilich immer noch Vaudeville und man konnte eine große Anzahl anderer Künstler wie Louis Armstrong, Buck and Bubbles, Bill ›Bojangles‹ Robinson und Eddie ›Rochester‹ Anderson in TOBA-Häusern antreffen. In der ersten Hälfte des 20. Jahrhunderts war das die höchst entwickelte Form des schwarzen Theaters und wurde zum Trainingslager für viele Musiker, die später in Tanzhallen- und Nachtklub-Orchestern spielten.« Die TOBA war sehr stark und präsent in Kansas City, und das war nicht das schlechteste Argument für die häufige Reise von Blues-Leuten nach Kansas City: »I'm goin to Kansas City ...«

Eine ähnliche Ausbildungsfunktion hatten, wie Pearson durch Interviews belegte, auch die schwarzen Minstrel-Shows gehabt, in denen überwiegend einfach strukturierte, Ragtime-artige Musik gespielt wurde. »Minstrel-Shows waren sowohl eine günstige Gelegenheit als auch eine Inspiration, gleichzeitig Schule und Beruf. Was heute oft an den Minstrel-Shows als rassistisch eingestuft wird, wurde damals häufiger als legitime Art von Unterhaltungskünstlertum betrachtet, und gute Unterhalter waren immer gesucht.«

Seit Anfang des Jahrhunderts war Amerika eine hoch mobile Gesellschaft geworden, mit der Erfindung des Automobils und schnellen Zugverbindungen wurde der ganze Kontinent immer besser bereisbar, und dementsprechend viele Entertainer versuchten ihr Glück unterwegs.

»Eine Überfülle von Unterhaltungsangeboten – Vaudeville-Unternehmen, Medizin-, Wildwest- und Minstrel-Shows – reiste zwischen 1900 und 1930 durch Amerika. Reisende Shows übten auf ehrgeizige und neugierige Musiker eine mächtige Anziehungskraft aus. Die Aufführungen waren wundervolle und exotische Ereignisse, ihre Darsteller welterfahrene Troubadours. Für viele junge Musiker, die ihr frisches Talent ausloten wollten, boten ›travelling shows‹ die perfekte Gelegenheit zu Abenteuern und zu musikalischer Ausbildung. In der Konsequenz stellten diese Shows auch einen mächtigen Faktor in der musikalischen Entwicklung Amerikas dar; sie integrierten Musiker mit sehr verschiedenem Hintergrund und aus verschiedenen Stilrichtungen und verbreiteten selbst weiträumig die Entwicklung neuartiger Stile.«

Kapitel 2: Frühe Dokumente

Zieht man noch die rasche Verbreitung der Fonografen in Betracht, wird klar, dass es seit Beginn des letzten Jahrhunderts tatsächlich schon eine allgemein verbindliche populäre schwarze Musikkultur in den USA geben konnte. Und das Ferment, das sie durchdrang und entscheidend prägte, war der Blues.

Was waren nun die frühesten Blues-Aufnahmen im »genuine Negro style«? Laut Francis Davis ging es ab 1924 los, mit den Aufnahmen von Johnny »Daddy Stovepipe« Watson, 1867 in Alabama geboren, einem Minstrel- und Medicine-Show-Sänger, der im Mai 1924 für Gennett aufnahm. Seine Frau, »Mississippi Mary«, sang meist die zweite Stimme dazu. Doch schon im April 1924 hatte Ed Andrews seinen »Barrelhouse Blues« in Atlanta eingespielt, aller Wahrscheinlichkeit nach die erste stilistisch saubere Blues-Aufnahme. Papa Charlie Jacksons »Lawdy Lawdy Blues« wurde ebenfalls noch 1924 aufgezeichnet.

Erst 1927 kam Henry »Ragtime Texas« Thomas zum Zug, der im Oktober 25 Titel für Vocalion einspielte. Im November nahm Charlie Lincoln (Charlie Hicks) in Atlanta sechs Blues-Stücke auf: »Jealous Blues«, »Hardluck Blues«, »Mojoe (!) Blues«, »My Wife Drove Me From My Door«, »Country Breakdown« und »Chain Gang Trouble«. Etwa zur gleichen Zeit entstanden die Aufnahmen von Emery Glen in Chicago und Sammy Brown in Richmond, Ind. Beachtenswert wegen ihrer primitiven Ursprünglichkeit sind die vier Blues von Lewis Black, aufgenommen im Dezember 1927 in Memphis, Tenn. Der Pianist Will Ezell hatte schon im September des Jahres eine erste Solo-Platte bespielt: »Barrelhouse Man« und »Westcoast Rag«. Sein jung verstorbener Kollege Hersal Thomas (zirka 1906 bis 1926) aus Chicago hatte allerdings bereits am 25. Februar 1925 einen »Suitcase Blues« aufgenommen. Der Gitarrist Sylvester Weaver lieferte seinen »Guitar Rag« am 13. April 1927 ab, ein vollendet gepicktes Slide-Stück über Ragtime-Harmonien. Auch er hatte seine ersten Aufnahmen schon 1924 gemacht, aber alle ohne Gesang.

Kapitel 2: Frühe Dokumente

Früheste Jug-Band-Aufnahmen, wie die von Sara Martin's Jugband in New York oder von Whistler And His Jug Band in Richmond, Ind. datieren vom September 1924. Im Dezember desselben Jahres nahm die Old Southern Jug Band zwei Titel in Chicago auf. Der unglaubliche Clifford Hayes mit seiner Band aus Louisville folgte im Mai 1925.

Andere Quellen verweisen vor allem auf Blind Lemon Jefferson (zirka 1897 bis 1929), der schon seit 1926 Aufnahmen gemacht haben soll, etwa den »Long Lonesome Blues«. Peg Leg Howell (1888 bis 1966), ein Songster aus Georgia, nahm am 8. April 1927 seinen »New Jelly Roll Blues« auf, der große Lonnie Johnson wachte am 2. Mai 1927 mit dem Blues in seinen Fingern auf, und Blind Willie McTell, der Twelve-String-Wizard aus Atlanta, spielte einen Titel, »Mama 'Taint Long For A Day« im Oktober 1927 ein. Die Memphis Musiker Gus Cannon und Barbecue Bob folgten im November, Blind Willie Johnsons unheimlicher Slide-Blues »Dark Was The Night, Cold Was The Ground«, der »Dallas Rag« der Dallas String Band und Willard Robisons »Deep Elm« gehören ebenfalls noch zu den erwähnenswerten frühen Aufnahmen des Blues.

Da die Suche nach den frühesten Dokumenten des Blues immer noch im Gang ist, kann es ohne weiteres sein, dass noch frühere Aufnahmen gefunden und veröffentlicht werden. Ein Blick in die Kataloge der genannten Spezialfirmen oder auf einschlägige Internetseiten lohnt sich also immer.

Aber Vorsicht! Denn wer sich erst einmal an das mehr oder weniger starke Grundrauschen der alten Schellacks gewöhnt hat und die Musik mit mentaler Kraft in den Vordergrund holt, wird aller Wahrscheinlichkeit nach bald süchtig werden nach diesen Dokumenten hochprofessionellen, garantiert Schwindel freien Musizierens lang vor unserer Zeit.

Kapitel 3: Die Zentren des Blues

Die meisten Autoren halten – trotz der Fragwürdigkeit mancher Zuordnungen – an der absolut zentralen Bedeutung des Delta-Blues unerschütterlich fest. Ein typisches Beispiel wissenschaftlicher Literatur soll hier für alle anderen stehen. Robert Springer beschrieb in seinem nützlichen und kenntnisreichen Buch über authentischen Blues die Kennzeichen des Delta-Blues-Stils wie folgt:

»Die Delta-Blues sind nicht sehr ausgefeilt; sie basieren auf der Grundharmonie, wobei die Subdominante und Dominante oft mehr angedeutet als tatsächlich gespielt wird. Im Allgemeinen werden sie von Gitarren und/oder Mundharmonika begleitet, manchmal kommen perkussive Ergänzungen oder Ad-hoc-Instrumente dazu. Die Melodie-Führung ist relativ eng und entwickelt sich kaum. Die antiphone Verbindung zwischen Sänger und Instrument ist normalerweise einfach, aber stellenweise Unisono-Passagen zwischen Stimme und Gitarre sind charakteristisch für diese Blues.«

Das Mississippi-Delta wird im Osten vom Yazoo-River und im Westen vom Mississippi zwischen Vicksburg und Memphis begrenzt. Die Gegend zwischen den beiden Flüssen ist bretteben und hatte als Schwemmland sehr fruchtbare Böden, die ideal für Plantagen-Bau waren. Anfang des Jahrhunderts lebten dort prozentual mehr Schwarze als irgendwo sonst in den USA. Im Delta stellten sie weit über die Hälfte der Bevölkerung, Nachkommen jener Sklaven, die das Land erschlossen hatten. Eine Statistik von 1930, die Jeff Todd Titon in seinem Buch ›Early Downhome Blues‹ anführt, dürfte eher zu geringe als zu hohe Zahlen enthalten. Danach lebten in den USA insgesamt knapp 2,9 Millionen schwarze Familien, davon nur 610 000 im Norden! Im Süden teilten sie sich in 785 000 städtische und 1,4 Millionen ländliche Familien auf, davon arbeiteten etwa 550 000 auf den Baumwollfeldern. Im Delta wurde die Wirtschaft auch nach dem Ende der Sklaverei von der Baumwollindustrie bestimmt.

Vermittler lockten zahllose Schwarze als billige Arbeitskräfte auf die Plantagen, die natürlich ausschließlich Weißen gehörten. Schwarze konnten es bestenfalls zu bescheidenem Landbesitz bringen, hatten sonst den feudalistischen Status von »sharecroppers«, »share renters« oder »cash renters«. Sie lebten meist in primitiven Hütten und waren de facto ohne Bürgerrechte, da die Verwaltung der Union sich nicht in die regionalen Belange einmischte. Schließlich waren und sind die USA ähnlich föderalistisch organisiert wie die Bundesrepublik.

Anfang des Jahrhunderts gab es in Mississippi noch Lynchjustiz; Mord und Totschlag waren an der Tagesordnung, die sexuelle Ausbeutung schwarzer Frauen eine Selbstverständlichkeit. Und da Unterdrückung im Gegensatz zur Meinung von Sozialromantikern nicht zwangsläufig Rebellion und Revolution produziert, sondern ebenso oft die Repression verinnerlicht, waren die Verhaltensweisen vieler Schwarzer untereinander ähnlich brutal wie die Missetaten, die Weiße an ihnen begingen. Während Letztere freilich meist straflos blieben, waren die Arbeitslager und Gefängnisse voll mit schwarzen Delinquenten, die als Zwangsarbeiter beim Deichbau, auf den Feldern und bei der Bewässerung der Felder benutzt wurden. So schlimm diese Verhältnisse waren, sie begünstigten in der Folge die Arbeit der ersten Feldforscher der schwarzen Folklore, da sie zumindest hier noch ähnliche Verhältnisse vorfanden, wie sie zu Zeiten der Sklaverei geherrscht haben dürften.

Diese Situation war bis Ende der fünfziger Jahre praktisch konstant. Erst die liberale Bürgerrechts- und Protestbewegung der sechziger Jahre konnte nach harten Kämpfen und vielen Opfern gegen eine brutale Staatsmacht und gegen massiven politischen Widerstand der Besitzenden Abhilfe oder wenigstens Erleichterungen schaffen. Stillschweigender, zuweilen auch offener Rassismus ist im Süden aber bis heute vorhanden.

Der integrierende Faktor Nummer eins ist nach wie vor die Musik, die von vielen inzwischen als die wichtigste kulturelle

Kapitel 3: Die Zentren des Blues

Produktion erkannt wird – wichtiger noch als mit Pestiziden durchtränkte Baumwolle. Nicht zuletzt ist der Blues-Tourismus und die damit verbundene museale Pflege der Tradition eine beachtliche Quelle von Einnahmen geworden.

Die vermittelnde Rolle der Musik zwischen den Musikern ist im Detail noch nicht genau untersucht, selbst ein groß angelegter Repertoire-Vergleich steht noch aus. Versucht man so etwas innerhalb der eigenen Bestände, erhärtet sich jedenfalls der bereits geäußerte Verdacht, dass in der kommerziellen wie in der nichtkommerziellen Musik in den ländlichen Gebieten ein gemischtes, weitgehend ähnliches Repertoire aus Folksongs, Blues und Balladen sich großer Beliebtheit erfreute und diese Musik vor allem von den String-Bands gepflegt wurde, die bei großen und kleinen Festlichkeiten zum Tanz aufspielten.

Das dürfte auch im Delta nicht anders gewesen sein. Immerhin haben wir die gewichtige Aussage eines Son House, der sich an seine frühen Auftritte mit Charley Patton bei ländlichen Tanzvergnügen erinnerte und damit zugleich die Unterstellung konterkarierte, es habe sich bei den Tänzern um zurückgebliebene Landeier mit altväterischem Geschmack gehandelt. Im Gegenteil: »House sagte, er und Patton hätten Tanzstücke gespielt, die ohne Pause bis zu einer halben Stunde lang gewesen seien. Breakdowns und Square-Dances hätten als altmodisch gegolten; die Leute wollten die aktuellste Musik und die neuesten Tänze hören. Blues erfüllte diesen Zweck auf ideale Weise.« Trotzdem hat bei der Darstellung des Delta-Blues das Image des Einzelinterpreten in seiner möglichst dämonischen Variante fast alles überlagert, nicht zuletzt ein Problem engagierter, gut gemeinter, aber einseitiger Darstellungen seit Samuel B. Charters. Auch Feldforschung schützte vor Irrtum nicht, vor allem wenn der Forscher ein Frantz Fanon lesender Intellektueller wie William Ferris jr. war, dessen Buch ›Blues From The Delta‹ (1970) als modernes Grundlagenwerk gilt.

»Regionale Unterschiede wurden während meiner Feldforschungen im Mississippi Delta deutlich, wo Schwarze sich auf den Blues als ›ihre‹ Musik beziehen. Delta Blues ist in dieser Gegend ursprüngliche schwarze Kultur und hat mit der traditionellen weißen Musik wenig gemein. Einer meiner schwarzen Informanten, Tom Dumas, verbrachte die meiste Zeit seines Lebens außerhalb des Deltas in Walthall, Webster County, einer Gegend, in der die musikalische Tradition der Schwarzen stark von traditioneller weißer Musik beeinflusst ist. Dumas musikalisches Repertoire bestand ausschließlich aus Square-Dance-Melodien, die er auf der Fiedel und auf dem Banjo spielte, und als er ins Delta zog, merkte er, dass nur Weiße an seiner Musik interessiert waren. Die Volksmusik, die als Kom-

Kapitel 3: Die Zentren des Blues

munikationsmittel zwischen Schwarzen in Webster County funktioniert hatte, konnte das im Delta nicht leisten. Obwohl schwarz, fühlt Dumas keine Identität mit der Musik anderer Schwarzer in seiner Gemeinde. Er sagte mir: ›Ich spielte bei Tanzveranstaltungen, als ich sehr jung war, fünfzehn oder sechzehn. Ich lernte das dort. Die Leute hier mögen kein Gefiedel. Niemand mag das außer den Weißen. Farbige mögen diese Art von Musik nicht. Ich übe ein wenig und spiele für mich allein … Ab und zu geh ich weg und picke ein bisschen Banjo für die Weißen. Die Farbigen hören das nicht gern.‹«

An dieser Darstellung ist schief, was nur schief sein kann. Was Ferris nicht in Betracht zog, war, dass auch schwarze Musik zeitweise Moden unterlag und dass in den sechziger Jahren Square Dances nicht nur im Delta und nicht nur bei Schwarzen mega-out waren. Das war nicht immer so gewesen. Als Jeff Todd Titon Menschen im Delta nach ihren Erinnerungen an frühe Tanzvergnügen befragte, kam er zu dem Ergebnis:

»Die populärsten Tanzschritte waren Walzer, Foxtrott und Two-Step. Keiner der Befragten erwähnte Square-Dancing zu Musik aus dem Fonografen, allerdings tanzten sie zu Livemusik häufig Square-Dances. Offensichtlich machte Square-Dancing so viel Lärm, dass man die Musik nicht hören konnte, und war so heftig, dass die Nadel aus der Rille sprang.«

Das war in den sechziger Jahren freilich längst Vergangenheit, und das Delta war gerade damals Zentrum des ersten großen Country-Blues-Revivals, in dem Jug-Bands und String-Bands höchstens von einigen College-Studenten und Hippies als randständige Kuriositäten gewürdigt wurden. Immerhin, auch Dumas' Aussage stützt den Verdacht von Repertoire-Überschneidungen unter bestimmten sozialen Bedingungen.

Die Behauptung, die Leute im Delta hätten etwas gegen Banjos und Fiedeln im Blues gehabt, ist ebenfalls kaum haltbar. Man vergleiche etwa frühe Aufnahmen der Mississippi Black Snakes etc., von Charlie McCoy, Tommy Johnsons »Cool Drink Of Water Blues« vom 3. Februar 1928 und vor allem Charley Pattons Going To Move To Alabama – den prototypischen Delta-Blueser überhaupt – mit dem Fiddler Henry Sims (1890 bis 1958).

Es war wohl ein ganz anders gearteter Umstand als die folkloristische Stimmigkeit, der die Blues-Sänger im Delta zu dem werden ließ, was sie waren: lebende Legenden. Und dieser Umstand war sehr konkret. Big Bill Broonzy benannte ihn in seinen Memoiren ohne Zögern: »Diese Männer hatten keine Ahnung, wie Baumwolle, Mais, Reis und Zuckerrohr wachsen, und es interessierte sie auch nicht die Bohne. Sie gingen aus, putzten sich jede Nacht fein heraus, und mancher von ihnen hatte drei oder vier Frauen. Die eine fütterte ihn und die andere kaufte seine Klamotten und Schuhe. Das waren die Männer, die Zehn-Dollar-Stetsons trugen, Zwanzig-Dollar-Stücke an ihrer Uhr und Diamanten in ihren Zähnen oder an den Fingern.«

Nur im Unterhaltungsgewerbe konnte ein schwarzer Mann die harte Arbeit auf den Feldern mit einigem Anstand vermeiden. Die Alternative zum Musiker war eigentlich nur, als Zuhälter herumzulaufen.

Ferris jr. hätte es gerne anders gehabt: »So stand der Blues-Spieler deutlich abseits vom Rest der schwarzen Gemeinde und benutzte seine musikalischen Fähigkeiten dazu, die schwere körperliche Arbeit zu vermeiden, die das Geschick der meisten Schwarzen im ländlichen Süden war. Solche Sänger wurden oft musikalische Sprecher für die gesamte schwarze Gemeinde, insofern ihre Blues ein Leid ausdrückten, mit dem sich alle Schwarzen identifizierten. Blues-Sänger spielten in ihren Texten häufig auf örtliche Ereignisse und Personen an, drückten das Leid der Schwarzen sowohl als Individuen wie als Gruppe aus.«

Dieses schwer belegbare ideologische Konstrukt diente vor allem dazu, eine nahtlose Geschichte schwarzer Leidensidentität seit den Sklaventagen zu rekonstruieren, ein permanentes Anliegen intellektueller Masochisten, denen selbst vor lauter Grübeln die Lebensfreude abhanden gekommen ist. Doch die Fakten liegen anders. Deshalb bleibt Ferris jr. auch Belege für seine These vom Blues-Musiker als Sprecher der schwarzen Gemeinde schuldig. Wie in allen ehemaligen Stammesgesellschaften hätte diese Position übrigens niemals ein Künstler, eher vielleicht ein gewählter Häuptling oder eine Schamanin einnehmen können.

Damit keine Missverständnisse aufkommen: Hier soll mitnichten das Widerstandspotenzial der Blues in Frage gestellt werden, ganz im Gegenteil. Nur der Begründungs-Zusammenhang ist anders: ganzheitlicher und individueller. Es wird nämlich darauf insistiert, dass der Blues nicht nur klagend bis wehleidig daherkam, auch nicht im Delta, sondern viel mehr und viel gelungenere Formen individuellen Widerstands zu entwickeln in der Lage war.

Diesen Umstand hielt schon der kauzige, aber kluge Jazz-Franzose Hugues Panassié in seiner ›Geschichte des Echten Jazz‹, den wohl nie aussterbenden Tragik-, Erhabenheits- und Jazz-ist-die-Kammermusik-des-zwanzigsten-Jahrhunderts-Wichteln entgegen:

»Es ist eine ergreifende, aber nicht übertrieben klagende Musik, denn der Schwarze gehört einer ›jungen‹ Rasse voller Energie an, und er jammert nicht gern über sich selbst. Wenn ein Schwarzer den Blues singt, so nicht um traurig zu werden, nicht um sich wehmütig über sein Leid und sein schweres Schicksal auszulassen, sondern um sich davon zu befreien. Man kann auf den Blues das Wort des neuprovenzalischen Dichters Aubanel über die Dichtung anwenden: ›Wer sein Leid besingt, verzaubert es.‹ Darum ist der Blues im Grunde eine Musik, die stärkt und erfreut.«

Als unmittelbarer Ausdruck kollektiver Befindlichkeit eignet er sich aber viel weniger, als etwa als Work-Song, Prison- und Chain-Gang-Song, Field-Holler oder Gospel. Die wenigen expliziten Protest-Blues stammen fast alle aus den vierziger und fünfziger Jahren und keineswegs nur aus dem Delta. Manchmal täuscht sogar der Titel. Hinter dem »1931 Depression Blues« der ominösen Three Stripped Gears verbirgt sich ein flottes Instrumental!

Leadbelly sang den »Bourgois Blues«, J. B. Lenoir den »Eisenhower-« und den »Korea Blues«, John Brim beklagte die »Tough Times«, Lightnin' Hopkins den Krieg in »War Is Starting Again«, Floyd Jones die harten Zeiten in »Ain't Times Hard«, am bekanntesten war wohl Big Bill Broonzys »Black, Brown And White«, ein inbrünstig vorgetragenes Manifest gegen den alltäglichen Rassismus.

»Me and a man was working side by side
This is what I meant:
They was paying him a dollar an hour,
But they was payin' me fifty cents.

They say, if you's white, it's allright,
If you's brown, stick around,
But if you's black, brother
Git back, git back, git back!«

*(Ich und ein Mann arbeiten Seit an Seit
Das ist es, was ich mein:
Sie zahlen ihm einen Dollar die Stund,
Und ich schieb exakt die Hälfte nur ein.*

*Sie sagen, du bist weiß, das geht klar,
Du bist braun, dann bleib da,
Doch bist du schwarz, Bruder,
Dann bleib weg, bleib weg, bleib weg!)*

Insgesamt aber war der Blues durchaus verschieden vom Protestsong, wie ihn weiße Polit-Barden wie Woody Guthrie oder Pete Seeger sangen. Die hier beliebte Form des Talking Blues taucht bei schwarzen Musikern typischerweise kaum auf, am ehesten noch bei den so genannten Gitarren-Evangelisten, die sich als religiöse Erwecker und Moral-Apostel auf den staubigen Straßen bewegten. Der Blues als genuine Tanzmusik war ein primär kommunikatives Medium, das Reaktionen des Publikums hervorrufen wollte, anstatt es zu indoktrinieren. Aufgabe der Musiker war es, im Ruf- und Antwort-Verfahren (call and response) ein Einverständnis und eine spontane

Kommunikation zwischen Sänger und Publikum herzustellen. Fehlte das Publikum, funktionierte es auch zwischen Sänger und Begleitmusiker, im Notfall sogar noch zwischen dem Sänger und seinem Instrument.

In vielen Fällen scheint diese Kommunikation eine entspannende, geradezu therapeutische Wirkung bei Interpret und Publikum gehabt zu haben. Konkrete Untersuchungen dazu stehen freilich aus, wiewohl manche Autoren gerne das folkloristische Afrika mit seinen wandernden Sängern (griots) und das Schamanentum bemühen, Voodoo natürlich nicht zu vergessen. Es wird sich aber in den meisten Fällen einfach um wildes Abtanzen mit Hilfe mehr oder weniger heftiger Drogen auch und gerade zu Zeiten der Prohibition gehandelt haben. Nicht nur Tommy Johnson wusste davon ein Lied zu singen, das später einer Blues-Fan-Band den Namen geben sollte. Canned Heat war übrigens ein alkoholhaltiger Brennstoff auf Paraffin-Basis, der zum Grillen verwendet, in Zeiten der Prohibition aber auch höchst schädlich zweckentfremdet wurde.

»Crying canned heat, canned heat mama,
Crying sure Lord, killing me (2x)
Takes alcorub to take those canned heat blues.«

(*Ich schrei Canned Heat, Canned Heat, Mama,
Ich schrei, mein Gott, es bringt mich um,
Man braucht Alcorub für diese canned heat blues.*)

Es wird die Freunde des Delta-Blues herb treffen, aber sein wichtigster Interpret, Charley (auch Charlie) Patton (1891 bis 1934), war zwar schon seit etwa 1907 mit dem Blues unterwegs, seine ersten Aufnahmen machte er aber erst 1929, als er auf der Dockery-Plantage lebte, für den Plattenladen-Besitzer und Agenten H. C. Speir aus Jackson, Miss. Schon drei Jahre vorher waren die Blues des ersten Großmeisters, Blind Lemon Jefferson, auf Platte erschienen und selbst der von ihm, Willie Brown und Dick Bankston – die als Trio spielten – beeinflusste Tommy Johnson hatte schon im Februar 1928 für Victor seine bahnbrechenden »Canned Heat Blues«, »Cool Drink Of Water

Blues«, »Big Road Blues«, »Maggie Campbell Blues«, »Slidin' Delta Blues« und andere aufgenommen. Nach anderen Quellen soll die erste Aufnahme der »Mississippi-Country-Blues« von Fred Spruell 1928 gewesen sein.

Charley Pattons Blues stellen einen frühen Höhepunkt des Delta-Dance-Blues dar – ein Umstand, der immer wieder betont werden muss. Alle frühen Blues-Musiker spielten zum Tanz für ihre Zuhörerschaft auf – wahrscheinlich nur selten allein. Oft war ein zweiter Gitarrist beteiligt, wie häufig auch bei den Aufnahmen. Pattons Erkennungs-Song war »Pony Blues«, ein kompliziert gebauter, sich weit vom Schema entfernender Song. Seine anderen Glanz-Nummern waren »Down The Dirt Road Blues«, »Banty Rooster« und sein zweiteiliger Blues über das Hochwasser von 1927, »High Water Everywhere Pt. 1&2«. Charley Patton nahm – endlich entdeckt – allein 1929 rekordverdächtige 43 Titel auf. Seine Aufnahme-Karriere dauerte bis 1934. Seit 1933 hatte sich seine Stimme verändert, da ihm bei einer Tanzveranstaltung in Holly Ridge die Kehle aufgeschlitzt worden war. Bald nach seiner letzten Aufnahme-Session starb er an einem Herzleiden, das ihn schon seit Jahren begleitete. Er ist in Holly Ridge, Miss. begraben.

Eine Tanzveranstaltung mit Charley muss für Zuschauer das reine Vergnügen gewesen sein. Zeitzeugen berichten von abenteuerlichen Verrenkungen und Clownerien mit der Gitarre. Patton war nicht zuletzt ein Show-Man, mit ihm begann eine Traditions-Linie, die direkt zu T-Bone Walker, Chuck Berry, Screaming Jay Hawkins, James Brown und Jimi Hendrix führte. Anstatt sich darüber Blues-puristisch zu genieren, sollte man vielleicht froh darüber sein, einen so frühen Beleg für Instrumental-Artistik auch in der populären schwarzen Musik zu finden: »Er nahm die Gitarre zwischen die Beine, hinter den Nacken, legte sich auf den Boden und hörte dabei nicht auf zu picken.«

Von den dank ihrer anhaltenden Beliebtheit nur schlecht erhaltenen Platten allein lässt sich also kein Persönlichkeitsprofil ableiten – und aus den Hagiografien mancher Beiheftschreiber auch nicht, wo es etwa im Heft zu ›Charley Patton: Founder Of The Delta Blues‹ andeutend heißt: »Kurz nachdem er eine Blues-Platten aufnehmende Berühmtheit geworden war, wurde Patton aus Dockery hinausgeworfen.« Über die Ursache erfahren wir Genaues erst wieder bei Davis, nämlich dass er einen schlechten Ruf als Großmaul hatte, das auch vor Misshandlungen von Frauen nicht zurückschreckte: »Er wurde einmal aus Dockery hinausgeworfen, weil er eine seiner Lebensgefährtinnen mit einer Bullen-Peitsche geschlagen hatte; Pattons eigene Version der Geschichte war, dass er bestraft worden sei, weil er die Frauen auf der Plantage mit seiner Musik und seiner sexuellen Potenz nicht habe zum Schlafen kommen lassen, was sie für die Feldarbeit am nächsten Tag unbrauchbar gemacht habe.«

Patton war bei seinen Kollegen wegen seiner präpotenten Art und seiner Prahlsucht über sexuelle Eroberungen wenig beliebt. Selbst wenn man einen gewissen professionellen Neid abzieht, bleibt das Bild eines wenig erfreulichen Charakters, eines Mannes zwischen den Rassen – Patton war aller Wahrscheinlichkeit nach zur Hälfte Indianer, zu einem Viertel schwarz und zu einem Viertel weiß –, eines Troublemakers und vagabundierenden arbeitsscheuen Frauenhelden, kurz: der Prototyp künftiger, Hotelzimmer zerlegender Heavy-Rock-Stars von Keith Moon bis Slash. Es wird auch gern unterschlagen, dass nur etwa die Hälfte der aufgenommenen Patton-Titel Blues oder Blues-ähnlich waren. Das macht ihn zu einer Figur des Übergangs vom Songster zum Blues-Mann, weswegen Davis ihn zu Recht einen »bluester« nennt. Nichtsdestotrotz beschrieb er die Verhältnisse, die ihn umgaben, durchaus genau und ohne jede Schönfärberei.

»Every day seem like murder here (2x)
I'm gonna leave tomorrow I know you don't bid my care.«
(»Down The Dirt Road Blues«)

*(Jeder Tag hier ist wie Mord,
Ich weiß, ich bin dir gleich, und ich bin morgen fort.)*

Kapitel 3: Die Zentren des Blues

Man hat versucht, die Delta-Blues-Sänger als transzendental oder metaphysisch zu charakterisieren, religiös – wenn auch nicht immer im Amtskirchen-Sinn – wäre vielleicht richtiger, gemeint ist jedenfalls die spirituelle Qualität vieler Texte, die sich mit dem Zustand jenes Teils des menschlichen Bewusstseins beschäftigen, den gläubige Menschen als Seele bezeichnen. (Das Problem dabei ist, dass das für die Blues von Blind Lemon Jefferson oder des Gitarren-Evangelisten Blind Willie Johnson und mancher weniger Bekannter ebenso gilt. Beide waren übrigens Texaner.)

Einen Mann freilich hat das Delta hervorgebracht, der die Definition des spirituellen Blues-Sängers so genau erfüllt wie kein anderer: Eddie James, besser bekannt als Son House. Obwohl alles andere als ein glänzender Virtuose auf der National-Steel, wie die DVD aus der Masters-Of-Blues-Serie zeigt, sang und spielte er sich auch nach seiner Wiederentdeckung in den Sechzigern mit jener Inbrunst und Intensität an den Rand einer geistesabwesenden Ekstase, die wohl nicht nur krankheitsbedingt war. Son House war ein mit dem Blues Geschlagener und Beglückter gleichermaßen, denn seine immense Begabung hatte ihm zwar zu Einnahmen von stolzen vierzig Dollar in den Jahren 1940 und 1941 verholfen – damals mehr als der Jahreslohn eines Farmarbeiters –, als ihm Paramount pro Seite fünf Dollar zahlte. Andererseits verschaffte ihm dies ein permanent schlechtes Gewissen, das sich sowohl in seiner Körpersprache als auch in den Einleitungen zu seinen Blues niederschlug.

Manchmal hat man das Gefühl, hier werde eine Seele vor den Augen des Betrachters in zwei Teile zerrissen und erst im Augenblick des Spielens wieder zusammengefügt – nicht ohne Bruchstellen, wie die aufgerissenen Augen und der entrückte, nach oben ins Nichts gerichtete Blick beweisen. Und wenn ihn auch keine Höllenhunde vor sein akademisches Publikum gejagt hatten – dank seiner Vergangenheit als abtrünniger Prediger, den seine »schwarze Mama, deren Gesicht scheint wie die Sonne« vom rechten Weg abgebracht hatte und der zwei Jahre

Zwangsarbeit leisten musste, weil er einen Mann bei einer Rauferei in einer Bar getötet hatte –, lagen genügend Steine auf seinem Weg, die ihm die Reise in den Himmel der Religiösen schwer gemacht haben dürften. House war ein Zerrissener, der zwischen den Polen Sünde und Erlösung schwankte, wenn er zur Gitarre griff.

Das Besondere an Son House war auch, dass er im Gegensatz zu den meisten seiner Zeitgenossen immer nur den Blues gesungen hatte ohne große kommerzielle Hintergedanken. Von Alan Lomax hatte er als Honorar eine Flasche Coca-Cola erhalten – immerhin eisgekühlt, wie er ironisch anmerkte. Er war solchermaßen das tadellose Relikt, das nicht korrumpierbare Missing Link zwischen Tradition und Revival, aber er war als Person die absolut untypische Ausnahme. Selbst nach seiner Wiederentdeckung 1964 musste er zu Auftritten überredet werden und schlug kein Kapital daraus. 1971 wurde er krank und zog sich bis zu seinem Tod 1988 völlig zurück. Seine Aufnahmen gehören zum unverzichtbaren Erbe des echten Delta-Blues.

Von der anderen Seite her wurde das Bild ergänzt durch Nehemiah Skip James – der aus Bentonia, also nicht direkt aus dem Delta stammte –, dessen Blues sich ebenfalls bevorzugt mit religiösen Themen wie Sünde und Erlösung befassten, allerdings mit einer weiteren, überpersonellen Perspektive. Wo Son House noch um die eigene Erlösung kämpfte, machte sich Skip James zum Anwalt und Richter der ganzen sündigen Menschheit. Als er im gleichen Jahr wie Son House aus dem kurzen Schatten trat, den seine wenigen Aufnahmen für Paramount 1931 geworfen hatten, wurde er schnell zum Liebling eines weißen, akademischen Publikums, das seine raren Platten gesammelt und wegen ihres ungewöhnlichen Inhalts ebenso geschätzt hatte wie wegen der außerordentlichen gesanglichen und instrumentalen Fähigkeiten. Skip James sang in einem eigentümlichen Falsett und spielte nicht die deltatypische Bottleneck-Gitarre, sondern verließ sich auf raffinierte Pickings, wenn er sich nicht gar ebenso delikat am Piano begleitete. Eine zweite bemerkenswerte Ausnahme-Erscheinung also, keineswegs typisch für den Delta-Blues der anderen Mississippi-Masters wie Garfield Akers, Joe Callicott, William Harris, John D. Fox, Blind Joe Reynolds, Tom Turner, J. D. Short oder Otto Virgial sowie Mattie Delaney und die legendäre Geeshie oder Geechie Wiley. Deren Musik ist zwar teilweise erhalten, über die Personen und ihren Lebensweg sind die kargen Auskünfte in den Booklets wie in Mississippi Masters oft das Einzige, was wir haben.

Erschwerend kommt hinzu, dass die Plattenindustrie seit der Depression, die Anfang der dreißiger Jahre einsetzte, praktisch keine Aufnahmen mit Delta-Blues-Sängern mehr machte. Die entscheidende Ausnahme ist allerdings der großartigste Delta-Sänger überhaupt, Robert Johnson.

Wandernde Songster und Blues-Sänger gab es selbstverständlich auch noch in dieser Zeit. Vor allem ein Reiseziel bot sich an, wenn ein Delta-Landei Stadtluft schnuppern wollte: Sweet Home Chicago, das nach Robert Johnson allerdings in Kalifornien liegen sollte, was merkwürdigerweise noch kaum jemand verwundert hat.

»Oh baby, don't you wanna go (2x)
Back to the land of California
To my sweet home Chicago.«

Mit der Illinois Central Railroad konnte man in 24 Stunden von New Orleans über das Delta nach Chicago kommen. Der Fahrpreis betrug von Memphis aus elf Dollar und zehn Cent. Chicago war seit der Jahrhundertwende gewissermaßen die großstädtische Filiale des Deltas. Mit einer ständig wachsenden Migration schwarzer Arbeitskräfte in die winddurchwehte Stadt am Michigan-See korrespondierte ein Bedürfnis nach der gewohnten ländlichen Unterhaltung, schon um das Heimweh zu vergessen. Eine kleine Platten-Industrie entstand, obwohl man in den frühen Jahren für Aufnahmen nach New York fahren musste. Und um die weißen und schwarzen Unterhaltungs-Unternehmer herum wuchs eine urbane Blues-

Szene heran, die sich aber bis heute ihrer ländlichen Wurzeln bewusst zu sein scheint.

Statistiken machen die Verschiebung deutlich. Mitte des 19. Jahrhunderts hatte Chicago weniger als fünfhundert schwarze Einwohner. Zur Jahrhundertwende waren es schon an die dreißigtausend. Anfang der dreißiger Jahre eine viertel, um 1950 eine halbe Million, 1960 über 800 000. Obwohl das Leben der Schwarzen auch in Chicago alles andere als lustig war, konnte man hier fast das Vierfache verdienen wie im Delta. Chicagos große Zeit als Zentrum des Blues kam freilich erst nach der Depression der dreißiger Jahre.

In Chicago gab es eine schwarze Zeitung, den ›Defender‹, der die Schwarzen ermutigte, ihr Glück in Chicago zu suchen. Chicago war »kalt, teuer, dreckig und gefährlich«, aber es gab Schulen, in die man die Kinder schicken konnte, um ihnen eine bessere Zukunft zu ermöglichen. Die meisten Zuwanderer blieben. Und manche von ihnen brachten es offensichtlich nicht nur zu Gitarren und Fonografen, sondern auch zu einem Piano. Anders wäre die dominante Rolle dieses Instruments im Chicago-Blues der frühen Jahre wohl kaum zu erklären. Zwei Stilrichtungen mischten sich hier: die melodiösen Ragtimes aus dem Südosten der USA wurden mit dem rauen Klavierstil des tiefen Südens konfrontiert, den man Boogie Woogie nannte und den schon Blind Lemon Jefferson als »Booger Wooger« auf seiner Gitarre nachgedroschen hatte. Während in ländlichen Gegenden Pianos relativ selten (und vor allem kaum transportabel) waren, konnten städtische Kneipenbesitzer ihre Barrelhouses und sonstigen Lokale durch eine relativ bescheidene Investition attraktiv machen.

Das Piano war das Geschenk Chicagos an den Blues. Solisten wie der Texaner Clarence Pinetop Smith (1904 bis 1929), »Cripple« Clarence Lofton (1887 bis 1957), Jimmy Yancey (1898 bis 1951) und seine Schüler, die Freunde Albert Ammons (1907 bis 1949) und Meade Lux Lewis (1905 bis 1964) waren Ende der zwanziger Jahre auch auf zahlreichen Blues-Einspielungen vertreten. In den beiden folgenden Jahrzehnten erfreuten sich Boogie-Woogie-Combos und swingende Boogie-Orchester anhaltender Beliebtheit.

In den Studios hatten es Gitarristen von da an ziemlich schwer. Sie mussten schon die Klasse eines Scrapper Blackwell, Big Bill Broonzy, Lonnie Johnson oder Tampa Red haben, um noch mitspielen zu dürfen, wobei Letzterer mit Georgia Tom Dorsey einen pianistischen Langzeitpartner gefunden hatte. Weitere wichtige Pianisten waren Cow Cow Davenport (1894 bis 1955) und Big Maceo (1905 bis 1953) mit seinem umwerfenden »Chicago Breakdown«. Nicht alle Pianisten spielten ausschließlich Boogie, viele schwenkten früher oder später zum Piano-Blues über, der sich gerade in Chicago nachhaltiger Beliebtheit erfreute.

Ein Dauerbrenner ganz anderer Art war der ständige Konflikt zwischen Chicago und New Orleans. Es ging dabei vor allem um das Geburtsrecht am Jazz, aber natürlich spielten gerade in den Anfängen auch die klassischen Blues-Aufnahmen in der Argumentation eine Rolle. Dass das die persönlichen Beziehungen zwischen den Machern nicht unbedingt trüben musste, zeigt eine Anekdote, die Perry Bradford berichtete:

»Ich erinnerte mich, wie ich ihn zum ersten Mal getroffen hatte, in Chicago, damals, im Jahr 1913. Mama Bradford weckte mich auf, weil Charlie (Warfield) hereingestürzt kam und sagte, Mort Shoecraft schicke ihn. Ich solle kommen, denn da sei einer – und damit meinte er den Typ, der gerade in mein Schlafzimmer latschte –, der habe nicht schlecht angegeben im Pompei Saloon, er sei der beste Pianist in Chicago, und das sei ihm [Morton] so an die Nieren gegangen, dass er es nicht ausgehalten habe.

Inzwischen stand der große dürre Mann, der von seinem ›Jelly Roll Blues‹ den Spitznamen ›Jelly Roll‹ hatte, in meinem Zimmer. Ich sagte: ›Bist du der Typ, der der Blues-König sein soll?‹ ›Aber klar‹, sagte er. ›Charlie, bring das Lämmchen zum Piano, auf dass ich es schlachte‹, sagte ich. Jelly heulte vor lauter Lachen auf. Wir gingen ins Wohnzimmer zum Piano, und Jelly spielte seinen später weithin berühmten ›Jelly Roll

Blues‹. Ich bat ihn, noch mehr zu spielen, aber er weigerte sich. Ich empfing ihn mit den Worten: ›Mann, das ist ein guter Blues, sehr intricate, aber jetzt rutsch mal rüber und lass den echten Blues-König ran, dann brichst du zusammen.‹ Ich spielte und sang ein ganze Reihe von Blues; ›I'm Alabama Bound‹ war dabei ... und dann spielte ich ›Cannon Ball Blues‹. Nach dieser morgendlichen Blues-Session wurden Jelly und ich schnell Freunde.«

Kurz darauf gibt Bradford eine eindrucksvolle Namensliste von fähigen Ragtime-Pianisten, wie man sie vor dem Ersten Weltkrieg nannte. »Zu dieser Zeit hatte Chicago die besten Ragtime-Pianisten der Welt. Da war ›Wingy‹, der König des rollenden Bass-Beats der linken Hand, der war der Vater von allen. Dann Bob Lilly, Black Diamond, Sparrow Marshal (der alte Kumpel von Scott Joplin), Paul Turner (der Pianist von der Westside, der wie Wingy spielte), Kissin' Bug, der im Give-Dam-Jones-Cafe auftrat und eine Dauerwette anbot, dass er mehr Ragtimes draufhatte als jeder andere außer Wing. Da war Ed Hardin, der alles spielen konnte, was er hörte, Gene Liggins ..., Slap (Rag) White ... und David Peyton war der Spitzenmann, der konnte Noten lesen ... Es gab auch zwei Mädels, die Ragtime konnten, Goldie Cosby und Rose Brown.«

Einen eigenen Vorkriegs-Chicago-Blues-Stil erfunden zu haben ist aber wohl hauptsächlich das Verdienst des weißen Produzenten Lester Melrose, der ab 1928 mit den immens erfolgreichen Hokum Boys eine neue Blues-Formel entwickelte, eine Mischung aus String-Band-Musik, Ragtime und Jazz mit zuweilen schlüpfrigen Texten, die vor allem im Riesenhit »It's Tight Like That« aufging und von da an unendlich oft kopiert wurde, auch von dem Hokum Boys, allen voran Tampa Red und Georgia Tom Dorsey selbst. Erst sehr viel später wurde es Georgia Tom dann zu unanständig oder zu langweilig, er entdeckte Prediger-Qualitäten in sich, stieg aus der Hokum-Branche aus und erfand praktisch im Alleingang die moderne Gospelmusik, die aus Spirituals kräftig rockende Sanctified-Blues-Schlager machte.

Melrose produzierte für Columbia und RCA/Bluebird, unter anderen Washboard Sam, Walter Davis, Booker White, Roosevelt Sykes und John Lee Sonny Boy Williamson. Auch Paramount hatte schon früh moderne Aufnahmestudios in Chicago, in denen schon 1926 Blind Lemon Jefferson und Blind Blake aufgenommen worden waren. Nach dem Zweiten Weltkrieg nahm Chicago eine überragende Stellung als Stadt des elektrifizierten Delta-Sounds ein, die bis heute unangefochten blieb.

New Orleans war die weltoffene Hafenstadt der Südstaaten. In der Bevölkerung mischten sich Reste der indianischen Choctaw-Urbevölkerung mit Angelsachsen, Schwarzen, Einwanderern aus der Karibik. Das Klima zwischen den Rassen war relativ entspannt. Das Vergnügungsviertel der Stadt, Storyville, hatte ständigen Bedarf an Anheizmusik für seine Spielhallen, Bordelle und Kneipen. Sehr schnell nach der Ragtime-Welle zu Anfang des Jahrhunderts entstand hier der als Dixieland bekannt gewordene Jazz-Orchester-Stil, der natürlich vom Blues geprägt war und dessen Protagonisten später Weltruhm erlangten: Kid Ory, Louis Armstrong und seine spätere Frau, die Pianistin Lil Hardin – die aus Memphis stammte –, oder der witzige Kreole Jelly Roll Morton. Man hat die Bedeutung der Stadt für den Blues lange zu sehr heruntergespielt. Inzwischen ist klar, dass die Schlüsselstellung des Ortes zwischen Texas und Mississippi, nicht zu vergessen die eigenständigen Musiken der Cajuns und des Zydeco in Louisiana, auch für die Entwicklung des Blues nicht unwichtig gewesen sein kann.

Dies konnte lange Zeit nicht bestätigt werden, denn New Orleans hatte zunächst keine Studios, so dass Musiker wie Lonnie Johnson, Little Brother Montgomery, Champion Jack Dupree oder Cousin Joe im Norden aufnehmen mussten. Erst nach dem Zweiten Weltkrieg nahm die Stadt dann wirklich eine zentrale Rolle bei der Entwicklung einer schwarzen Pop-Blues-Rock-Variante ein, die mit den Namen Fats Domino und Dave Bartholomew, Allen Toussaint, Roy Brown, Little Richard, Prof. Longhair, Ernie K. Doe, Lloyd Price, Guitar Slim und Snooks Eaglin vorerst nur angedeutet werden soll. Grace Lichtenstein und Laura Dankner haben mit dem Musical ›Gumbo The Music Of New Orleans‹ 1993 eine eindrucksvolle Bilanz vorgelegt.

St. Louis und der Blues sind allein durch die Kompositionen von W. C. Handy untrennbar verbunden. Die Hafenstadt am Zusammenfluss von Missouri und Mississippi, deren Industrien um 1915 einen so großen Bedarf an Arbeitskräften hatte, dass es 1917 zu schweren Rassen-Konflikten kam, entwickelte in den schwarzen Stadtteilen rasch eine eigene Blues-Kultur. Eine exzellente Dokumentation obskurer Interpreten wie Jelly Roll Anderson unter Mitwirkung von Lonnie Johnson, Henry Johnson and his Boys mit einem aufschlussreichen »Hawaiian Harmony Blues« und einem Titel »Blue Hawaii«, der mit der Glasharfe begleitet wurde, ist ›St. Louis 1927–1933‹; Bert Snake Root Hatton bringt zudem handfesten Blues aus dem Jahr 1927 mit Piano und teilweise ländlicher Slide-Gitarre. Aufnahmeorte waren übrigens Chicago, Richmond und Louisville, nicht St. Louis! Auch Aufnahmen zwischen 1929 und 1933 mit Jesse Johnson, Spider Carter, Ell-Zee Floyd, Red Mike Bailey, Jimmy Strange und Georgia Boyd belegen eine aktive Blues-Szene.

Laut Gérard Herzhafts ›Encyclopedia Of The Blues‹ (1992) begann hier auch sehr früh die Dominanz der Pianisten, angedeutet durch Namen wie Walter Davis, Peetie Wheatstraw oder Roosevelt Sykes. Virtuose Gitarristen wie Lonnie Johnson oder Henry Townsend gaben in der Folge das Country-Blues-typische Akkordspiel weitgehend auf und solierten zu den Bassfiguren, die das Piano vorgab, mit großer Freiheit und Einfallskraft. Und die Frauen? Namen wie Katherine Baker, Lizzie Washington, Alice Moore, St. Louis Bessie alias Bessie Mae Smith und Mary Johnson, die Frau von Lonnie Johnson, stehen für weibliche Kompetenz, weitere St.-Louis-Blues-Leute wie J. D. Short, Henry Spaulding oder Blind Teddy Darby sind vergleichsweise gut dokumentiert.

Die überragende Figur freilich war und ist noch immer Henry Townsend, dessen Biografie, so wie er sie Bill Greensmith erzählte, 1999 erschien. Sie enthält spannende Milieu-Schilderungen, klärt einige Legenden um Walter Davis auf und trägt zur Charakterisierung eher obskurer Interpreten wie Charlie Specks McFadden bei.

Einige Interpreten wanderten auch nach Chicago, hielten aber ihre Herkunft in Ehren, wie St. Louis Jimmy (1903 bis 1978), der später diverse Hits für Muddy Waters, Little Walter und Howlin' Wolf schrieb. Die Straßenmusik ist in der Gestalt von Clifford Gibson vertreten. Robert Springer erwähnt in seiner Untersuchung ›Authentic Blues‹ (1985), dass Clifford Gibson in St. Louis besonders populär gewesen sei, vor allem wegen der Kunststücke seines Hundes! Weitere berühmte Blues-Söhne der Stadt waren und sind Albert King, Little Milton und Ike Turner.

Kansas City ist eine viel besungene Stadt. Doch die berühmten Zeilen: »I'm Going To Kansas City, Kansas City here I come«, die Wilbert Harrison 1959 einen Rock'n'Roll-Hit verschafften, stammten von zwei Teenagern jüdischer Herkunft, Jerry Lieber und Mike Stoller, die aus geklauten Phrasen zahlreiche ihrer durchaus witzigen Popsongs zusammenmanschten. Mit dem alten Blues-Bestseller »Jim Jackson's Kansas City Blues Pt. 1–4« hatte das überhaupt nichts zu tun.

»I woke up this morning evil an' bad
Thought about the good times I once have had
I'm gonna move to Kansas City,
I'm gonna move to Kansas City
I'm gonna move to Kansas City, baby
Honey where they don't like you.«

(*Ich wachte bös auf heute und auch schlecht,
Ich dachte an die guten alten Zeiten, echt,
Ich zieh nach Kansas City, Baby,
Schatz, da mögen sie dich nicht*)

Kapitel 3: Die Zentren des Blues

Kansas City in den zwanziger und dreißiger Jahren gehörte de facto einem Mann, Tom Pendergast, weswegen die Stadt auch Tom's Town genannt wurde. Pendergast war ein Freund der Halbwelt und sorgte dafür, dass die über dreihundert Nachtlokale ihr Auskommen hatten und nicht allzu sehr belästigt wurden. In solchen Lokalen traten Sängerinnen wie Lottie Beaman-Kimbrough auf, begleitet von den Pruitt Twins Miles und Milas. Dort spielten Winston Holmes und Charlie Turner den »Kansas City Call« oder den »Kansas City Dog Walk« ein, aber auch ein schönes Beispiel für den Double Talk, den parodistischen »Death of Holmes' Mule pt.1&2« bei dem den Eingeweihten klar war, dass es sich hier nicht um eine Begräbnis-Zeremonie für ein verblichenes Maultier handelte, sondern dass das Ausbleiben des »white mule« – reiner Alkohol – beklagt wurde.

Auch die anderen erhaltenen Titel weisen die beiden als Frohnaturen aus, die gebirglerisch juchzten und mit Vogelpfeifchen und Kazoo ländlich-sittliche Stimmung erzeugten. Zu Lotties Clan gehörten noch Lena und Sylvester Kimbrough. Eine Sängerin, die es gar nicht gab, war Kansas City Kitty, die mit Georgia Tom Dorsey viele Hokum-Blues-Aufnahmen machte. Ihr wirklicher Name war laut Auskunft Dorseys Jane Lucas, die auch als Mozelle Anderson für das Champion Label von Gennett sang. Während die Blues-Geschichte von Kansas City noch sehr im Dunkeln liegt und vor allem die Biografien der Unterhaltungs-Musiker nur lückenhaft bekannt sind, sind die Jazzforscher schon viel weiter, wie auch die hervorragende Webseite der Stadt zeigt. Generell war und ist Kansas City eine mehr vom Jazz geprägte Stadt. Der war in den frühen Jahren direkt gespielt und sehr tanzbar. Man höre sich nur einmal die immer noch völlig unterschätzten Einspielungen von Andy Kirk And His Clouds Of Joy an, mit der sensationellen Pianistin Mary Lou Williams (1910 bis 1981), »the lady who swings the band«. Oder Pianisten wie Jay McShann und Pete Johnson und dann natürlich Count Basie, wenn er den »Kansas City Bounce« zelebrierte. Die Big Bands von Kansas City beschäftigten hauptsächlich Männer als Sänger. Big Joe Turner etwa, einen der Vorväter des Rock'n'Roll oder Jimmy Rushing. Vor ihrer Zeit freilich hatten Sängerinnen wie Lottie Beaman das Singen, und auch Julia Lee (1903 bis 1958) war nicht ohne Meriten.

Eine treffende und ausführliche Darstellung der Kansas-City-Blues- und Swing-Szene findet sich in der Charlie-Parker-Biografie ›Bird Lives‹ von Ross Russell (1972, dt. 1985), darunter auch eine lebendige Beschreibung des Boogie-Woogie-Genies Pete Johnson (1904 bis 1964): »Die Band im Sunset war die kleinste in Kansas City, wie jeder wusste; sie bestand aus nur zwei Musikern. Der Drummer hieß Murl Johnson und war besonders gut mit Snare-Drums und Tom-Toms. Aber der Mann, der im Sunset die Dinge in Bewegung brachte, war der Pianist Pete Johnson.

Er war nicht mit dem Drummer verwandt. Pete Johnson wurde ›Roll'em Pete‹ genannt, denn er hatte eine besondere Art des Bass-Spiels mit der linken Hand, acht Noten pro Takt. Manche sagten, diese Spielweise komme aus Texas und werde ›Boogie Woogie‹ oder ›The Dirty Dozens‹ genannt, aber Pete nannte es einfach ›Fast Blues‹ oder manchmal auch ›Railroad Blues‹. Er war plump und beinah so breit wie hoch, ein Gewichthebertyp in einem doppelreihigen Anzug, der wie ein Zelt aussah. Sein kurzer Hals wurde zu zwei dicken Wülsten, wenn er über dem Klavier hing. Petes Finger sahen aus wie ein Bündel Bananen, viel zu groß für die Tasten, aber wenn er schnell spielte, zeigte er viel Fingerspitzengefühl. Seine rechte Hand hatte ihr eigenes Leben, spielte gegen den Rhythmus seltsam berührende Akkorde und konnte sogar das Pfeifen eines Zuges imitieren, während die linke Hand den Klang der Räder auf den Schienen suggerierte. Das war der ›Railroad Blues‹. Petes Gesicht war rund, braun und weich und trug immer einen Ausdruck der Überraschung, als könne er nicht glauben, was seine Hände aus dem Piano herausholten.«

Louisville liegt in Kentucky, einem mit lebhafter Folklore und zahlreichen String-Bands gesegneten Staat, wie aus

Anthologien wie ›The Music Of Kentucky‹ hervorgeht. In Louisville fand seit jeher das Kentucky Derby, ein berühmtes Pferderennen statt. Aus diesem Anlass wurde dort schon um die Jahrhundertwende die Jug-Band-Musik erfunden.

String-Bands und Brass-Bands hatten laut Brenda und Pen Bogert schon seit 1860 existiert. Sogar der Name eines dieser ersten legendären Jug-Bläser ist bekannt: B. D. Tite alias Leroy Harris, der mit dem Banjo-Spieler und Gitarristen Black Daddy alias Dan Smith zusammen auftrat. Gründer der nachmaligen Louisville Jug Band war um 1905 Earl McDonald (1864 bis 1949), der vom Bass zum Jug wechselte. Die Jug-Band spielte beim Rennen und auf den Partys reicher Leute. Das nachmals prominenteste Band-Mitglied war der Geiger Clifford Hayes. Sein Bruder Curtis spielte Banjo.

Während McDonald einen guten Ruf als ehrlicher Bandleader hatte, war sein ab 1924 auf fast allen Einspielungen allgegenwärtiger Fiedler Clifford Hayes ein Schlawiner, der die Mitglieder seiner eigenen Ensembles wie Clifford's Louisville Jug Band oder seiner Dixieland Jug Blowers regelmäßig um ihre Gagen prellte. Sein Konkurrent war Whistler And His Jug Band, dessen Markenzeichen eine Nasenpfeife war, die übrigens auch in der bayrischen Volksmusik vorkommt und später von Rahsaan Roland Kirk in den Jazz eingeführt wurde, nachzulesen und anzuschauen im Artikel von Stefan Liedtke in ›Rocksession 3‹ (1979). Ohne Hayes vermochten neben Whistler auch Phillips' Louisville Jug Band und die Kentucky Jazzbabies auszukommen, bei den kuriosen Aufnahmen mit Jimmie Rodgers 1931 war er schon wieder dabei.

Atlanta war die Blues-Hauptstadt der Ostküste mitten im Ku-Klux-Klan-Land. Zwar wuchs die schwarze Bevölkerung zwischen 1920 und 1930 um ein Drittel auf 90 000 Seelen an, die Lage blieb trotzdem gespannt. Manche Musiker, wie Georgia Tom Dorsey, verließen die Stadt Richtung Norden. Andere, wie der grandiose Blind Willie McTell, der auf der zwölfsaitigen Gitarre feine Slide-Soli spielte, musizierten auf der Decatur Street wie auch Peg Leg Howell und seine Gang.

Robert Hicks und sein Bruder arbeiteten an einem Barbecue-Stand, daher kam Roberts Musikername Barbecue Bob. Barbecue Bob spielte ebenfalls eine zwölfsaitige Gitarre, zu der sein Bruder, Laughing Charlie, manchmal ein irres Gelächter beisteuerte. Das Leben in Atlanta war für Musiker hart. Giles Oakley berichtet, dass nach dem Mord an einem begabten jungen Mundharmonika-Spieler namens Eddie Mapp 1931 die Blues-Szene in Atlanta in sich zusammenbrach.

Dallas hatte von den texanischen Städten am meisten den Blues. Was Storyville für New Orleans war, war für Dallas Deep Ellum. Schon 1927 hatte der weiße Popsänger Willard Robison sein »Deep Elm« aufgenommen, eine frühe Hymne an die Lastermeile. Aber die echten Dallas-Blueser hörten nicht ihn, eher schon den »Dallas Rag« der Dallas String Band, und sicher kannten sie alle den »Dallas Blues«, den Lloyd Garrett und Hart A. Wand 1912 geschrieben hatten.

»I've got the Dallas Blues and the Main Street heart disease
Buzzin' round my head like a swarm of little honey bees
I'm goin to put myself on a Santa Fe and go
To that Texas town where you never see the ice and snow.«

(*Ich hab die Dallas Blues und die Hauptstraßen Herzkrankheit
Die summen um mein Haupt herum wie ein Schwarm junge
  Bienen
Ich werde den Santa-Fe-Zug nehmen und in diese
Stadt in Texas fahren, wo man Eis und Schnee nie sieht.*)

Dallas war eine Eisenbahn-Endstation. Hier fuhren viele Züge mit Blues-Namen ein, wie Bob Hall im Booklet zu ›Dallas Alley Drag‹ richtig anführt: »The Katy, Missouri, Kansas and Texas Line; the Forth Worth and Denver; the Gulf, Colorado and Santa Fe; the Rock Island; and the Texas Pacific.«

Um 1930 hatte Dallas knapp 50 000 schwarze Einwohner, viele arbeiteten bei der Bahn. Das Leben spielte sich in Central Tracks ab, an der Linie der Texas Pacific und vor allem auf der Elm Street, die vor Ort »Deep Ellum« genannt wurde. Dort wurde alles gehandelt, vom »Zementmixer bis zu gebrauchten falschen Zähnen. Es gab Honky-Tonks, Saloons, Bierkneipen und Bordelle zwischen Kaufhäusern, Möbel-, Schuh, Bekleidungs- und Schmuckgeschäften« und Lokale wie den Tin Top Club, der im ersten Stock über einem Möbelhaus lag.

Ein Blues-Biotop wie sonst vielleicht nur Beale-Street entstand hier seit den zwanziger Jahren, attraktiv für reisende Musiker wie Blind Lemon Jefferson oder Huddie Ledbetter, Lonnie Johnson und Sammy Price. Wenn Blind Lemon sang:

»When you go down on Deep Ellum
Just to have a little fun
Have your fifteen dollars ready
When the policeman come.«

(*Wenn du nach Deep Ellum kommst,
um ein bisschen Spaß zu haben,
halte fünfzehn Dollar bereit,
falls ein Polizist auftaucht.*),

dann war das nicht erfunden. Der Song hielt sich in vielen Varianten bis hin zu Grateful Dead und hat bis heute nichts von seinem trockenen Witz eingebüßt. Die biografisch nicht zu ermittelnde Ida Mae Mack nahm ihren »Elm Street Blues« zwar in Memphis auf, kam aber wohl auch aus Dallas, wo sie in der Monger Street wohnte. Ihr und Bessie Tuckers Begleitpianist K. D. Johnson ist ebenso obskur wie ein gewisser Texas Bill Day oder Jack Ranger oder eine Sängerin namens Bobby Cadillac, die 1928 eine wildverwegene Moritat namens »Carbolic Acid Blues« aufnahm. Bekannter waren da schon Billiken Johnson, Whistling Alex Moore und die Sängerin Bessie Tucker.

New York hatte für Schwarze einen eigenen Namen: Harlem. Aber es hatte vergleichsweise wenige ortsansässige Blues-Sänger. Wichtig war New York als Ort vieler früher Vaudeville-Blues-Platten-Produktionen, als Sitz einiger wichtiger Firmen und der Schlager-Schmiede Tin Pan Alley. Immerhin, ein bedeutender Straßenmusiker hielt sich ab 1935 in Harlem auf: Reverend Gary Davis (1896 bis 1972), dessen frühe und spätere Aufnahmen sich durchaus gleichen.

In den Decca-Studios wurden durchreisende Blues-Musiker wie Blind Boy Fuller (1903 bis 1940) mitgeschnitten, wahrscheinlich, wenn er gerade seinen Freund Gary Davis besuchte. Als Auftrittsorte kamen einige Clubs und das berühmte Apollo Theater in Frage, aber erst nach dem Zweiten Weltkrieg entwickelte sich unter der Federführung von Atlantic Records eine eigenständige Rhythm-&-Blues-Szene.

Warum der Blues in Harlem nie so recht heimisch wurde, begründete Perry Bradford sehr einleuchtend in seinen Memoiren: »Wir müssen zugeben, dass Jelly Roll Morton die schiere Wahrheit sagte über diese Harlemer, die Blues- und Jazzsongs nicht goutieren wollten, bis Mamie Smith And The Jazz Hounds den Blues durch die Hintertür einführten – was die Frage aufwirft, warum Harlem den Blues verabscheute. Man dächte mitnichten, dass Harlem – eine Stadt in der Stadt und die bekannteste kosmopolitische schwarze Gemeinde der Welt mit einer Population von über 600 000 Schwarzen aus allen vier Himmelsrichtungen des Planeten – dem Blues den Stinkefinger zeigen würde, bloß weil ein paar Schickis im Gefolge einer Gang von Top-Musikern ihn als Musik aus der Gosse abqualifiziert hatten. Aber – genau das war der Fall.«

Bradford widmet der Frage ein ganzes Kapitel seines Buches, schildert die Modeheuchler, die dann heimlich doch bei der privaten Rent-Party den Down-Home-Boy gaben. – »Sie ließen die Sau raus, waren sie selbst und gingen zurück in die Stadt, rieben sich die Bäuche und plärrten ›Play'em daddy – if it's all night long‹« – und kommt dann auf den von ihm mitverursachten Durchbruch zu sprechen, eine Revue namens ›Made In Harlem‹ – die natürlich einen »Harlem Blues« enthielt:

»Aber als ... wir Schauspieler im alten Lincoln Theatre ›Made In Harlem‹ spielten und die Truppe den ›Harlem Blues‹ mindestens zehnmal als Zugabe bringen musste, gesummt wie gesungen – da war das das erste Mal, dass die Einheimischen den Blues wahrnahmen ... Der einzige Blues, den ich jemals vorher in den Hot Spots hörte, war Handys ›Memphis Blues‹ und der wurde von Lizzie Taylor nur gesungen, wenn anwesende Down-Home-Folks ihn verlangten. Und deswegen verhielten sich einige Harlemer so abschätzig gegen den Blues.«

Immerhin, später kamen dann noch berühmte Sängerinnen wie Georgia White oder Victoria Spivey. Und nach dem Zweiten Weltkrieg wurden Gitarristen wie Tarheel Slim, Sticks McGhee, Charles Walker, Wild Jimmy Spruill oder Alec Seward hier heimisch. Big Maybelle Smith und Ruth Brown prägten zusammen mit Mickey Baker den Rhythm & Blues der fünfziger Jahre.

Als Kuriosum zu vermerken ist in der Gegenwart das schwarz-weiße Straßen-Blues-Gespann Satan And Adam. Adam Gussow, der Mundharmonika-Spieler, veröffentlichte 1998 die Geschichte der ungewöhnlichen Partnerschaft, ›Mister Satan's Appretice – A Blues Memoir‹. Eine Studie in Blues zu Zeiten der Reaganomics und ein weiterer Beweis, dass und wie der traditionelle Blues und Rap, seine modernste Form im Hexenkessel New York in gegenseitigem Respekt koexistieren können.

Memphis war das hundertprozentige Gegenteil. Hier setzte sich der Blues in vielfältiger Form fest. Memphis war eine Stadt des derben Vergnügens für Weiße und Schwarze. Die einen waren Baumwollpflanzer und hatten viel Geld, die anderen arbeiteten auf den Feldern oder als Hochwasser-Dammbauer und waren auch scharf darauf, ihren lausigen Verdienst an den Wochenenden in den Kneipen und Bordellen längs der Beale-Street auf den Kopf zu hauen. Nicht selten freilich waren es ihre eigenen Köpfe, auf die gehauen wurde. Memphis mit seinen über fünfhundert Saloons galt in den zwanziger Jahren als »capital of murder«. Die Rate betrug laut Robert Springer im Jahr 1916 neun pro Tausend und war dreimal so hoch wie in Atlanta, das an zweiter Stelle lag. Bei einer Einwohnerzahl von 150 000 waren das 1350 Tote pro Jahr, durchschnittlich fast vier Morde pro Tag. Mit grimmiger Ironie las man ein Schild, das am Pee-Wee-Saloon hing: »We do not close before the first murder.« Jim Dickerson erwähnt in seinem Buch ›Going Back To Memphis‹ (1996) zudem, dass der Kokain-Missbrauch um 1905 epidemische Dimensionen angenommen und die örtliche Sexindustrie junge schwarze Frauen aus dem gesamten mittleren Süden angezogen habe. Memphis sei zudem die einzige Stadt in ganz Amerika gewesen, die Frauen offiziell im Vergnügungsgewerbe zugelassen habe, was aber mitnichten zu deren Emanzipation beitrug. Im Gegenteil, Frauen waren so etwas wie eine Neben-Währung in der Männer-Gesellschaft von Memphis und nicht jede hielt das aus. Alberta Hunter etwa, die selbst in diesem Sündenpfuhl ihren gleichgeschlechtlichen Neigungen nicht nachgehen konnte, verließ die Stadt so schnell wie möglich.

Es war der übliche Kanon aus des Teufels Gebetbuch, der vorlag: Glücksspiel, Hurerei, Raufereien, Alkohol-Konsum – während der Prohibition kam noch das einträgliche Schmuggelgeschäft hinzu. Der von W. C. Handy besungene, im »Memphis Blues« erwähnte Mr. Crump hatte seine Hand dreißig Jahre lang auf der Stadt, sie aber nie voll im Griff, obwohl er immer wieder halbherzig Recht und Gesetz durchzusetzen sich bemühte. Das Chaos setzte sich auch nach dem offiziellen Ende der Prohibition 1933 in Tennessee, dem Bourbon-Whiskey-Land, fort, da ein regionales Gesetz das öffentliche Trinkverbot bis 1939 fortschrieb.

Beale Street lebte von der Musik. Schon seit der Jahrhundertwende ungefähr gab es schwarze Tanz- und Show-Kapellen. In den zwanziger Jahren arbeiteten die Pianisten in den Kneipen, wo auch die Blues-Sängerinnen auftraten, manchmal gab es auch Konzerte in Kinos wie dem Daisy oder im Peabody Hotel.

Der Memphis-Blues war etwas leichtgängiger als der typische introvertierte und kryptische Delta-Blues. Er diente dem Tanz, der Unterhaltung und der Freude am Gesang. Ein charakteristisches Phänomen der Beale Street waren die berühmten Jug-Bands. Obwohl sie angeblich um 1905 in Louisville,

Kentucky, zuerst auftauchten, wo sie die Untermalung zu Pferderennen lieferten und über Cincinnati, Atlanta und Birmingham nach Memphis kamen, entwickelte sich hier ein typischer Stil, den die Memphis Jug Band, Gus Cannon's Jug Stompers, Jack Kelly's South Memphis Jug Band oder die Beale Street Jug Band in Vollendung praktizierten.

Nach Gérard Herzhaft waren frühe Waschbrett-Jazzbands wie Clifford Hayes And His Jug Blowers das große Vorbild gewesen. Kurios war das Instrumentarium, das in der Regel aus einem selbst gebauten Ein-Saiten-Tonnen-Bass, Banjos und Gitarren, Fiddle und/oder Mundharmonika bzw. Kazoos bestand. Dazu kam der namengebende Jug, ein Tonkrug oder jedenfalls ein großes Gefäß, das angeblasen wurde und tubaartige Bass-Töne und -Melodien produzierte:

»Der Krug war eine billige Alternative zum Kontrabass, er gab einen tiefen summenden Ton von sich, wenn er in verschiedenen Winkeln angeblasen wurde. Man konnte Flaschen, Petroleumbehälter oder sonst etwas benutzen, was eine Resonanz ergab, wenn man über die Öffnung blies. Andere ›primitive‹ Instrumente wurden eingeführt, wie zum Beispiel Kazoos – kleine, U-Boot-förmige Instrumente, die nach dem Prinzip des geblasenen Kamms funktionierten. Es ergab ein krächzendes Geräusch, wenn man hineinsummte ... Ein anderes bevorzugtes Instrument war der selbst gebaute Bass. ›Einige Leute nennen es einen Mülleimer‹, sagte Will Shade, ›aber ich nenne es einen Stromlinien-Bass.‹ ... Es gab alle möglichen Arten, die in einer Tradition standen, die bis zu den Straßenknirpsen der Razzy Dazzy Spasm Band zurückreichte, die um die Jahrhundertwende in New Orleans spielte.«

Gesungen wurde häufig zusammen, wenn auch nicht oft mehrstimmig. Die Jug-Bands waren das Vorbild der Skiffle-Musik-Welle, die in den fünfziger Jahren durch Merry Old England raste, aber auch die witzigeren Köpfe unter den College-Hippies der sechziger Jahre ansprach, wie die Jim Kweskin Jug Band, der auch die immer noch den Blues singende Maria Muldaur angehörte, oder Dr. West's Medicine Show

And Junk Band des Einhit-Mannes Norman Greenbaum (»Spirit In The Sky«). Die Jug-Bands lieferten mit populären Songs wie »Stealin'«, »I'm Sitting On Top Of The World«, »Beedle Um Bum Bum« oder »I'm Going To Germany« Folkies wie Arlo Guthrie allerlei Repertoire-Grundlagen.

Man kann sie ihrer Goodtime-Music wegen, die die Jahrzehnte fast unbeschadet überdauert hat, lieb gewinnen und ihre Protagonisten wie Will Shade, Charlie Burse, Noah Lewis, Bo Carter, die Panama Limited Jug Band oder Gus Cannon als versatile und hochkompetente Musiker schätzen oder sie mit einem Begriff wie »those poor man's jazz bands« abqualifizieren, an der zentralen Stellung der Jug-Bands im Musikleben von Memphis ist nicht zu rütteln.

Was die Memphis-Musiker bis zu den heutigen Rock'n'Rollern wie Lorette Velvette oder Tav Falco auszeichnet, ist ihre Bereitschaft zur Kooperation. Fast alle Lokalgrößen spielten irgendwann einmal zusammen oder machten gemeinsam Aufnahmen.

Es gab aber außerhalb der Jug-Bands keinen typischen Memphis-Blues-Stil. Noah Lewis spielte eine virtuose Mundharmonika, die einfach nur gut klang, Gitarristen wie Furry Lewis, Tom Dickson oder Frank Stokes waren zwar vom Ragtime wie vom Blues infiziert, aber keiner von ihnen wirkte auf lange Sicht so stilbildend wie etwa Charley Patton oder Blind Blake. Durchreisende Musiker, wie der Dobro-Virtuose Casey Bill Weldon, der zeitweise bei der Memphis Jug Band mitspielte, zeigten den örtlichen Musikern neue Licks, ohne deren weiche, fließende Spielweise grundlegend zu ändern. Kein Wunder, dass die kalifornischen Folk-Rocker der Sixties gerne solches Song-Material übernahmen, wie den »Minglewood Blues« oder »Viola Lee« von Noah Lewis, beide schon im frühen Repertoire von Grateful Dead zu finden. Als bester Sänger weit und breit galt Frank Stokes (1888 bis 1955). Sein Signature Song »Mr. Crump Don't Like It« bezog sich auf den bereits erwähnten Machthaber in der Stadt. Seltsamerweise verschwand er 1930, auf der Höhe seiner Kunst und seines

Ruhms, spurlos. Ein scharfer Konkurrent war Jim Jackson, der mit seinem »Kansas City Blues« einen frühen Riesenhit gehabt und angeblich die unvorstellbare Menge von über einer Million Platten verkauft hatte.

Reverend Robert Wilkins (1896 bis 1987) punktete bei Rock-Fans wegen seines folgenschweren »Rollin' Stone Blues«. Er kam, wie sein Nachbar Garfield Akers, aus Hernando unweit von Memphis und hatte sich dort nach dem Ersten Weltkrieg niedergelassen. Sein Repertoire umfasste so Blues-untypische Songs wie »Prodigal Son«, den die Rolling Stones (die sich auch bei seinem »That's No Way To Get Along« bedienten) auf ›Beggar's Banquet‹ durch die Mangel drehten. Reverend Robert Wilkins nahm zwischen 1928 und 1935 auf.

Der in Greenwood, Miss. 1893 geborenen Walter Furry Lewis (gestorben 1981) war sehr jung in die Stadt gezogen, nachdem er sich das Gitarre-Spielen selbst beigebracht und auch schon mit der Memphis Jug Band musiziert hatte. 1916 verlor er bei einem Zugunglück ein Bein und trug seitdem eine Holz-Prothese. Da er von seinen Einkünften als Musiker nicht leben konnte, arbeitete er gut vierzig Jahre lang als Straßenkehrer für die Stadtverwaltung. 1959 wurde er wieder entdeckt und konnte seinen Witz und seine Qualitäten als Alleinunterhalter, der nichts von seinen spielerischen Fähigkeiten verloren hatte, vor einem neuartigen, wohlgesinnten weißen Publikum voll ausspielen, was ihm offensichtlich auch selbst großes Vergnügen bereitete.

Der Mundharmonika-Spieler Noah Lewis (1895 bis 1961) gilt als einer der wichtigsten Vorkriegsinstrumentalisten. Er war kein Verwandter von Furry, stammte aus Henning, Tennessee, und spielte mit dem Banjo-Crack Gus Cannon und dem später berühmt gewordenen Sleepy John Estes. Der wiederum fand in dem Mandolinisten Yank Rachell einen optimalen Widerpart.

Gus Cannon (1883 bis 1979) arbeitete auch unter dem Pseudonym Banjo Joe. 1928 gründete er seine Jug Stompers, vermutlich auf Nachfrage von Victor, die ein Gegengewicht zur Memphis Jug Band von Will Shade suchten. Sein »Walk Right In« wurde 1963 in der Bearbeitung der Roof Top Singer ein Pop-Hit. In der Folge nahm er auch noch einmal eine (extrem seltene) LP auf, die inzwischen als CD erhältlich ist. Weitere Einspielungen von John Henry Barbee, George Torey, Walter Rhodes, Sam Townsend runden das Bild des frühen Memphis-Blues der männlichen Interpreten erfreulich ab. Auf der weiblichen Seite finden sich eher obskure Namen wie Ollie Rupert, Madelyn James, Pearl Dixon oder Rosie Mae Moore, deren »Ha Ha Blues« und »Staggerin' Blues« auf ziemlichen Mutterwitz schließen lassen.

Die dominante Persönlichkeit des weiblichen Blues war sicher Memphis Minnie, insbesondere, nachdem Alberta Hunter die Stadt verlassen hatte. Ihre Biografie ›Woman With Guitar‹ haben Paul und Beth Garon 1992 geschrieben. Darin findet sich der interessante Hinweis, dass in Memphis Gitarristen nicht auf der Straße spielen durften, sondern nur im Park. Das galt auch für Minnie. Was Memphis Minnie alias Lizzie Douglas (1897 bis 1973), die eigentlich aus Louisiana kam, von ihren Kolleginnen wie Ma Rainey oder Bessie Smith unterschied, war ihre Gitarrenarbeit, die hinter dem Spiel der Männer in keiner Weise zurückstand. Ihre dreißigjährige Aufnahme-Karriere ab 1929 lieferte dafür zahllose eindrucksvolle Beweise. Zudem schrieb sie den Großteil ihres Repertoires selbst, darunter Hits wie »Bumble Bee« und »Me And My Chauffeur«. Ihre beiden Ehemänner waren auch Gitarristen: Casey Bill Weldon und Kansas Joe McCoy. 1930 zog sie der Karriere wegen nach Chicago, behielt aber ihren Markennamen bei. Erst in den fünfziger Jahren kehrte sie nach Memphis zurück, wo sie, schwer erkrankt, bis kurz vor ihrem Tod in Armut lebte und zuletzt auf milde Gaben ihrer Fans und von Verehrerinnen wie Jo Ann Kelly und Bonnie Raitt angewiesen war. Die Zeitschrift ›Living Blues‹ nannte sie »eine der größten Blues-Sängerinnen aller Zeiten«.

Kapitel 4: Die anderen Regionen des Blues

Die erste große Zeit des ländlichen Down-Home-Blues dauerte von etwa Mitte der zwanziger Jahre bis zu den vierziger Jahren. Ursprünglich war er als Gegenkonzept zur abflauenden Welle des hauptsächlich von Frauen gesungenen Vaudeville-Blues eingeführt worden. Papa Charlie Jackson wurde mit folgendem Satz beworben: »Seien Sie versichert, dass dieser Mann Charlie den Blues sogar noch besser spielen und singen kann als eine Frau!« Zwischen 1925 und 1930 etablierte sich der männliche Country-Blues über das Medium der Race Records auch kommerziell. Das machte die Plattenfirmen zunehmend unternehmungslustiger in ihrer Aufnahme-Politik. Auch einige Frauen, die nicht den klassischen Blues sangen, wurden solchermaßen dokumentiert.

Wie Robert Springer richtig anmerkt, waren nicht alle Aspekte des ländlichen Blues für die musikindustrielle Verwertung geeignet oder interessant. Das Repertoire mancher Sänger, darunter so bedeutender wie Robert Johnson oder Son House, galt als wenig kommerziell. So dauerte es zuweilen bis zum ersten Blues-Revival Ende der fünfziger Jahre, bis die Qualität und Bedeutung mancher Interpreten richtig erkannt und eingeschätzt werden konnte.

Andererseits führte die Kommerzialisierung einesteils zu einer Verengung des Angebots, da Erfolgsformeln gnadenlos kopiert, nach heutigen Maßstäben sogar plagiiert wurden, anderenteils zu einem Bedarf an neuen Ideen und zu einem höheren Standard der Spieltechnik. Um eine Platte aufnehmen zu können, musste, zum Teil unmittelbar vor den Sessions, intensiv geübt werden.

Was charakterisiert den Country-Blues? Marshall Stearns definierte ihn als »fest gefügt in Zeit und Raum, Sprache und Sitte; er ist gebunden an die Landschaft, die regionalen Sitten und die exakte Sprachhaltung eines bestimmten Orts und einer bestimmten Person; diese Umstände reflektiert er untrüglich mit«.

Man hat in diesem Zusammenhang auch vom Rural-Blues oder vom Folk-Blues gesprochen; Springer hat den Begriff »authentic blues« ins Spiel gebracht, ohne freilich recht zu klären, was denn dann »non-authentic« wäre. Die wenigen Protagonisten seines Buches allein reichen bestimmt nicht hin. Ein einleuchtender Vorschlag von Jeff Todd Titon war die historisch korrekte und treffende Bezeichnung Down-Home-Blues. Schließlich nannten die Leute die Musik seinerzeit selbst so. Der tüftelige Paul Oliver gab jedoch zu bedenken, dass die Afroamerikaner selbst diesen Begriff nur dann gebrauchten, wenn sie sich außerhalb der heimischen Südstaaten aufhielten. Einen besseren Vorschlag hatte er aber auch nicht.

Down-Home-Blues ist kein Stilbegriff, wie etwa Delta-Blues, sondern eine allgemeine Bezeichnung für jede Art von Blues, die in ländlichen Gebieten auf Tonträgern oder live populär war. Das konnte je nach Gegend sehr verschieden sein, deswegen macht es Sinn, die einzelnen Regionen des Blues genauer zu betrachten.

Der Staat Mississippi war seit 1910 der mit dem höchsten Anteil afroamerikanischer Bevölkerung. Er war auch der rückständigste und blieb das bis weit in die fünfziger Jahre hinein. Industrialisierung wurde lange durch die Angst der Plantagenbesitzer verhindert, die die Abwanderung billiger Arbeitskraft befürchteten. Die Lebensumstände waren primitiv. Um 1930 hatten gerade einmal fünf Prozent der Farmen Strom und noch weniger fließendes Wasser. Ein Drittel der Schwarzen aus der ersten Blues-Generation konnte weder lesen noch schreiben. (Der Staat investierte 1940 in die Erziehung weißer Kinder die – auch schon schwache – Summe von 41,71 Dollar, für die schwarzen aber schändliche 7,24 Dollar.) Dass Schwarze nicht den geringsten politischen Einfluss nehmen konnten, hatte nicht zuletzt die Demokratische Partei zu verantworten.

Kapitel 4: Die anderen Regionen des Blues

Mississippi besteht mitnichten nur aus dem Delta mit den magischen Ortsnamen, die jedem Blues-Fan geläufig sind. Ortschaften wie Bentonia und oder Jackson spielten in der Blues-Geschichte ebenfalls eine Rolle. Man hat zumindest versucht, aus einigen Indizien eine eigene Blues-Schule um den in Bentonia geborenen Skip James herum zu konstruieren, allerdings nicht ganz überzeugend. David Evans als Gewährsmann ist eher mit Vorsicht zu genießen, da er seine blumigen Formulierungen nicht wirklich belegt. Laut ihm war der Bentonia-Stil »gekennzeichnet durch seinen hohen melismatischen [zwischen den Tönen schwankenden] Gesang und durch komplexe Melodien, seine raffiniert gepickten Gitarren-Parts in Moll und seine unheimlichen, vergrübelten Texte, die Themen wie Einsamkeit, Tod und das Übernatürliche behandelten. Insgesamt ist es einer der unheimlichsten, einsamsten und tiefsten blues sounds die je aufgenommen wurden«. (Zitiert nach Parker, ›Deep Blues‹.)

Etwas deutlicher fassbar ist der Blues in und um Jackson herum, zumindest ab Beginn der dreißiger Jahre. Samuel B. Charters schrieb: »Die südlichen Städte wie Jackson waren weniger isoliert als die ländlichen Farmen und die sich kreuzenden Landstraßen des Deltas, und es gab eine ständige Migration professioneller Unterhalter durch die kleinen Nachtklubs und Varieté-Theater. Die meisten Blues-Acts kamen nicht über Memphis und sein Lyric Theatre auf der Beale Street hinaus, aber es gab genügend Musiker und Sänger in und um Jackson herum, die der Musik der Stadt Selbstbewusstsein verschafften, das den Delta-Interpreten oft abging, weswegen die örtlichen Blues-Leute oft dem Einfluss auswärtiger Künstler und kommerzieller Plattenaufnahmen erlagen. In den späten zwanziger Jahren gab es aber eine kleine Gruppe in Jackson, die sich um Ishman Bracey und Tommy Johnson scharte, die etwas von der rohen Energie der freieren Delta-Musik hatte. Die meisten der jungen Männer vom Land hingen bei Johnsons Haus in der River Front Street herum, aber Bracey schien einen besseren Sinn fürs Geschäft zu haben.«

Auch Jackson hatte seine Jug-Band-Szene, die durchaus tanzbar, aber bluesorientiert war. Ein paar Leute bildeten den Focus der Szene, vor allem die Chatmon-Brüder Lonnie, Sam und Bo nebst ihrem Adoptivbruder Walter Vincson, die McCoy-Brüder Charlie und Joe, die Johnson-Brüder Ledell, Mager, Clarence und Tommy sowie Tommie Bradley und James Cole. Wie Sam Charters richtig anmerkte, »machten sie mehr Aufnahmen als alle Delta-Blues-Sänger zusammen«. Sie belebten die örtliche Musikszene und arbeiteten gleichermaßen als Begleitmusiker bei Aufnahmen, als Bandmitglieder in wechselnden Formationen und als Solisten, wie etwa Bo Carter, der gerne deftige Hokum-Blues wie »Please Worm My

Wiener« sang, oder Walter Vincson von den Mississippi Sheiks, der auch astreinen Down-Home-Blues einspielte.

Die einschlägigen Bands hießen etwa Charlie McCoy's Mississippi Hotfooters, Mississippi Mudsteppers, Mississippi Blacksnakes und natürlich die Mississippi Sheiks. Und dann gab es noch die Mississippi Jook Band, ein Trio, das der Sänger Blind Roosevelt Graves mit seinem Bruder Uaroy und einem Pianisten namens Cooney Vaughan bildete und dessen Sound noch vom rauen älteren Barrelhouse-Stil beeinflusst war.

Eine Art wandernde Dörfer waren die zahlreichen Work-Camps, halbindustrielle Arbeitslager, die meistens in wenig besiedelten Gegenden lagen. Es gab vor allem »turpentine camps«, »levee camps« und »railroad camps«. Die Ersteren produzierten Terpentin und Bauholz, es gab sie in der so genannten Piney Woods Area, die praktisch die ganzen Südstaaten von Southern Mississippi bis Northern Florida durchzog. Viele der Camp-Arbeiter waren Sträflinge, die von den Gefängnisverwaltungen an ortsansässige Unternehmer ausgeliehen wurden. Die Arbeitsbedingungen waren hart.

Um Aufstände und Fluchten zu vermeiden, wurde Unterhaltung angeboten. Am Wochenende wurden, wie es sich so einfach hinschreibt und liest, »Frauen«, also Prostituierte, aus den umliegenden Orten geholt, die den Profit der Company zusätzlich mehrten, indem sie den Männern die kargen Löhne aus der Tasche zogen und davon Prozente abführten.

Ab Samstagnacht wurde durchgemacht. Unter der Woche war ab sieben Uhr abends Freizeit und gegen halb elf Uhr Schluss, damit die Arbeitskraft nicht litt. Laut Springer war die Musik in diesen Arbeiterlagern die Domäne reisender Pianisten wie Roosevelt Sykes oder Little Brother Montgomery, die jahrelang regelrechte Touren durch die einzelnen Camps machten. Der laute, heftige Barrelhouse-Stil schien den Bedürfnissen der Arbeiter am meisten zu entsprechen. Es wurde vor allem getanzt, aber auch zotige oder sonstwie explizite Blues waren beliebt. Einer der wenigen Gitarristen, die in diesem Milieu auftraten, war Big Joe Williams.

Big Joe Williams, geboren 1903 in der Gegend von Crawford, Mississippi, kann als der typische wandernde Blues-Mann gelten. Auf seiner neunsaitigen Gitarre spielte er ausschließlich ländlichen Blues, stilistisch in der Nachfolge Charley Pattons. Schon ab 1917 soll er angefangen haben, in den Railroad- und Levee-Camps am Mississippi aufzuspielen. Sein Wanderleben führte ihn darüber hinaus nach Alabama, Louisiana, Arkansas, Texas. Aufnahmen machte er sowohl in Memphis als auch in Chicago. Um 1934 machte er St. Louis zum Ausgangspunkt seiner Reisen. Da ihm 1935 das Kunststück gelang, das Copyright für »Baby, Please Don't Go« einzutragen, brachte er es in der Folge zu Einnahmen, die ihm ermöglichten, in seinem Heimatort Crawford ein Eigenheim zu kaufen. 1936 begann seine musikalische Partnerschaft mit John Lee »Sonny Boy« Williamson. Ende der fünfziger Jahre wurde er wieder entdeckt und trat bis zu seinem Tod 1982 im internationalen Blues-Kontext auf, eine imposante Erscheinung aus einer längst vergangenen Epoche.

Vor dem beschriebenen Hintergrund nimmt es nicht mehr wunder, dass die meisten Blues jeglicher Romantik zwischen den Geschlechtern entbehren, dafür häufig vom Verlust des sexuellen Besitzstandes handeln, von Partnern, die davonlaufen oder betrügen. Möglichst viele verfügbare oder ausbeutbare Sexualpartner zu haben brachte Status. Der Verkauf von Sexualität war als Haupt- oder Nebenerwerb geeignet, hatte man sich erst einmal darauf eingelassen. Das ist kein moralisches Urteil. Das Elend der Dienstboten in der europäischen Gesellschaft vor und nach der Jahrhundertwende war durchaus vergleichbar. Die Schwarzen fingen lediglich erst viel später an Marx zu lesen.

Zu den weit verbreiteten Themen der Songs gehört an prominenter Stelle der Blues selbst, der personalisiert, dramatisiert und dämonisiert wurde. Viele Songs beschrieben das Wanderleben der Musiker. Lokalkolorit wurde bald schon eher formelhaft zitiert. So konnte derselbe Song als »Cincinnati Blues«, »Kansas City Blues« oder »Birmingham Blues« gesungen werden, je nachdem, wo sich der Sänger gerade aufhielt.

Arkansas hat einen kleinen Anteil am Mississippi-Delta. Die Hafenstadt Helena, die einzige wichtige Anlaufstelle zwischen Memphis und Vicksburg, wurde Anfang der dreißiger Jahre zu einem Blues-Zentrum. Laut Springer entwickelte sich hier ein lässigerer, lebendiger Blues-Stil, der die Wiege des späteren Chicago-Blues darstellte.

Tennessee hatte neben Memphis die Gegend von Brownsville als Blues-Hochburg zu bieten. Schnelle Pickings, die sich teilweise an weißer Musik orientierten und sehr schlichte Begleitungen in den langsamen Blues, dazu Gesang in den höheren Lagen charakterisierten den Brownsville-Stil, der am reinsten wohl von Sleepy John Estes verkörpert wurde. Sleepy John Estes war ein kreativer Blues-Mann. Manche seiner Blues, wie »Going To Brownsville«, »Someday Baby Blues« oder »Divin' Duck Blues« sind Standards geworden. Er wurde 1899 – drei Jahre vor Peetie Wheatstraw – in Ripley, Tennessee, geboren und arbeitete als Knecht auf einer Farm. Schon als Kind hatte er ein Auge verloren. 1916 soll er sich aus einer Zigarrenschachtel eine Gitarre gebastelt und spielen gelernt haben. Mit seinem kongenialen Partner Yank Rachell musizierte er bis 1927 zusammen. Auch der junge Mundharmonika-Spieler Hammie Nixon trat manchmal mit ihm auf, mit dem er später als Wandermusiker arbeiten sollte und der schließlich sein Wiederentdecker und Manager wurde. Estes war Teil des ersten Blues-Revivals, das ihn bis nach Japan führte. Er starb 1977.

Der Osten von Tennessee gehörte bluesgeografisch zu einer anderen Stilrichtung, die man wahlweise als East-Coast-Blues – einschließlich Florida – oder als Piedmont-Blues – unter Ausschluss von Florida – bezeichnet. Als Piedmont bezeichnet man überstaatlich die Ebene zwischen den Appalachen und dem Atlantik, also ungefähr das Gebiet von Richmond, Virginia bis Atlanta, Georgia.

Piedmont-Blues ist instrumental charakterisiert durch ausgefeiltes Picking oft außerhalb des einfachen Blues-Schemas, meistens typische Ragtime-Akkordfolgen wie C–A–D–G–C–C^7–F^7–D^7–G–C. Musikalische Einflüsse kamen außerdem noch aus der Folkmusikszene der Appalachen; irische Tänze wie Jigs und Reels, angloamerikanische Balladen und Tagesschlager wurden rasch adaptiert und führten zu einer leichteren, melodischeren Blues-Variante, die sich nicht immer auf den schweren und teils unbeholfenen, wenn auch substanzielleren Delta-Stil einlassen wollte. Es gibt vielleicht sogar ein soziologisches Argument dafür, denn die Lage der Schwarzen im Piedmont war, von Georgia und South Carolina abgesehen, nicht ganz so beklagenswert wie im Delta. Das durchschnittliche Bildungsniveau lag wesentlich höher, und vor allem das Niveau der bezahlten Löhne war teilweise doppelt so hoch wie im Delta.

Auffällig ist sowohl der Umstand, dass viele der mit aberwitziger Geschwindigkeit pickenden Virtuosen blind und dennoch wandernde Straßenmusiker waren, als auch, dass ihr bevorzugtes Instrument die zwölfsaitige Gitarre gewesen zu sein scheint. Warum, wissen auch die Experten bis heute nicht. Der immer spekulativ aufgelegte David Evans vermutete, Blind Willie McTell habe seine aus Texas mitgebracht. Aber Evans hat auch ernsthaft vorgeschlagen, davon auszugehen, dass der Slide-Stil der Hawaiianer von einem dorthin ausgewanderten (!!) Delta-Blueser selbst eingeführt worden sei. Er hat allerdings weder einen Namen noch ein Dokument für diese Behauptung beigebracht, während die Kekuku-Anekdote mit dem herausgefallenen Kamm (siehe Seite 22, Kapitel 1) wenigstens lustig ist und sogar ein Quentchen mehr Wahrscheinlichkeit besitzt. Zwölfsaitige Gitarren dürfte es jedenfalls auch in Atlanta und New York gegeben haben.

»Walker war womöglich die bedeutendste Blues-Figur der Region. Leider wissen wir praktisch gar nichts über sein Leben ... In den zwanziger Jahren führte er ein Wanderleben in der Gegend von Greenville, Josh White war manchmal sein Begleiter. Etwas später traf er Sam Brooks, einen Sänger und Gitarristen aus Greenville. Sie bildeten ein Duo, das 1930 in

Atlanta Aufnahmen für Columbia machte. Die vier Stücke, die sie während der Session aufnahmen, sind die einzig bekannten Stücke aus dem Repertoire von Willie Walker. Sie sind nichtsdestotrotz völlig ausreichend, um seine Virtuosität auf dem Instrument und das perfekte musikalische Einverständnis zwischen den beiden zu beweisen«, schrieb Robert Springer.

So werden Legenden gebaut. Vor allem, wenn man sie nicht nachhören kann – doch inzwischen kann man: Was etwa auf ›Document 5062‹ unter Willie Walker läuft, klingt unzweifelhaft sehr elegant, hält aber keinem Vergleich mit der elementaren Originalität eines Blind Blake stand, wie schon der »Dry Bone Shuffle« auf demselben Album zeigt, ganz zu schweigen von seinen erhaltenen Glanzstücken. Vermutlich stützt sich die Genie-Unterstellung auf eine Aussage von Josh White, der seinen ehemaligen Lehrer als »den besten Gitarristen, den ich je gehört habe«, apostrophierte und der behauptete: »Blind Blake war schnell, aber Walker war wie Art Tatum.« Ebenfalls zur Legendenbildung mag beigetragen haben, dass Reverend Gary Davis einige Stücke von Walker nicht spielen wollte oder konnte. Blind Blake hätte dieses Problem vermutlich nicht gehabt.

Die Frage ist eher, ob man den in Jacksonville, Florida, geborenen Arthur Blake überhaupt als Ostküsten-Blues-Mann einordnen soll, da er ebenfalls weit umherwanderte, die meisten seiner Aufnahmen in Chicago machte und sein Gitarrenstil sehr persönliche Züge aufwies, die ihn von regionalen Stilen unabhängig scheinen ließen. Sein Repertoire umfasste einige typische Twelve-Bar-Blues, wie den »Police Dog«, »Black Dog«, »Bad Feeling« oder »One Time Blues«, Instrumentals wie »Seaboard Stomp«, »Southern Rag« oder »Blind Arthur's Breakdown« und Gassenhauer wie »Diddie Wa Diddie«.

Gewisse stilistische Ähnlichkeiten mit dem Repertoire von Blind Boy Fuller sind nicht zufällig. Fuller, der eigentlich Fulton Allen hieß, stammte aus North Carolina und war Straßenmusiker. Er bewunderte Blake und spielte ähnlich wie dieser. Zwischen 1929 und 1934 hielt er sich vorwiegend in Durham auf, wo er sich dann auch niederließ. Er spielte auf seiner »National«-Gitarre, die er etwas ökonomischer pickte als manche Virtuosen, zeitweise mit Sonny Terry, Gary Davis in einer Art Blinden-Trio, das vom Waschbrett-Spieler Bull City Red geführt wurde. In den vierziger Jahren machte er viele Aufnahmen für Okeh, insgesamt 135 Titel, darunter auch der Popklassiker »Keep On Truckin' Mama«.

Weniger bekannte Namen wie William Moore (1894 bis 1951), der aus Virginia stammte und seinen »Barbershop Rag« dazu benutzte, sein Geschäft zu bewerben, so aber auch kein Ragtime-Millionär wurde, Bayless Rose, möglicherweise ein weißer Interpret, oder die Duos Tarter And Gay aus Virginia sowie die völlig apokryphen Chicken Wilson And Skeeter Hinton runden das Bild der Ragtime-Gitarristen von der Ostküste etwas ab.

Blind Willie McTell wurde 1901 in Georgia geboren. 1916 und 1917 tourte er mit der John Roberts Plantation Show im Süden. Zwischen 1922 und 1925 besuchte er eine Blindenschule in Macon. Seine ersten Aufnahmen machte er schon 1927 in Atlanta, spätere Wanderreisen erstreckten sich bis auf die Georgia Sea Islands und nach Florida, wo er für Touristen sang. 1940 nahm ihn Alan Lomax für die Library Of Congress auf. 1949 machte er seine berühmten Aufnahmen für Atlantic Records, ein Jahrzehnt später starb er an einem Gehirnschlag. Sein ausgefeiltes Bottleneck-Spiel auf der zwölfsaitigen Gitarre war unverwechselbar, sein Repertoire war aber nicht nur auf eine schwarze Zuhörerschaft ausgerichtet. Es bestand je nach Bedarf aus weißen Folksongs, schwarzen Kirchenliedern oder eigenen Blues, die allerdings bekannten Vorbildern abgehört waren.

Auch einige Frauen beherrschten den Piedmont-Stil in Perfektion, allen voran Elizabeth Cotten (1893 bis 1987) und Etta Baker (geboren 1913). Selbst ihre späten Aufnahmen beweisen noch die hohe Qualität ihrer makellosen Pickings, der Live-Mitschnitt eines Konzerts von Cotten zudem den liebenswerten Charme der Achtzigjährigen.

Kapitel 4: Die anderen Regionen des Blues

In dunkle Wolken der Unkenntnis gehüllt, hören wir heute wieder Aufnahmen aus den Jahren 1928 bis 1930 von String-Bands aus Georgia. Nur einige Namen, wie der von Pink Anderson, Blind Simmie Dooley oder Macon Ed (Eddie Anthony) können biografisch zugeordnet werden. Pink Anderson (1900 bis 1974) ist der bekannteste. Er war ein typischer Vertreter der Medicine-Show-Musiker. Dreißig Jahre lang zog er mit verschiedenen Truppen durch die Südost-Staaten. Als Bühnen dienten Seifenkisten oder Ladeflächen von Lastwagen. Vielleicht die wichtigste Funktion der Medicine-Shows war das Faktum, dass bei ihnen die Rassentrennung aufgehoben war, auf der Bühne wie im Publikum. Insofern stellten sie tatsächlich einen Beitrag zur Volksgesundheit dar, unabhängig von den kuriosen Tränklein und Säften, die verkauft wurden.

Nachrichten zu den weniger bekannten Musikern der Red River-Region wie Blind Joe, Reese Crenshaw, Booker T. Snapps, Jimmy Strothers, Buster Brown oder Gus Gibson finden sich vor allem in Bruce Bastins Standardwerk ›Red River Blues‹ (1986), die Musik dazu auf dem gleichnamigen Album.

Texas war das südliche Kernland des Blues und als solches lange Zeit total unterschätzt. Man kann inzwischen davon ausgehen, dass in Texas mindestens genauso früh Blues gespielt wurde wie im Delta, allerdings anders. Denn hier entstand die so genannte Einsaiten-Technik. Anders als bei den rollenden Pickings im Delta wurde hier zwischen hohen und tiefen Saiten abgewechselt, die Bassläufe waren dadurch teilweise fragmentarisch oder nur angedeutet, die korrespondierenden melodischen Fills hingegen ausgefeilt, länglich und genau gesetzt. Aus einem Begleit-Instrument wurde so ein der Gesangsstimme gleichwertiges, korrespondierendes, solistisch gespieltes Äquivalent. Inwieweit das nahe Mexiko zu dieser anderen Art Blues zu spielen beitrug, ist nicht ganz klar, ein Indiz immerhin könnte die beliebte offene G-Stimmung d–g–d–g–h–d sein, die als »spanish« bezeichnet wurde.

Die texanischen Blues-Sänger behandeln im Wesentlichen die üblichen Blues-Themen, allerdings in etwas anderer Gewichtung. So steht bei einem Vergleich, den Robert Springer durchführte, der Blues als Thema hier an erster Stelle, was auf eine weniger mythische als eher reflexive Auffassung der Lebenswirklichkeit schließen lässt. Alkohol und Mord, an der Ostküste weit vorne, nehmen eine mittlere Position ein.

Eine weitere inhaltliche Besonderheit ist der nur hier häufiger geäußerte Wunsch, wieder zurückzukehren. »Going Back To Texas« scheint also nicht das Schlimmste gewesen zu sein. Grund dafür war möglicherweise die nicht ganz so angespannte Lage zwischen den Rassen. Zwar mussten die Schwarzen auch hier die landwirtschaftliche und später die ölindustrielle Dreckarbeit machen, wurden aber nicht so misshandelt und verfolgt wie im Delta. Die »Lynchrate« – wenn man dieses Unwort überhaupt verwenden kann – zwischen 1882 und 1952 lag in Mississippi bei dreizehn Lynchfällen gegenüber einer ordentlichen Verurteilung, in Texas betrug dieses Verhältnis zwei zu eins.

Auch die Bildungs-Chancen für texanische Schwarze lagen signifikant höher als im Delta. Wer es also schaffte, sich vom Zugriff der gefürchteten texanischen Justiz fern zu halten und nicht in einem der bis zur Grausamkeit harten Straflager zu landen, war hier insgesamt besser dran als im Delta. Vielleicht kam die etwas lockerere Einstellung auch daher, dass Texas ein Einwanderungsland war. Da waren die vielen deutschstämmigen und böhmischen Aussiedler mit Märschen und Polkas und die (nur teilweise legalen) Mexikaner mit ihrer Conjunto-Musik – eine wunderliche Mischung, die sich in der Tanzmusik etwa der Dallas String Band niederschlug.

Ihr Repertoire aus leicht veralteten Popsongs, Hokum, Blues und Ragtime – insbesondere ihr berühmter »Dallas Rag« – scheint typisch gewesen zu sein. Ihr prominenter Musiker war Coley Jones, der Gitarrist und Mandolinist, der noch stark der Songster-Tradition verpflichtet war. Dazu kamen noch Frenchy's String Band, Jake Jones And The Cold Front Boys und Carl Davis And The Dallas Jamboree Band. Der Mundharmonika-Spieler William Mc Coy und der obskure Will Day erhellen zusätzlich das Bild des frühen Texas-Blues, die Aufnahmen von Bo Jones, Little Hat Jones, Willie Reed und des frühen Oak-Cliff-T-Bone (Walker) zwischen 1927 und 1929 runden es auf der Männerseite ab.

Die Texas-Girls dieser Epoche nahmen zwischen 1926 und 1929 auf. Sie waren wie Ida May (oder Mae) Mack und Bobbie Cadillac vor allem in Dallas zugange, waren keine Kinder von Traurigkeit, sondern sangen deftiges und stellenweise auch heftiges Liedgut, in dem sie schon einmal die Rollenverteilung auch in der Unterwelt in Frage stellten:

»Oh, say, gold daddy, are you holding out on me? (2x)
Bring it in on time, I'll count it up and see.«

(*Na, Goldjüngelchen, du sagst, du bist der Richtige für mich, Komm mit, damit wir sehen, was du wert bist.*)

Sie sind mit ihren Kolleginnen Lillian Miller, Gertrude Perkins und Hattie Hudson auf einem Sampler zu hören.

Das Einzugsgebiet des texanischen Blues reichte bis nach Oklahoma und Louisiana, insbesondere die Stadt Shreveport scheint stark nach Dallas hin orientiert gewesen zu sein. Interessanterweise fanden sich fast nur hier Vertreter der Bottleneck-Spielweise, ein Umstand, den Robert Springer auf den Einfluss von »weißen Western-Swing-Bands« zurückführte, also wenigstens nicht auf den wandernden Slide-Missionar aus Pelahatchee. Insgesamt war vor allem das östliche Texas bluesrelevant. Die wichtigsten Städte außer den bereits genannten waren Houston und San Antonio.

1894 schlug der gefürchtete »Boll Weevil« auch in Texas zu, ein Baumwoll-Schädling, an den zahlreiche Blues erinnern. Die Landwirtschaft brach praktisch zusammen, mit dem Ergebnis, dass Schwarze in die Städte strömten und dort nach Arbeit suchten. Die Frauen hatten es dabei leichter, sie konnten als billige Dienstmädchen in bürgerlichen Haushalten unterkommen und ernährten so häufig auch noch ihren Mann. Als sich später im Zuge der Ölindustrie weitere Industrien in

Texas ansiedelten, waren genug männliche Arbeitskräfte vorhanden. Sie arbeiteten auf den Ölfeldern und in den Terpentin- und Bauholz-Camps. Musik, Glücksspiel und käufliche Frauen waren vor der Kino- und Fernseh-Ära die einzige Ablenkung. Und es war wohl hier im Süden, wo sich aus dem Fast-Western-Stil oder aus den so genannten Dirty-Dozens jene markanten Spielweisen auf den ausgeleierten Pianos entwickelten, die man nach ihrer Formalisierung und Perfektionierung schließlich Boogie Woogie nannte. Angeblich war Pinetop Smith der Erste, der sie aufnahm. Auch in den Vergnügungs-Etablissements der großen Städte wie Galveston, Houston oder in Dallas' Deep-Ellum-Bezirk war man als Gitarrist nicht unbedingt erste Wahl.

Texas Alexander, geboren um 1890, war dennoch der prototypische Texas-Blues-Interpret. Trotz seiner spröden, archaischen Blues-Auffassung wurde er häufig aufgenommen. Seine annähernd siebzig Plattenseiten dürften also beim schwarzen Publikum der Zeit gut angekommen sein. Er sang mit Blind Lemon Jefferson und Lonnie Johnson zusammen, in den dreißiger Jahren auch mit Lightnin' Hopkins und Lowell Fulson. Man vermutet, dass er um 1955 gestorben ist. Texas Alexander spielte selbst kein Instrument, war auch insofern eine Ausnahmeerscheinung. Womöglich hing seine Vorliebe zu altertümlicheren Stilen und zur spontanen Improvisation auch damit zusammen. In letzterer Hinsicht scheint er vor allem Lightnin' Hopkins positiv beeinflusst zu haben.

Ähnlich bedeutend war Henry Ragtime Thomas (zirka 1874 bis 1930). Er war ein Multi-Instrumentalist, der gleichzeitig Gitarre, Mundharmonika und seine charakteristischen Pfeifen traktierte, sein »Going Up The Country« ist jedem Blues-Rock-Fan spätestens seit der Neueinspielung durch Canned Heat geläufig. Bob Dylan coverte sein »Honey Just Allow Me One More Chance« mit weniger Glück und Einfühlungsvermögen.

Mance Lipscomb (1895 bis 1976) stammte aus Navasota, Texas, und nahm seine erste Platte 1960 auf. Es gibt auf einem frühen Filmdokument eine wunderbare Stelle, wo der texanische Songster und Sharecropper mit dem eingebundenem Mittelfinger der rechten Hand seinem Hut einen kecken Schubs nach hinten verpasst, bevor er in bester John-Hurt-Manier das nächste Stück zupft. Mehr erfährt man über den Mann auch durch seine Musik nicht, die er auf acht Alben nach dem Folk-Blues-Revival einspielte. Eine CD-Kompilation verschafft einen Eindruck davon. Sein Repertoire war gemischt und vermutlich typisch, er war nie Berufsmusiker gewesen, sondern immer mit dem Status einer Lokalgröße zufrieden, bis er 1959 entdeckt und auf die akademische Rundreise und in die Studios geschickt wurde, was ihm ausnehmend gut gefallen zu haben scheint. Seine Autobiografie ›I Say Me For A Parable: The Oral Autobiography‹ ist derzeit vergriffen.

Einige der ganz großen frühen Blues-Stars wie Blind Lemon Jefferson, Texas Alexander und Leadbelly, kamen ebenfalls aus dem Lone-Star-State.

Kapitel 5: Die ersten Stars

Die Erfolgsformel der amerikanischen Unterhaltungsmusik beruhte seit jeher auf dem »Star-System«, das zunächst von Hollywood übernommen wurde. Dass es in seiner Struktur zutiefst feudal war, störte die Vergnügungs-Kapitalisten wenig. Man mache sich einmal die Mühe und zähle all die Dukes und Duchesses, die Kings und Queens, die Jazz und Pop hervorgebracht haben, sie dürften die Anzahl der real existierenden weit übertreffen.

Der frühe Blues hatte viele Königinnen, aber nur eine »Empress Of The Blues«: Bessie Smith. Sie war streng genommen die Schülerin von Ma Rainey, die aber lebenslang in ihrem Schatten stand.

Bessie Smith wurde 1894 in Chattanooga, Tennessee, geboren. Wo sie mit dem Blues erstmals vertraut wurde, ist nicht ganz klar. Doch sie war am Anfang ihrer Karriere eindeutig dem Vaudeville-Stil verpflichtet und machte wie die meisten ihrer Freundinnen und Kolleginnen die TOBA-Tourneen (Theatre Owners Booking Association) mit. Bessie Smith war eine imposante Erscheinung und führte trotz ihrer kommerziellen Erfolge und Orientierung ein unabhängiges und selbstbestimmtes Leben. Sie war hartem Alkohol, auch selbst gebranntem Fusel, »moonshine« genannt, nicht abhold. Sexuell war sie am eigenen Geschlecht orientiert, man sagte ihr unter vielen anderen auch eine Affäre mit Ma Rainey nach. Wie etliche ihrer Kolleginnen hatte Bessie Smith eine derbe, ja zotige Sprache, die sie bei jeder Gelegenheit anbrachte. Ihre großen Hits sind zwar weitgehend frei davon, nicht so andere Songs, wie etwa ihr Lifestyle-Credo »Gimme A Pigfoot«:

»Gimme a pigfoot and a bottle of beer
Send me, 'cause I don't care
Slay me, 'cause I don't care.

Check all your razors and your guns
Do the shim sham shimmy til the rising sun.

Gimme a reefer and a gang of gin
Slay me, 'cause I am in my sin
Slay me, 'cause I am full of gin.«

(*Gib mir eine Schweinshaxe und eine Flasche Bier,
Schick mich, denn es juckt mich nicht,
Töte mich, denn es juckt mich nicht.*

*Prüf all deine Rasiermesser und Knarren,
Mach den Shim Sham Shimmy bis zum Sonnenaufgang.*

*Gib mir einen Reefer und reichlich Gin,
Töte mich, denn ich bin eine Sünderin,
Töte mich, denn ich bin voll mit Gin.*)

Bei ihren spektakulären Auftritten nahm sie kein Blatt vor den Mund – eine Praxis, die in einer männerdominierten Gesellschaft mit Sicherheit emanzipatorische Funktion und Wirkung hatte. Angela Davis brachte es gleich am Anfang ihrer exzellenten Studie ›Blues Legacy And Black Feminism‹ (1998) auf den Punkt. »Wie die meisten Formen populärer Musik handeln auch afroamerikanische Blues-Texte von Liebe. Was aber die Blues, vor allem in Bezug auf andere Formen amerikanischer Popmusik der zwanziger und dreißiger Jahre, unterscheidet, ist ihre intellektuelle Unabhängigkeit und ihre Freiheit der Darstellung. Am auffälligsten unterschieden sich Blues-Texte von der damaligen etablierten Unterhaltungsmusik durch ihre provokanten und eindringlichen sexuellen – inklusive homosexuellen – Bilder. Im Gegensatz dazu gebot die Pop-Song-Formel der Zeit zuckersüße und idealisierte asexuelle Beschreibungen heterosexueller Liebesbeziehungen.«

Smiths erster Hit, »Downhearted Blues«/»Gulf Coast Blues«, 1923, stammt nicht aus ihrer Feder, sondern von Lovie Austin und Alberta Hunter, einer ebenfalls lesbischen Sängerin, die früh aus der Männerstadt Memphis geflohen war. Bessie Smiths Version verkaufte über eine Dreiviertelmillion Platten. Das machte sie sofort zum Star. Ihre eigenen Titel wie »Backwater Blues«, »Nobody Knows You When You're Down And Out« oder »Empty Bed Blues« wurden rasch zu Standards des Genres.

Bessie Smith arbeitete mit den besten Jazzmusikern ihrer Zeit zusammen. Aufgrund ihrer Sonderstellung überstand sie auch einen Karriere-Einbruch, hervorgerufen durch die »Depression«. Unter der Supervision von John Hammond nahm sie nach 1933 wieder Platten auf. Doch bald darauf kam sie bei einem Verkehrsunfall in Mississippi ums Leben. Die tragische Geschichte ihres Todes ist vielfach zur Legende ausgebaut worden. Angeblich starb sie in einem Krankenwagen, nachdem sie von einer Klinik nur für Weiße abgewiesen worden war. Doch nach den bis jetzt mit Sicherheit bekannten Fakten erlag sie am 26. September 1937 in Clarksdale, Mississippi, den direkten Folgen des Verkehrsunfalls an Ort und Stelle, noch bevor überhaupt eine Ambulanz eintraf.

Ma Rainey (1886 bis 1939) kam ironischerweise erst nach Bessie Smith dazu, Platten aufzunehmen. Sie stammte aus Columbus, Georgia, wo sie auch starb. Ihren treffenden Spitznamen verdankte die auffallende, üppige Sängerin ihrem Mann William Pa Rainey schon in jungen Jahren. Ma Rainey war ein typischer Music-Hall- und Milieu-Star ihrer Zeit. Sie überlud sich mit Schmuck, trug scharfe Klamotten und sang noch schärfere Songs. In manchen Fällen sind sich Interpretinnen noch heute unsicher, auf welche sexuelle Präferenz sie wirklich anspielen. So hat man Zeilen wie »Going downtown to spread the news, State street women wearin' brogan shoes« oder »Some women drivin State Street like a man« (*Ich geh downtown, um die Nachricht zu verbreiten, State Street Weiber tragen Arbeiterstiefel/ Manche Weiber fahren durch die State Street wie ein Mann*) als lesbischen Double Talk interpretiert. Der Schluss von »Shave Em Dry« lässt aber alles offen: »When you see two women runnin hand in hand, bet your life one's got the other's man« und: »Come here, daddy, lay in my arms, when your wife comes tell her I don't mean no harm« (*Wenn du zwei Frauen Hand in Hand gehen siehst, kannst du dein Leben drauf verwetten, dass die eine den Mann der andern hat./Komm her, Daddy, komm in meine Arme, wenn deine Frau kommt, sag ihr, das hat nichts zu bedeuten.*) Diese Zeilen könnten genauso als weibliche Hetero-Solidarität interpretiert werden. Eine andere Version des Songs von Lucille Bogan von 1935 war übrigens noch erheblich härter und aggressiv anti-maskulin:

»Now your nuts hang down like a damn bell-clapper
And your dick stands up like a steeple,
Your goddam asshole stands open like a church-door
And the crabs walks in like people.«

(*Deine Eier hängen runter wie ein blöder Glockenschwengel,
Und dein Schwanz steht wie ein Kirchturm hoch,
Dein gottverdammtes Arschloch ist offen wie ein Kirchenportal,
Und die Krätzmilben gehen durch wie richtige Leute.*)

Es steht jedenfalls zu vermuten, dass es von vielen Songs auch erheblich heftigere Live-Versionen gab, die später unter dem Namen »risqé« oder »bawdy blues« gehandelt wurden.

Obwohl sie ebenfalls mit guten Jazzmusikern arbeitete, waren laut Gérard Herzhaft die besten Aufnahmen von Ma Rainey jene von 1928, auf denen sie nur von Tampa Red und Georgia Tom begleitet wurde, einige davon sind auf dem repräsentativen Album ›Ma Rainey's Black Bottom‹ vertreten. Nach der Depression blieb ihr ein Comeback versagt. Sie besann sich auf ihre Fähigkeiten als Geschäftsfrau und betrieb zwei Theater in Columbus, die sie von ihren Einnahmen als Sängerin gekauft hatte.

Kein Star, sondern eher das Gegenteil, war die bereits erwähnte Lucille Bogan (1897 bis 1948), die sich über ihre ungeniert vorgetragenen Obszönitäten selbst am meisten zu amüsieren schien:

»I got nipple on my titties, big as the end of my thumb.
I got something tween my legs would make a dead man come.
Say, I fucked all night and all the night before
Baby and I feel just like I want to fuck some more.«

(*Ich hab Nippel an meinen Titten so groß wie mein Daumen.
Ich hab was zwischen meinen Beinen, das einen toten Mann
    erwecken würde.
Also, ich hab die ganze Nacht gevögelt und auch die Nacht
    davor,
Baby und ich hab das Gefühl, ich möchte noch mehr.*)

Lucille Bogan war eine Außenseiterin selbst unter den Blues-Sängerinnen. Sie hatte nie am Vaudeville-Zirkus teilgenommen, hielt sich nicht an die Regeln des »guten« Geschmacks und zumindest »Shave Em Dry« war und ist in den USA nicht radiotauglich – Zappa und Co. grüßen den Zensor! Lucille Bogan hätte das Zeug zum Anti-Star gehabt, wie ihre Aufnahmen mit Walter Roland und ihr Hit »Sweet Patunia« von 1927 zeigten. Aber vielleicht machte ihr wirklich ihre Vorliebe für »krude Prostituierten-Storys« (Herzhaft) einen Strich durch die Rechnung.

Ein wirklicher Star war natürlich Mamie Smith (1883 bis 1946), schon bedingt durch den Erfolg von »Crazy Blues«. Sie war übrigens nicht verwandt mit Bessie, Clara, Elizabeth oder Trixie. Ihre beliebtesten Songs waren »You Can't Keep A Good Man Down«, »Sweet Virginia Blues« und »Goin Crazy With The Blues«. In ihrem Song »Mem'ries Of Mammie« gibt es eine gesprochene Passage, die von ihren Erinnerungen an das Farmleben im alten Süden handelt:

»Standing by the old log cabin door. Oh, Mammie, I can't forget that good old cornbread and cabbage you used to give me ... you know that fresh milk from the cow every morn and that good old watermelon, sugar cane and corn.« (*Ich steh vor der Tür der alten hölzernen Hütte. O, Mammi, ich kann das gute alte Maisbrot und den Kohl nicht vergessen, den du mir gabst ... du weißt schon, die frische Kuhmilch jeden Morgen und die gute alte Wassermelone, Zuckerrohr und Mais.*) – So weit, so Klischee. Doch dann kommt eine überraschende Wendung:

»Mammie, do you remember, when Pappie used to take me across his lap? Now, I know you can't forget that. And believe me, Mammie, he sure was a man that sure could use one more wicked spank and I can't forget that.« (*Mammi, erinnerst du dich, wie Pappi mich immer übergelegt hat? Ich, weiß, du kannst das nicht vergessen. Und glaub mir, Mammi, er war ein Mann, der immer einen noch übleren Klaps anbringen konnte, und ich kann das nicht vergessen.*)

Auf solche Hinweise in Richtung sadomasochistischer Dispositionen hat anscheinend noch niemand geachtet oder achten wollen. Auch die Robert-Johnson-Exegeten haben geflissentlich die Zeilen »I'm gonna beat my woman until I'm satisfied« aus »Me And The Devil« überhört oder den Lonnie-Johnson-Titel »Gal You Need A Whippin'«, obwohl hier zweifellos wertvolles Material für eine vorurteilsfreie Sexualforschung vorläge. Das gilt allerdings nicht nur für den Themenkreis sexuelle Hörigkeit und/oder eheliche/außereheliche Gewalt gegen Frauen und Männer, sondern generell.

Textanalysen, wie sie im Buch von Angela Davis vorliegen, sind neuerdings sehr in Mode gekommen und sicher sinnvoll, allerdings nur, wenn man sie nicht ganz so naiv eins zu eins interpretiert wie Frau Bourgeois, die Blues-Zeilen für biografische Tatsachen hält – verständlich, beim eklatanten Mangel an biografischen Daten, insbesondere bei weniger bekannten Interpretinnen, aber trotzdem nicht zulässig und wenig erhellend, wenn sie etwa über Ida Cox (1896 bis 1967) schreibt: »Die musikalische Karriere von Cox zwang sie, ihr Zuhause zu verlassen und zu reisen ...Viele Songs von Cox enthalten Elemente von Heimweh, wie in ihrem Song ›Cold And Blue‹, wo sie sagt: ›I cried all night like I never cried before, even father and mother had drove me from their door.‹ Hier könnte Cox auf ihren Abschied von daheim anspielen, als sie in sehr jungen Jahren wegging, um Karriere in der Musik zu machen.«

Kapitel 5: Die ersten Stars

Es wäre schön, wenn es so einfach wäre. Leider ist der Vorgang des Verfertigens von Liedern etwas komplizierter, auch im Blues. Es handelt sich dabei nämlich um einen Prozess des Verdichtens individueller Erfahrungen und ihres Verallgemeinerns zugleich. Ein Lied, ein Blues, erzählt eine, wenn auch fragmentarische, Geschichte, die dem Sänger selbst – in seiner Stellvertreter-Funktion für das Publikum – passiert ist oder die er so imaginiert hat. Sie muss also von einem gewissen allgemeinen Interesse sein, sich mit eigenen Erfahrungen des Publikums decken oder – in selteneren Fällen – sie so krass übertreffen, dass es sich damit identifiziert oder davon fasziniert ist. Die hier zitierte Zeile stellt eindeutig eine allgemeine Blues-Formel des Abschieds dar, die höchstens durch die spezifische Interpretation und Gestik der Vortragenden individualisiert werden konnte.

Wenn ein Sonny Boy Williamson sang »I been dealin' with the devil«, wird das zu Recht niemand als Tatsache interpretiert, aber das Gefühl geteilt haben. Denn die Erfahrung »because my woman love me no more« war Gemeingut der schwarzen Männerwelt, die in den Songs der Frauen nicht selten heftig in Frage gestellt wurde.

John Lee Sonny Boy Williamson (1914 bis 1948) war – wie auch der ältere Big Joe Williams – ein Blues-Star der zweiten Generation. Er nahm erst ab Mitte der dreißiger Jahre unzählige, teils sehr erfolgreiche Platten auf. Sein bekanntestes Stück dürfte »Baby Please Don't Go« sein. Williamsons Verdienst ist es, die Mundharmonika zu einem Hauptinstrument des Blues emanzipiert zu haben, wobei er freilich auf den breiten Schultern von Vorgängern wie Noah Lewis oder Jaybird Coleman stand.

Der erste wirkliche männliche Blues-Star war Blind Lemon Jefferson gewesen. Die Manager der Plattenindustrie konnten mit seinem anhaltenden Überraschungserfolg seit »Long Lonesome Blues« von 1926 zunächst wenig anfangen, er war ihnen fast unheimlich. Selbst in Annoncen für seine Platten tauchte das auch damals nicht verkaufsfördernde Argument auf, seine

Kapitel 5: Die ersten Stars

Musik habe einen »schaurigen« Sound. Aber die Käufer im Süden mochten ihn genau deswegen. Der um 1897 geborene und schon 1930 verstorbene archaische Wandermusiker stammte vermutlich aus Texas, zumindest war er eng mit Texas Alexander, dem Urvater des Texas-Blues, assoziiert. Unter seinen Hits, die Standards wurden, waren »Matchbox Blues«, »Broke And Hungry«, »Easy Rider Blues« und vor allem das eindrucksvolle »See That My Grave Is Kept Clean«, das noch auf Bob Dylans Erstlingsalbum auftauchte. Die Acid-Rocker Jefferson Airplane benannten sich nach ihm. Zum Glück kann man seine Musik inzwischen wieder hervorragend aufbereitet hören.

Kapitel 5: Die ersten Stars

Blind Lemon machte die meisten seiner Aufnahmen in den Studios von Chicago. Dort wirkten auch Tampa Red und Georgia Tom Dorsey. Ihr Erfolgsrezept hieß Hokum – anzügliche, witzige, leichtfertige Texte, meist über Ragtime-Harmonien von einem kleinen Ensemble gut gelaunt vorgetragen. Nichts für Kinder und nichts für Leute von Traurigkeit, sondern gezielte Ablenkung von den Härten des Alltags – Unterhaltungsmusik eben. Hokum war dennoch Blues, nicht Jazz. In Gunther Schullers Standardwerk ›Early Jazz‹ kommt der Begriff überhaupt nicht vor, auch Gérard Herzhaft vermeidet ihn. Eine spezielle Untersuchung zu diesem seinerzeit seit »It's Tight Like That« extrem erfolgreichen Genre steht bis dato noch aus, da sie wahrscheinlich einer akademischen Karriere nicht besonders förderlich ist.

Tampa Red alias Hudson Woodbridge, der sich nach seiner Großmutter, die ihn in Florida aufzog, auch Whittaker nannte, stammte eigentlich aus Georgia. Ab 1925 war der »Guitar Wizard«, wie er apostrophiert wurde, in Chicago zugange. Sucht man nach Belegen für den Einfluss hawaiianischer Musiker auf das Bottleneck-Spiel, ist man bei Tampa Red garantiert richtig. Seine flüssige, saubere Spielweise – übrigens oft nicht mit dem Bottleneck, sondern mit einem Stück Stahl auf einer Steel-Guitar, die auf den Knien lag – war schon in seinen Anfängen technisch vollendet und konnte nur noch nachgeahmt, aber nicht mehr übertroffen werden.

1928 machte er erste Aufnahmen, Ende des Jahres kam der Hit, der die ohnehin schon laufende Hokum-Manie noch mal anheizte. Als sein erster Partner, Georgia Tom, 1932 absprang und religiös wurde, tat er sich mit Nachfolgegruppen wie der Hokum Jug Band mit Frankie Jaxon hervor. Manchmal agierte er auch solo – vor allem live – oder blies das Kazoo mit seiner eher poporientierten Chicago Five. Erst 1941 tat er sich wieder mit einem festen Piano-Partner zusammen, dem angesehenen Big Maceo. Tampa Red war vielleicht kein Star im modernen Sinn, aber er war ein stiller, ständig präsenter, hart arbeitender Profi-Musiker, der bis in die fünfziger Jahre auch kommerziell erfolgreich war. Mit 335 Aufnahmen auf Schellacks hält Tampa Red zudem unangefochten einen Blues-Rekord. Doch seine Komposition »It Hurts Me Too« allein hätte ihm schon ewigen Blues-Ruhm verschafft. Seine Musik ist heute komplett verfügbar.

War Tampa Red der Innovator des modernen Bottleneck-Spiels gewesen, konnte Lonnie Johnson (1894 bis 1970) praktisch im Alleingang und ohne wirklicher Vorläufer beanspruchen, das moderne Blues-Gitarren-Solo erfunden zu haben. Es sei denn, man wollte dem obskuren Folk-Gitarristen Nick Lucas, der kurz vor ihm eine Ballade in einem ähnlichen Stil – also ein mit dem Plektron Ton für Ton gespieltes Solo – aufgenommen hatte, die historische Ehre erweisen. Prägend jedenfalls wurde Lonnie Johnsons elegante, flüssige, intelligente und sehr urbane Spielweise – bis heute. Wie so oft teilte er aber das Schicksal der echten Pioniere und Innovatoren und wurde, gemessen an seiner Bedeutung, schwer unterschätzt.

Dabei hatte der Gitarrist aus New Orleans immerhin 130 Einspielungen hinter sich, bevor er sich 1932 mit dem mächtigen Produzenten Lester Melrose verkrachte und eine fünfjährige Pause einlegen musste. Danach blieb er bis in die frühen fünfziger Jahre aktiv. Sein Problem war, wie Herzhaft plausibel darlegte, seine nicht eindeutig definierte Stellung im Musikbetrieb. Er war ein ausgefeilter Solist, der in allen möglichen Stilen bis hin zum Jazz kompetent war und sich selbst eigentlich nicht als Blues-Mann begriff. Denn gerade die willige Akzeptanz dieser Musik durch ein weißes Folknik-Publikum machte sie ihm qualitativ verdächtig. Umgekehrt vermochten die schwarzen Fans seiner fast intellektuellen Art, mit dem traditionellen Material umzugehen, nicht viel abzugewinnen. So kam es, dass erst sein Nachruhm ihn zu einem der beiden »postumen Stars« des Blues machte. Der andere ist natürlich Robert Johnson.

Johnson (1911 bis 1938) war ein Frühvollendeter und zur Zeit seines Todes keineswegs der alles überragende Blues-Künstler, der er im Nachhinein bis heute geworden ist. Allerdings taucht der Begriff in einem der wenigen Dokumente, die von ihm berichten, tatsächlich schon auf. Der ›Melody Maker‹ monierte 1937, dass es von dem »Star von Hot Springs« keine Aufnahmen gäbe: »Es ist jammerschade, dass Vocalion, die einzige Firma, die regelmäßige Fahrten durch die abgelegensten Gegenden des Südens macht, keine Work- oder Protestsongs der Neger-Künstler aufnimmt.« Der Artikel enthielt außerdem einen Hinweis darauf, dass Johnson in Robinsonville, Mississippi, auf einer Plantage gearbeitet habe.

Die Suche nach Johnson setzte bizarrerweise kurz nach seinem Tod ein, als John Hammond ihn für sein berühmtes Konzert ›From Spirituals To Swing‹ 1938 verpflichten wollte, Johnson aber zunächst nicht auffindbar war und dann als tot gemeldet wurde. Was die Recherchen zusätzlich erschwerte, war der bei Blues-Sängern häufige Umstand, dass Johnson immer wieder andere Namen benutzt hatte wie R. L. Spencer, Robert Dodds oder Robert Spencer.

Das mag mit den ziemlich verworrenen Familienverhältnissen zu tun haben, denen Johnson entstammte. Robert Johnson wurde am 8. Mai 1911 in Hazlehurst, Mississippi, geboren. Er war ein unehelicher Sohn von Julia Major Dodds, der sich später nach Memphis absetzen musste, wo er unter dem Namen Spencer lebte. Roberts wirklicher Vater war wohl ein Plantagenarbeiter namens Noah Johnson. Seine Mutter führte zeitweise ein Wanderleben, bis sie sich wieder mit ihrem Mann, dessen Geliebter und einer zahlreichen Kinderschar aus all diesen Beziehungen vereinte. Schließlich heiratete sie dann einen Arbeiter namens Willie Willis, Spitzname Dusty, weil er so schnell laufen konnte, dass der Staub aufgewirbelt wurde. Um 1930, nach einer kurzen Ehe, die mit dem Tod seiner sechzehnjährigen Frau im Kindbett endete, begann Robert Johnson ernsthaft Musik zu machen.

Sein Repertoire entnahm er, wie inzwischen von mehreren Seiten nachgewiesen und dokumentiert ist, vorhandenen Quellen, die er so lange und intensiv umbaute und bearbeitete, bis er sie sich im Wortsinn angeeignet hatte. Es wäre völlig verkehrt, in diesem Zusammenhang von Plagiaten zu sprechen, wie manche Autoren unterschwellig insinuieren, es handelte sich vielmehr um ein damals absolut übliches und keineswegs anrüchiges Verfahren. Es ist hier nicht der Ort, über Fluch und Segen des Copyright für die echten Urheber und für eine vampiristische Industrie zu philosophieren, die Tatsache, dass es bis vor kurzem nur sehr wenige schwarze Blues-Musiker gab, die für ihre Kreativität auch nur annähernd korrekt entlohnt wurden, sagt genug. Es spricht für den detektivischen Scharfsinn und die Kennerschaft von Fachjournalisten und Sammlern, die Quellen der Inspiration aufgespürt und offen gelegt zu haben. Eine gute Zusammenfassung findet sich bei Francis Davis, die musikalische Dokumentation dazu trägt den Titel ›The Roots Of Robert Johnson‹. Hier die wichtigsten Zuordnungen:

»Crossroads« korrespondiert mit »Down The Dirt Road Blues« (Charley Patton), »Sweet Home Chicago« mit »Old Original Kokomo Blues« (Kokomo Arnold), »If I Had Possession Over Judgement Day« mit »Roll And Tumble Blues« (Hambone Willie Newbern) und anderen, »Hell Hound On My Trail« mit »Devil Got My Woman« (Skip James), »Love In Vain« mit »How Long How Long Blues« (Leroy Carr) und anderen, »Come On In My Kitchen« mit »Sittin' On Top Of The World« (Mississippi Sheiks), »Preachin' Blues« mit »Preachin' The Blues« (Son House).

Eine Quelle biografischer Auskünfte war Son House, der Johnson persönlich gekannt und musikalisch stark beeinflusst hatte. »Ich sagte: Bill! Ja? Guck mal, wer da zur Tür reinkommt! Er guckte und sagte: O ja, der kleine Robert. Ich sagte: Und er hat eine Gitarre. Und Willie (Brown) und ich lachten uns kaputt.«

Hatte doch in jungen Jahren der kleine Robert die auch nicht viel älteren Herren House und Brown entsetzlich damit genervt, dass er sich in den Pausen ihrer Auftritte ihre Gitarren geschnappt und so wüst darauf herumgefuhrwerkt hatte, dass sie Gefahr liefen, ihr zahlendes Publikum wegen seiner kakofonen Lärmexzesse zu verlieren. Umso größer ihr Erstaunen, als Johnson nun bat, spielen zu dürfen: »Er setzte sich dann hin und fing schließlich auch an. Mensch, war der gut! Als er aufgehört hatte, standen wir mit offenen Mündern da. Ich sagte: ›Das ist aber schnell gegangen. Der ist uns jetzt über.‹«

Den meisten seiner Bekannten war die plötzliche Perfektion des Gitarrespiels suspekt. Das war freilich nicht nur bei Robert Johnson der Fall. Auch über seinen weder verwandten noch verschwägerten Zeitgenossen Tommy Johnson wurde Ähnliches berichtet, und auch ihm wurde eine magische Handlung, ein Pakt mit dem Teufel, unterstellt. Abergläubische Folklore war unter der einfachen Bevölkerung weit verbreitet und manche Musiker nutzten diesen Umstand zur Imagebildung. So bezeichnete sich Peetie Wheatstraw gerne als »The Devil's Son In Law« oder noch besser »The High Sheriff From Hell«. Seine Musik war aber alles andere als dämonisch, er war nichts als ein cleverer Unterhalter.

Eine plötzliche Meisterschaft am Instrument ist vielleicht einleuchtender mit einem geflügelten Wort von Frank Zappa erklärt: »Practise is a practise practising.« Fast jeder, der ein Instrument spielt, kennt wohl den Vorgang, dass man nach langwierigen und frustrierenden technischen Übungen glaubt, vor einer Mauer am Ende einer Sackgasse zu stehen, und versucht ist, alles aufzugeben – bis zu jenem nie vorhersehbaren Augenblick, wo sich die disparaten Einzelteile zu einem neuen Ganzen fügen, zu ebenjener Summe, die größer ist als die einzelnen Teile.

Perfektion durch Praxis war auch bitter nötig, falls man sich seinen Lebensunterhalt als Straßenmusiker verdienen wollte. Johnny Shines, der eine Zeit lang mit Robert Johnson herumzog, schilderte das einleuchtend: »Die Leute nahmen einen von der Straße mit – sie sahen dich mit deinem Instrument und sagten: ›Mensch, kannst du das spielen?‹ ›Ja.‹ ›Spiel mir mal was vor.‹ Dann sagst du: ›Mann, davon lebe ich doch.‹ Dann wissen die automatisch, dass man nicht umsonst spielt.«

Das Repertoire bestand zum geringsten Teil aus eigenen Stücken. »Man spielte nicht, was man selber wollte, man spielte, was die Leute wollten.« Eigene Stücke waren nur wichtig bei Platten-Aufnahmen. Ansonsten gab es gutes Geld nur für die neuesten Hits, egal ob von Leroy Carr, Duke Ellington oder Bing Crosby. Robert Johnson muss ein Genie der Adaption gewesen sein: »Ragtime, Popnummern, Walzer, Polkas ... Man konnte das Radio anhaben und er erzählte dir was und du merktest gar nicht, dass er überhaupt an etwas anderes dachte, weil er immer weiterredete, aber später spielte er dann den Song Ton für Ton nach, Hillbilly, Blues und alles andere.«

1936 machte Johnson seine ersten Platten-Aufnahmen. Sein Entdecker war wie so oft der umtriebige H. C. Speir aus Jackson. Er vermittelte ihn an einen Talent-Scout der ARC-Gruppe namens Ernie Oertle und der bot Robert 1936 an, ihn nach San Antonio, Texas, zu bringen und dort aufzunehmen: »Ich gehe nach Texas und mache Platten«, soll der stolze Kommentar Robert Johnsons gewesen sein. Ein Hinweis darauf, dass ihm die Wichtigkeit des Mediums durchaus bewusst war. Schließlich war Mitte der dreißiger Jahre auch die erste Blütezeit der Musikboxen und die Musik aus Lautsprechern war langfristig geeignet, die Wanderbarden als altertümliche Relikte einer vergangenen Zeit erscheinen zu lassen, ebenso wie das gute alte Victrola-Gerät. Möglicherweise hat Johnson bei aller Doppeldeutigkeit auch das gefühlt, als er seinen »Phonograph Blues« sang.

»We played it on the sofa
And we played it side the wall,
But my needles have gone rusty baby
And it will not play at all.«

(*Wir spielten es auf dem Sofa,
und wir spielten es neben der Wand.
Aber meine Nadeln sind rostig geworden, Baby,
und es spielt überhaupt nicht mehr.*)

Kapitel 5: Die ersten Stars

Eine zweite Session mit Johnson fand 1937 in Dallas statt. Auch diesmal war er unglaublich präsent und zeigte nicht die geringste Angst vor dem Mikrofon, wie er sie manchmal vor Zuschauern gehabt haben soll, wo er angeblich mit dem Rücken zum Publikum spielte. Vielleicht war Robert Johnson tatsächlich der erste Vorläufer der modernen Studio-Stars – freilich einer, der noch auf den alten Landstraßen des Südens wanderte, immer korrekt und sauber gekleidet, den Gitarrenkoffer in der einen, seine neue Platte in der anderen Hand.

Andererseits hatten nicht einmal die sensationellen Platten die Kraft, die Zuhörer so stark zu emotionalisieren, wie das Roberts Auftritte taten. Zeugen berichten, ein Song wie »Come On In My Kitchen« habe die anwesenden Frauen und sogar viele Männer zum Weinen gebracht. Es muss diese unmittelbare persönliche Ausstrahlung des jungen, gut aussehenden Sängers gewesen sein, die auch bewirkte, dass sich an jedem Ort eine Frau fand, öfter verheiratet als nicht, die sich um ihn kümmern wollte. Johnson war nicht wählerisch – ob kleinwüchsig, wenig hübsch oder anderweitig gebunden, er nahm jedes noch so leichtsinnige Abenteuer an. Und in vielen Fällen scheinen das die betroffenen männlichen Rivalen sogar akzeptiert zu haben. Nur einer nicht. Der endete bekanntlich mit dem Tod des notorischen Verführers. Angeblich soll ihm der wütende gehörnte Ehemann vergifteten Whiskey zugespielt haben. Johnson starb am 16. August 1938 daheim, in Greenwood, Miss.

Für die lokale Justiz war es ein unwichtiger Todes- oder auch Mordfall unter Schwarzen – kein Grund, sich bei der Aufklärung anzustrengen, es handelte sich schließlich bloß um einen vagierenden Musikanten.

Den entscheidenden Anteil an seinem Nachruhm hat Samuel B. Charters, der ihn 1959 in seinem Buch ›Country Blues‹ hymnisch lobte: »In den besten unter Robert Johnsons Blues herrscht eine bedrückende Atmosphäre von Qual und Verzweiflung ... Sein Gesang klingt immer verstörter, so dass es kaum möglich ist, den Text zu verstehen. Stimme und

Gitarre drängen in permanenter Rhythmik voran. Seinen Gesang scheint er in hohem Falsett geradezu herauszuschreien.«
Peter Guralnick beschreibt in seiner Studie ›Robert Johnson. Crossroads‹ (1989, dt. 1995) die Wirkung dieser Zeilen auf junge Blues-Fans Anfang der sechziger Jahre: »Was hätte unserem Sinn für das romantische Mysterium mehr entsprechen können als ein Poet mit zerrissener Seele, der die bedrückende Atmosphäre der Qual und Verzweiflung kaum ertragen konnte? ... Robert Johnson wurde für uns die Inkarnation des Blues-Sängers schlechthin, von nicht Materiellem oder Geschichtlichem eingeengt, ein Geist von verzehrender Glut, der, allein von seiner Genialität getrieben, die Grenzen der Tradition überwunden hatte.« – Zum Beispiel dadurch, dass er ausgefeilte Boogie-Riffs auf den tiefen Saiten der Gitarre spielte oder durch ein ziemlich abgefahrenes Bottleneck, das vorwärts drängend und modern wirkte.

Vor dem Erscheinen der ersten LP ›Robert Johnson: King Of The Delta Blues‹ war kaum etwas von seiner Musik zu hören gewesen. Dieses Album von 1961 beeinflusste insbesondere die Generation der späteren Acid-Blues-Rocker von Jimi Hendrix bis Led Zeppelin. Die avancierte Art, wie Johnson zu seiner Zeit mit dem musikalischen Material umging, wie er den Blues neu phrasierte, wie er ungewöhnliche Akkorde einschmuggelte, so, als seien sie schon immer da gewesen, entsprach ziemlich genau der experimentellen Haltung der Flower-Power-Children. Die Übersetzungs-Leistung der Rolling Stones verdient auch nach Kenntnis des Originals Respekt, und Hendrix, wenn er Blues spielte und sang, klang ohnehin wie Robert Johnson mit Wah-Wah.

Welche Dämonen auch immer diesen wahrlich Großen des Blues um- und antrieben, bei seinen beiden Platten-Sessions waren sie gut aufgelegt. Es gibt Momente in der Geschichte der Tonaufnahme, wo einfach alles zur richtigen Zeit am richtigen Ort unter den richtigen Umständen passiert. Bluegrass-Freunde denken an die legendäre Zweispur-Aufnahme von Owsley, die das erste »Old-And-In-The-Way«-Album zu einem

Meilenstein machte, Rockfans an Zappas ›Freak Out‹ oder Captain Beefhearts ›Safe As Milk‹ und ›Trout Mask Replica‹.

Auch wenn wir gar nichts über Robert Johnson wüssten, nicht einmal seinen Namen, und nur die 39 Titel des Doppelalbums ›The Complete Recordings‹ hätten, wir wären uns trotzdem sicher, in jedem Stück den Vollender des Delta-Blues-Stils und seinen überragenden Meister zugleich gehört zu haben. Es ist dieses eine Album, das jeder neue Blues-Fan haben muss, und es sind diese Aufnahmen, die Robert Johnson postum zum ersten und einzigen Superstar des Blues gemacht haben. Daran können weder Gott noch der Teufel etwas ändern.

Kapitel 6: Vorkriegs-Blues

Anfang der dreißiger Jahre hatte sich bei einigen Instrumentalisten, die in den Studios arbeiteten, vor allem bei Big Bill Broonzy, Tampa Red und Lonnie Johnson ein jeweils unverwechselbarer persönlicher Stil entwickelt, der nicht mehr regional ableitbar war.

Teddy Doering spricht in den Liner-Notes zur Tampa-Red-Edition von einem »Middle-of-the-road-Blues« als Vorläufer zum nachmaligen Bluebird Beat, den der Produzent Frank Melrose aber erst ab Mitte der dreißiger Jahre entwickelte. Die drei Genannten spielten schon seit ihren Anfängen in den späten zwanziger Jahren so.

Eine Ursache dafür waren sicher die Anforderungen der Studios, die eine flexible und anpassungsfähige Gitarrenbegleitung vom Jazz bis zum Schlager erforderte und die Kenntnis des Blues in all seinen Spielarten sozusagen als Geschäftsgrundlage voraussetzte. Das schafften nur wenige. Ein Gewerkschaftsbuch von 1929 nennt nur eine Handvoll Gitarristen. Ihr Hauptproblem war, dass das Instrument für Orchester viel zu leise war – bestenfalls als Harmonien schrubbender Rhythmus-Teppich im Hintergrund zu ahnen. Um Gitarristen solistisch spielen zu hören, musste man kleine Combos aufnehmen. Also spielte man nun mit Pianisten, mit Sängerinnen und Sängern, mit den beliebten Washboard-Bands und den noch beliebteren Hokum-Blues Gruppen.

Unter den Pianisten der vierziger Jahre ragte Big Maceo Merriweather (1905 bis 1953) hervor. Seine ökonomische, erdige Spielweise legte das Fundament der nächsten Generation, für Eddie Boyd, Johnnie Jones, Lafayette Leake und auch Otis Spann. Big Maceo hatte eine ausgezeichnete Stimme. Sein bevorzugter Partner war Tampa Red. Bei den Aufnahmen, die er in der kurzen Zeit von 1941 bis 1946 machte, war meist noch ein Schlagzeuger dabei.

Kapitel 6: Vorkriegs-Blues

Die Hokum-Begeisterung entstand aus einem Zufallsprodukt. Tampa Reds Partner Georgia Tom Dorsey erinnerte sich: »Tampa und ich machten auf der Gitarre rum, wir saßen daheim, nach dem Essen. J. Mayo Williams hörte zu und sagte: ›Mann, das nehmen wir auf. Das nehmen wir sofort auf! Merkt euch das!‹ Das taten wir, und das war der Song, der die Kohle brachte.« »It's Tight Like That« wurde Ende 1928 aufgenommen, fortgesetzt, 1929 neu eingespielt, kurz, es war ein irrer Erfolg für Vocalion. Andere Firmen wollten auch etwas von dem Kuchen – Plattenfirmen waren halt schon immer experimentierfreudig und originell – und verpflichteten das Duo unter neuen Namen wie State Street Stompers oder sinnigerweise Hokum Boys.

Hokum bedeutet Humbug, also: Schwindel, Aufschneiderei. In letzterer Bedeutung wird die mögliche folkloristische Wurzel der Tall-Tales erkennbar, des nicht nur sexuellen Protzens und der Anzüglichkeiten, die das Genre prägen. Wie immer gibt es auch hier Vorläufer, wie den auch schon 1924 dokumentierten Ukulele Bob Williams, The Pebbles, den urkomischen Ki Ki Johnson mit »Lady Your Clock Ain't Right«, die Duos Feathers And Frogs, The Two Of Spades oder Swan And Lee mit »Fishy Little Thing«. Wer hören kann, fasse es. An den Riesenerfolg der Hokum-Neuheiten hängten sich natürlich viele. Einige, wie die Quillian Brothers aus der Gegend von Atlanta, waren als The Blue Harmony Boys auch im Radio zu hören, das sich gerade durchzusetzen begann; andere kompetente Interpreten wie Joe Linthecome oder die Instrumentalisten von The Three Stripped Gears mit ihrem »1931 Depression Blues« scheiterten an den Zeitläuften. »It Started In The Garden Of Eden« und ging mit Bob Robinson und den Hokum Boys bis mindestens 1937, aber dann war Schluss und wieder »Every Man For Himself«.

Es gibt seltsamerweise keine Publikationen über das Hokum-Phänomen. Das mag an der schizophrenen Haltung des puritanistischen Amerika zur Erotik liegen, aber selbst dort gibt es inzwischen wissenschaftliche Untersuchungen zum

Kapitel 6: Vorkriegs-Blues

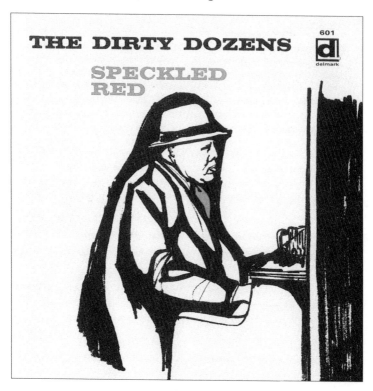

erotischen Liedgut. Wahrscheinlicher ist es, dass es sich um ein Tabu der Political Correctness handelt, also um das »Edler-Wilde-Syndrom«, das schon im 18. Jahrhundert farbige Vorbilder westlicher Zivilisationskritik ihres Unterleibs beraubte. Selbst einer, der es besser wusste, Alan Lomax jr., hat erst in seinem letzten Buch ›Where The Blues Began‹ (1993) auf diese Verklemmtheiten hingewiesen. Und so oblag es dem Engländer Paul Oliver, im epochalen Jahr der Lockerung der Verklemmten – 1968 – unter Ausnutzung seiner akademischen Privilegien den Gegenstand zur Mehrung karrierefördernden Herrschaftswissens im Kapitel »Blue Blues« von ›Screening The Blues‹ abzuhandeln. Die merkwürdige Schlussfolgerung sagt genug. »In gewisser Hinsicht war die Zensur wertvoll; sie mag die Race Music eher bereichert als gemindert haben. Indem sie den Rahmen vorgab, innerhalb dessen sich die Sänger ausdrücken konnten, stimulierte sie die Erfindung neuer Bilder und die Neuinterpretation traditioneller Symbolismen.«

Es gibt halt nichts Schlechtes in der besten aller möglichen Welten – seltsame Parallelen übrigens zur hiesigen »volkskundlichen« Liedforschung im vorletzten und letzten Jahrhundert, wo ebenfalls expurgiert und zensiert wurde, bis ein antiseptisches und zum Erbrechen fades »tobigereisertes und wastlgefanderltes« Alpenländlertum entstand, das sich zwar zur Dressur von künftigen CSU-Wählern eignete, mit lebendiger Musik aber kaum etwas zu tun hatte. Auch hier sind unter Umständen so genannte kommerzielle Aufnahmen die einzigen Hinweise auf die soziale Wirklichkeit, wie neu edierte Schellacks zeigen!

Die heute wieder hörbaren, teils auch damals unveröffentlichten Aufnahmen von Tampa Red und Co. sind jedenfalls von einer unbekümmerten Frische, die die Lebensverhältnisse um 1933, am Anfang des New Deal illustriert und den neuen gesellschaftlichen Optimismus der kleinen Leute nach der gerade überwundenen schlimmen Phase der großen Wirtschaftsdepression von 1929 und der großen Dürre im Süden 1928.

In dieser Zeit scheint es eine kurze Phase der Rückwanderung in den Süden gegeben zu haben. Zwei Titel von Charlie McCoy und Bo Carter, »Mississippi I'm Longin For You« und das anzügliche »The Northern Starvers Are Returning Home« weisen darauf hin. Lebenswirklichkeit ist auch im »Gambler's Blues« von Charlie McFadden, wegen seiner Augengläser Specks genannt, fassbar. Nicht weniger als zehn Mal wurde der Sänger, der wie Texas Alexander kein Instrument spielte, wegen Glücksspiels verhaftet.

Die Brüder McCoy, Charlie und Joe nahmen unter eigenen und angenommenen Namen wie The Mississippi Mudder,

Georgia Pine Boy, Kansas Joe oder Papa Charlie's Boys Blues-Titel auf, Joe McCoy als Hallelujah Joe kurzzeitig auch religiöse Lieder wie »Twenty Minutes To Hell«. Er verabschiedete sich aber schnell wieder aus dem Genre, indem er mit den Harlem Hamfats 1937 zu verstehen gab: »Hallelujah Joe Ain't Preachin' No More.« Die Musik des Teufels war doch die interessantere und vermutlich auch die einträglichere. Die beiden setzten ihre Karriere bis 1944 fort, nun als Tampa Kid, Palooka Washboard Band oder Big Joe And His Rhythm.

Teddy Darby stammte aus Kentucky und nahm unter dem Pseudonym Blind Squire Turner mit Casey Bill Weldon und Peetie Wheatstraw von 1933 bis 1937 in Chicago auf, später auch mit dem Pianisten Tom Webb, darunter Titel wie »Bootleggin' Ain't Good No More« und das frivole »She Thinks She Is Slick«. Später zog er sich zunehmend aus dem Musikgeschäft zurück und lebte von einer kleinen Invalidenrente.

Weit bedeutender als Interpret sowie als eigenständiger Blues-Poet war der Mann, der den originalen »Howlin' Wolf Blues« schrieb und sang: J. T. Funny Paper Smith. Eigentlich nannte er sich ja Funny Papa, aber der Plattenfirma war das egal, sie schrieb jeden Unsinn auf die Labels. Smith war eine Ausnahmeerscheinung. Er sang fast nur eigene Stücke, die teilweise von epischer Länge waren und das Dreiminuten-Format der Wachsplatten sprengten. Viele seiner Titel erschienen in Fortsetzungen, wie sein Erfolgsstück, nach dem er sich selbst dann auch Howlin' Wolf benannte oder sein »Seven Sisters Blues«. Von seiner Biografie ist nur Widersprüchliches bekannt. Zeilen wie

»Here I am in Chicago doin the best I can (2x)
If I ever my baby don't like to foolin
I'm gonna back South again.«

(*Hier bin ich in Chicago und tu mein Bestes,
Falls mich mein Baby jemals verschaukelt,
Geh ich zurück in den Süden.*)

sind vielleicht ein Indiz von Heimweh nach Texas. Dort arbeitete er angeblich als Aufseher auf einer Plantage. Allerdings soll er sich auch häufig in Deep Ellum, der Lastermeile von Dallas aufgehalten haben. Möglicherweise war er ein Halbblut, denn in einer seiner Zeilen weist er darauf hin, dass er nicht schwarz sei, aber eine dunkle Hautfarbe habe.

»Preacher told me that God would forgive
a black man most anything he do (2x)
I ain't black but I am dark complected
Look like he ought to forgive me too

Looks like God don't treat me like I'm a human kind
Being like God don't treat me like I'm a human kind
Seems like he wants me to be a prowler
and a howlin wolf all the time.«

(Der Prediger sagte mir, Gott vergibt
Einem Schwarzen fast alles, was er tut,
Ich bin nicht schwarz aber ziemlich dunkel,
Wenn er mir auch vergäbe das wäre gut.

Hat den Anschein, Gott sieht keinen Menschen in mir,
Hat den Anschein, er möchte dass ich für alle Zeiten
Ein Herumtreiber und heulender Wolf bin.)

Vor allem aber geht aus diesen Zeilen eine tiefe Skepsis gegenüber dem christlichen Erlösungsgedanken hervor, die in dieser Klarheit im Blues kaum je formuliert worden ist. Auch an anderer Stelle, in seinem existenziellen »Fool's Blues«, formuliert Smith seine Enttäuschung und seine Geschlagenheit, die ihn auf die andere Seite trieb und zum heulenden Wolf in der Nacht machte.

»This must a been the devil I'm servin'
it can't be Jesus Christ
Cause I asked him to save me
and looks like he tryin to take my life.«

(*Das muss der Teufel sein, dem ich da diene,*
unmöglich Jesus Christus.
Denn ich bat ihn mich zu retten,
aber es hat den Anschein, er trachtet mir nach dem Leben.)

Auch in weniger metaphysischen Situationen vertraute Funny Papa Smith zumindest in seinen Songs nicht auf himmlischen Beistand, sondern favorisierte tätige Selbsthilfe, wie in seinem brutal offenen, erschütternden »Heart Bleeding Blues«, wo sich die Hölle vor seinen Augen auftut.

»If my heart keep on bleedin I buy me a shotgun and some
  shells (2x)
Anywhere I find you and your lover
that's where we all three fall in hell

All I got to do is to kill you
and go off and hide somewhere (2x)
I know you goin straight to hell
I hope to meet you over there.«

(*Wenn mein Herz so weiterblutet, kauf ich mir ein Gewehr*
  und ein paar Patronen.
Egal wo ich dich und deinen Liebhaber finde,
dort werden wir alle drei zur Hölle fahren.

Alles was ich tun muss ist, dich töten
und weglaufen und mich irgendwo verstecken
Ich weiß, du fährst direkt zur Hölle,
Ich hoffe, ich treff dich dort.)

David Evans hat in seinem Buch ›Big Road Blues‹ (1982) versucht den kreativen und den traditionellen Anteil in Blues-Songs festzustellen, ein schwieriges Unterfangen, wie sich zeigte. Denn der traditionelle Anteil der allgemein und vielfach verwendeten Song-Bausteine stammt auch nicht nur aus der mündlichen Tradition, sondern ist von Platte, Radio und wohl auch, was Evans völlig vergaß, von Kino und später Fernsehen beeinflusst. Es wäre vielleicht einfacher und weniger frustrierend, allerdings nicht so »wissenschaftlich« gewesen, die Textbausteine und formelhaften Wendungen einfach thematisch oder nach Häufigkeit der Verwendung zu sortieren.

Wie dem auch sei, Funny Papa Smith ist jedenfalls einer der seltenen Blues-Poeten, die eindeutig auf der kreativen Seite zu plazzieren sind. Die meisten seiner Blues haben völlig eigenständige Texte ohne Vorbilder. Im Gegenteil, sie bringen überraschend konsistente Bögen und Bilder, traditionelle Wendungen sind in fast postmoderner Manier als Zitate eingebaut und oft überraschend umgebogen oder verfremdet. Das macht ihn zu einem herausragenden, viel zu wenig bekannten Blues-Poeten der Robert-Johnson-Ära, einer ähnlich transitorischen Figur, deren Lebenslinie sich nach den letzten Aufnahmen von 1935 buchstäblich im Nichts verlor, bis lange Zeit danach mit Chester Burnett ein weiterer heulender Wolf auftauchte und das Erbe des Ersten antrat.

Während in Deutschland Nazis marschierten und der kulturelle Austausch mit den USA bis auf Coca-Cola und die Schriften des Antisemiten und Rassisten Ford, den Hitler bewunderte, auf Jahrzehnte hinaus total abbrach, entwickelte sich der Blues rasch weiter und machte den nächsten großen Entwicklungsschritt, indem er erstens die Jukeboxes fütterte und sich zweitens elektrifizierte.

In Europa, England eingeschlossen, in Deutschland insbesondere, bekamen auch Jazz-Fans kaum etwas von diesen Entwicklungen mit. Sie wussten nichts von der Existenz des authentischen Blues. Die kommerziellen Platten wurden nicht exportiert, sondern ausschließlich auf den Spezialmärkten für Schwarze verkauft. Diese massive Unkenntnis der frühen Blues-Geschichte behinderte und behindert noch immer eine vernünftige Bewertung der Leistungen der frühen Blues-Leute im Verhältnis zu ihren Nachfolgern und Nachahmern nach dem Zweiten Weltkrieg. Allerdings gilt das Argument, die schwierige Material-Lage sei daran schuld, seit den neunziger Jahren überhaupt nicht mehr. Umso seltsamer ist es, dass

Kapitel 6: Vorkriegs-Blues

auch in den USA eine Revision eingefahrener Legenden und Mythen nur schwer in Gang zu kommen scheint. Trotz vorhandener Dokumente und Aufnahmen wird an Prioritäten und Erstgeburts-Rechten festgehalten, die so einfach nicht stimmen, sei es bei den Jug-Bands, der Vom-Delta-nach-Hawaii-Hypothese oder der Direktverbindung nach Afrika, wie sie etwa prachtvoll falsch noch im aktuellen ›All Music Guide Blues‹ nachzulesen ist.

Das fatale Jahr 1933 hat auch bluesgeschichtlich eine wichtige Bedeutung: John A. Lomax nahm im Staatsgefängnis von Louisiana in Angola einen schwarzen Sänger namens Leadbelly auf. Wie David Dicaire in ›Blues Singers‹ (1999) richtig anmerkt, ist es fast ein Wunder, dass unter den vielen Blues-Sängern, die ja häufig am Rande der Legalität lebten, keiner auf dem elektrischen Stuhl gelandet ist. Das muss nicht daran gelegen haben, dass sie sich nichts zuschulden kommen ließen. Huddie Ledbetter (1889 bis 1949) schrammte mehrfach nur knapp daran vorbei. Er stammte aus Morringsport, Louisiana, und war musikalisch hoch talentiert.

Spätestens um 1915 herum traf er Blind Lemon Jefferson irgendwo im Osten von Texas. Die beiden blieben zusammen und legten so die Grundlagen für den texanischen Blues. Es hätte lang so weitergehen können, hätte nicht Leadbelly einen Mann getötet. Der texanische Richter verurteilte ihn 1917 zu 35 Jahren Gefängnis. Normalerweise wäre er also mindestens bis 1958 eingesessen. Doch schon 1925 wurde er vom Gouverneur von Texas begnadigt. 1930 wurde er wieder verhaftet, weil er einen Weißen bei einer Auseinandersetzung mit einem Messer verletzt hatte. Er kam in die berüchtigte Gefängnisfarm nach Angola, Louisiana. Doch schon nach kurzer Zeit tauchten die beiden Lomaxe auf und »entdeckten« ihn. John A. Lomax beschrieb das Ereignis in seinen ›Adventures Of A Ballad Hunter‹ (1947).

»Wir arbeiteten vier harte Tage auf dieser Farm in Louisiana, die mit Mais und Zuckerrohr bepflanzt sind. Auf dieser Farm dürfen die Neger-Gefangenen bei der Arbeit nicht singen, deswegen waren die Quellen für uns dürftiger als in Texas. Ein Mann allein aber – Leadbelly – entschädigte uns fast völlig für den Mangel. Er kannte so viele Lieder und er sang sie verhalten und mit Sympathie, so dass ich, da ich ihm seine Geschichte voll abkaufte, ernsthaft überlegte, ihn aus dem Gefängnis zu holen und als drittes Mitglied unserer Expedition mitzunehmen.«

Diese ersten Aufnahmen entstanden 1933. 1934 wurde Huddie Ledbetter, nicht zuletzt dank tätiger Hilfe von John A. Lomax, erneut begnadigt. Lomax stellte ihn als Chauffeur an und machte sich zu seinem Manager, wobei er zuletzt zwei Drittel aller Einkünfte Leadbellys beanspruchte. Das mag exorbitant scheinen, doch es lag im Rahmen des damals Üblichen. Lomax hatte zudem tatsächlich in seinen Schützling erheblich investiert und leistete organisatorische Schwerarbeit. Es ging ihm selbst damals finanziell alles andere als großartig und er hatte eine wachsende Familie zu ernähren. Nicht ohne Geschick inszenierte er sogar das Privatleben seines Schützlings publikumswirksam für die immer nach Neuigkeiten gierende New Yorker Presse, als er Leadbellys zweite Frau Martha von Shreveport nach New York holte und aus der Hochzeit der beiden ein Medienspektakel machte.

In New York traf Leadbelly auf ein ausschließlich weißes Publikum von meist politisch links orientierten Folkies, dessen Anführer und Heroen die Protest-Sänger Pete Seeger und Woody Guthrie waren. Ab und zu war er auch mit den am Broadway agierenden Theater-Bluesern Brownie McGhee und Sonny Terry zusammen. Es sollte eine dauerhafte Entfremdung vom schwarzen Publikum bleiben, ein hoher Preis, der für den materiell bescheidenen, publizistisch immensen Erfolg zu zahlen war.

Leadbelly, der allen Zeugnissen nach, insbesondere dem seiner jüngsten Biografen Charles Wolfe und Kip Lornell (›The Life And Legend Of Leadbelly‹, 1992), ein Unterhaltungsgenie war, ein tanzlustiger, stilbildender Gitarrist, der spontan Blues- und Folksongs improvisieren konnte, konnte seine Ta-

Kapitel 6: Vorkriegs-Blues

lente nie wirklich zu barer Münze machen. Erste Versuche dazu hatten in widrigen Auseinandersetzungen mit Lomax geendet, aber auch danach blieb – nicht zuletzt seiner Trinkfreudigkeit wegen – wenig hängen, und er lebte immer am Rand der Armut. Es ist schon ziemlich abartig, dass die pedantische Folkie-Truppe The Weavers, angeführt von Pete Seeger, mit dem Leadbelly-Titel »Goodnight Irene« ein Jahr nach seinem Tod einen Zwei-Millionen-Hit einfuhr.

Leadbelly war 1949, kurz vor seinem Tod, der erste schwarze Folk-Blues-Sänger überhaupt gewesen, der nach Europa kam. Aber nicht einmal die dem Jazz und Blues gegenüber traditionell so aufgeschlossenen Franzosen konnten etwas mit diesem Raubein anfangen. Leadbellys musikalischer Einfluss wuchs dann rasch in den fünfziger und sechziger Jahren. Er war eines der Vorbilder der nachwachsenden Folkie-Szene um Joan Baez und Bob Dylan, den jungen Arlo Guthrie nicht zu vergessen.

Noch Janis Joplin und Joni Mitchell waren dem außerhalb der üblichen Traditionslinien stehenden Songster verpflichtet, dessen riesiges Repertoire an die fünfhundert Songs umfasst haben soll. Seine Versionen von »Rock Island Line«, »John Henry«, sein »Bourgois Blues«, »Midnight Special« oder »Goodnight Irene« gehören inzwischen zum weltweiten Folklore-Bestand und sind in vielen westlichen Ländern heimisch geworden.

William Lee Conley Broonzy (1893 bis 1958), allgemein als »Big Bill« bekannt, stammte aus Scott, Miss. Nach dem Militärdienst kehrte er heim und arbeitete als Sharecropper, bevor er den Sprung nach Chicago wagte. Musikalisch wechselte er früh von der Fiddle zur Gitarre. Sein Gitarre-Lehrer soll kein Geringerer als Papa Charlie Jackson gewesen sein. Broonzy arbeitete wie die anderen Blues-Größen der Zeit für Lester Melrose und war entscheidend mitverantwortlich für den typischen Bluebird Sound. Mit Recht weist Dicaire darauf hin, dass Broonzy möglicherweise auch Erfinder des Power-Trio-Konzepts von Hendrix bis ZZ Top war, denn er trat oft zusammen mit einem Schlagzeuger und einem Bassisten bzw. Pianisten auf. Indirekt profitierte Broonzy sehr vom Tod Robert Johnsons. Denn als der Produzent der Show ›From Spirituals To Swing‹, John Hammond, davon erfuhr, engagierte er Big Bill als Ersatzmann, der beim Publikum in der Carnegie Hall voll einschlug und gleich für das Jahr darauf verpflichtet wurde. Broonzy erwies sich in der Folge als gewiefter Entertainer, der seine Nase im Blues-Wind hatte, egal, woher er gerade wehte. Er gab den total beeindruckten Europäern auf seinen Tourneen 1951 und 1953 den archaischen Folkie, wobei er es nur schwer schaffte, sein ausgefeiltes und trickreiches Gitarre-Spiel erdig genug klingen zu lassen, und nahm daheim modernen elektrischen Rhythm & Blues auf. 1955 erschien seine Autobiografie ›Big Bill Blues – William Broonzy's Story As Told To Yannick Bruynoghe‹, ein nach wie vor relevantes Dokument nicht nur zur Person, sondern auch zur Blues-Geschichte. Dort berichtet er von den Vorgängen um seinen berühmtesten, wenn auch nicht unbedingt bekanntesten Song.

»This little song that I'm singing about
People you know it's true
If you're black and got to work for a living
This is what they will say to you:

They say if you's white you's allright
If you's brown stick around
But as you're black
Mmm, Mmm, Brother, git back, git back, git back.«

(*Dieser kleine Song, den ich gleich singen will,*
Leute, ihr wisst, er ist wahr,
Wenn du schwarz bist und zur Arbeit gehen musst,
Dann sagen sie es dir glasklar:

Sie sagen, du bist weiß, das geht klar,
Du bist braun, dann bleib da,
Doch bist du schwarz, Bruder,
Dann bleib weg, bleib weg, bleib weg!)

Kapitel 6: Vorkriegs-Blues

»1945 schrieb ich einen Song, ›Black, Brown And White‹ betitelt. Ich versuchte es bei RCA Victor, Columbia, Decca und vielen kleinen Plattenfirmen, aber keine wollte ihn aufnehmen. Sie wollten ihn alle hören und lehnten ihn alle ab, nachdem ich ihn gesungen hatte.
›Warum willst du so einen Song aufnehmen?‹, fragten sie alle. ›Niemand wird ihn kaufen.‹ ›Was stimmt daran nicht?‹, wollte ich wissen. ›Was ich da sage, beschreibt genau die Art und Weise, wie schwarze Arbeiter in allen Jobs in diesem Land behandelt werden, im Süden, Norden, Osten und Westen, und ihr alle wisst, dass es stimmt.‹ ›Ja‹, sagten sie zu mir, ›das ist es genau, was an diesem Song falsch ist. Wenn du einen Song schreibst, Bill, und ihn bei irgendeiner Firma aufnehmen willst, dann muss den Leuten rätselhaft sein, was er bedeutet. Sag nie, was du meinst, wenn du singst. Und dieser Song bringt es genau auf den Punkt, und das ist es, was die Leute nicht mögen.‹«

»Black, Brown And White« wurde schließlich auf Vermittlung von Hugues Panassié zuerst in Frankreich aufgenommen, später dann nach Fürsprache von John Hammond auch in den USA. Big Bills bekanntester Song dürfte trotzdem »Key To The Highway« sein, andere eindrucksvolle Blues waren »Big Bill's Blues«, »Kindhearted Woman«, »When I've Been Drinking«, »Nighttime Is The Right Time« und »Walking Down That Long Old Lonesome Road«. Ein Superstar des Folkblues war Broonzy aber nur für seine weiße Zuhörerschaft. Und selbst er konnte sich jahrelang nicht von den Einkünften als versierter Berufsmusiker in Chicago ernähren, sondern bewirtschaftete nebenher noch ein kleine Farm in Arkansas. 1957 erkrankte er an Kehlkopfkrebs und starb im Jahr darauf im Alter von 65 Jahren.

Es existiert ein eindrucksvolles Dokument einer Begegnung dreier Blues-Musiker in den vierziger Jahren, der Mitschnitt einer Erinnerungs-Session an die schlechte alte Zeit mit Alan Lomax, ›Blues In The Mississippi Night‹. Beteiligt daran waren Big Bill, Memphis Slim und Sonny Boy Williamson. Das Dokument lässt sicher viele Fragen offen, aber es ist immerhin eines der wenigen, die wir überhaupt haben.

Dass sich auch in den vierziger Jahren nicht viel an der Situation der Schwarzen geändert hatte, geht aus den ausführlichen Erinnerungen von Alan Lomax selbst hervor, ›The Land Where The Blues began‹ (1993). Immerhin, an einigen Orten hatte sich der Rassismus einmal um sich selbst gedreht, sehr zu Lomax' Leidwesen. Der war lange nicht mehr im Süden gewesen und sein Einstieg in die Szene von Memphis verlief nicht besonders zufriedenstellend.

»Memphis war so etwas wie die Haustüre für mich und ich ging rein, als ob mir die Stadt gehörte. Ich fuhr direkt in die Beale Street und schlenderte zum Monarch Saloon, wo Handy und Jelly Roll gespielt hatten, warf einen Quarter in die Jukebox, setzte meinen Fuß auf die Messingstange und bestellte ein Bier ... Als die Jukebox mit eingefrorenem Lächeln sich geräuspert hatte und anfing den Blues zu wummern, schaute der schwarze Barmann den Besitzer an, der Besitzer schüttelte leicht den Kopf und der Barmann ließ seinen Daumen auf ein Schild deuten, das an die Wand geheftet war. Es besagte:

›This is a colored place. No whites served. Sorry!‹

Er sah nicht aus, als ob es ihm Leid täte. Er grinste ein wenig, als er sagte: ›Sie sind nicht von hier, Mister, sonst wüssten Sie, dass sich die Dinge hier in Beale Street geändert haben.‹ Mister Crump sagt: ›Wenn wir Rassentrennung in einer Richtung haben, dann auch in der anderen.‹«

Selbst für einen erfahrenen Feldforscher wie Lomax war es nicht leicht, die komplizierten und teils noch autokratischen Regelwerke im Umgang mit Sheriffs, Plantagenbesitzern und den Schwarzen selbst zu befolgen – schon der Umstand, dass er einen Schwarzen Mister nannte, konnte ihn als Gewerkschafts-Agitator aus dem Norden verdächtig machen, im schlimmsten Fall auch als deutschen Spion. Wie er trotzdem immer wieder an den Blues kam, Robert Johnsons Mutter fand, mit Son House Aufnahmen machte und in den Hügeln Sid Hemphill und seine ländliche »Cane-and-five«-Musik entdeckte, kann man in seinen lebendigen, wenn auch nicht immer ganz präzisen Erinnerungen ausführlich nachlesen.

Wie unbeeinflusst von außen die ländliche Musik dieser Zeit wirklich war, bedarf wohl noch der gründlichen Erforschung. Niemand scheint bis jetzt die Verbreitung von Radioempfängern und Musikboxen in der afroamerikanischen Bevölkerung aufgeschlüsselt zu haben. Platten spielten jedenfalls nach wie vor eine Rolle, und ein bekanntes Beispiel lässt an der Isolations-Theorie doch starke Zweifel aufkommen. Es handelt sich um den bekannten »Mississippi Blues« des jungen William Brown aus Memphis (nicht zu verwechseln mit Willie Brown, dem damaligen Freund und musikalischen Begleiter von Son House). Sein markantes Picking, das seit seinem Erscheinen auf LP in den sechziger Jahren eine Zugnummer avancierter Gitarristen wurde, ist laut John W. Work die gekonnte Variation eines Hits von 1939, »Sunrise Serenade« von Franke Carle.

Da Brown Lomax zu einem anderen Titel sagte, er habe ihn nicht etwa von der Platte gelernt, sondern einfach irgendwo gehört und nachgespielt, ist der Vorgang nachvollziehbar und vermutlich nicht untypisch für den massenmedialen Ideen-Transport.

Immerhin scheint auch sicher, dass der Blues in den vierziger Jahren im Süden noch beliebt und lebendig war. Schwarze Musik lief im Radio, etwa die ›King Biscuit Hour-Radio Show‹ in Helena, Arkansas, in welcher 1941 Rice Miller, ein Mundharmonika-Spieler, der sich nicht nur aus Verehrung für das Original Sonny Boy Williamson nannte, sondern mit dessen Popularität spekulierte, seinen ersten Auftritt hatte.

Es wurden auch immer noch kommerzielle Aufnahmen gemacht, manche vielleicht auf lokale Märkte abgestellt, wie die Beispiele aus Carolina von Floyd Dipper Boy Council, der sich auch »The Devil's Daddy In Law« nannte, Richard und Welly Trice, Ersterer mit Blind Boy Fuller befreundet, oder der obskuren Eddie Kelly's Washboard Band, bei der es schon verdächtig swingt, zeigen.

Kapitel 6: Vorkriegs-Blues

Unter den raren Country-Blues-Aufnahmen dieser Jahre finden sich durchaus noch ungeschliffene Edelsteine und rohe Perlen von Pianisten wie Pinetop Burks, Big Boy Knox und Dusky Dailey, Combos wie Three Fifteen And His Squares oder Skoodle Dum Doo And Sheffield, wobei Letzterer wahrscheinlich Seth Richard, ein Gitarrist und Kazoo-Spieler, angehörte, der schon 1928 zwei Titel, »Lonely Seth Blues« und das erfolgreiche »Skoodel Dum Doo« in New York aufgenommen hatte. Man kann sich am Falsett eines Too Tight Henry alias Henry Lee Castle aus Georgia erfreuen und bei der apokalyptischen Leola Manning lüstern gruseln und sich die Frage stellen, warum es von dem Sänger mit dem Pseudonym Freezone nur einen einzigen Titel zu geben scheint.

Man kann sich dann gleich weiter fragen, warum der ausgerechnet »Indian Squaw Blues« heißt und auf ein von der Blues-Forschung meist völlig ignoriertes soziales Feld verweist, nämlich die ganz unterschiedlichen sozialen Kontakte und vor allem auch die musikalischen Beziehungen zwischen den Ureinwohnern Amerikas und den ehemaligen Sklaven in Geschichte und Gegenwart. Es scheint überhaupt noch keinem Folkloristen eingefallen zu sein, sich die Frage nach gegenseitigen Einflüssen zu stellen. Dabei gibt es nicht wenige Indianer, die Jazz oder Blues spielten, von Jack Teagarden bis Jesse Ed Davis, und in den Adern etlicher Blues-Größen von Charley Patton bis Jessie Mae Hemphill floss Indianerblut. Der Vater von Sid Hemphill, dem Großvater von Jessie Mae, soll ein reinblütiger Choctaw-Indianer gewesen sein! Im ausführlichen Bericht von Alan Lomax über seine Begegnungen mit den Hemphills wird diese Tatsache kein einziges Mal auch nur erwähnt. Vermutlich verhinderte die mentale Afrika-Blockade den Blick auf das Naheliegende, wie indianische Flöten und Trommeln; entflohene Sklaven, die von den Indianern aufgenommen wurden; und nicht allzu seltene erotische und musikalische Interaktionen zwischen Afroamerikanern und Native Americans.

Weiter erwähnenswert sind Aufnahmen von John Byrd, einem Zwölfsaiten-Gitarristen aus Mississippi, sozusagen die

Ausnahme einer ungeschriebenen Regel. Einige seiner Titel, wie »The Heavenly Airplane«, waren Parodien auf religiöse Zeremonien – Teufelsmusik eben. Der Folk-Protestler Bob Campbell sang seine düsteren »Shotgun« oder »Starvation Farmer Blues« inmitten der Depression, worauf er spurlos verschwand. Aus Cincinnati stammte(n) Bob oder Walter Coleman, entweder eine einzige Person oder dort ansässige Verwandte. Seine Blues wie »Cincinnati Underworld Women« oder »Miagra (Niagara) Falls« zeichneten sich durch originelle Themenwahl und Texte aus.

Den Vogel in dieser Hinsicht schoss allerdings mühelos ein gewisser Ernest Blunt alias The Florida Kid ab, der sich – vermutlich nach seiner Lieblingsdroge – gerne als »Blunt, the reefer man« bezeichnete. Man höre seinen »Teena Girl Blues« von 1940, gefolgt von seinem »Hitler Blues« der leider den Weg zu den ›American War Songs‹ nicht gefunden hat. Seine unglaubwürdigste Behauptung war sein abschließendes »I'm Going Back To The Farm«. Wahrscheinlich ist er dort auch niemals angekommen.

Dass der Swing auch am Blues nicht spurlos vorüberging, zeigen exemplarisch die Aufnahmen der Brüder McCoy in diesen Jahren oder die Aufnahmen von Ted Mays mit der Sängerin Claytie Polk in San Antonio von 1937. Die Wechselwirkung war logisch und stark von den aufkommenden Big-Band-Shoutern getragen, die wie der prototypische Big Joe Turner oder Jimmy Witherspoon durchaus auch in kleinen Ensembles den Blues sangen.

Mit kleiner Band tourte der Pianist Walter Davis (1912 bis 1963), den kein Geringerer als Roosevelt Sykes entdeckt und auf seinen ersten Platten begleitet hatte, im Cadillac durch den gesamten Süden. Aber auch ihm gelang es nicht, eine vernünftige letzte Zeile zu »Sweet Home Chicago« zu finden. Das schaffte erst sein alter Lehrer Roosevelt Sykes:

»Baby, don't you wanna go (2x)
To the bright light city sweet home Chicago.«

Kapitel 6: Vorkriegs-Blues

Henry Townsend, der in regelmäßigen Abständen wieder entdeckt wurde, ist als Solist auf mehreren Alben hörbar, empfehlenswert »Mule« und »Cairo Blues«. In seinen Erinnerungen berichtet er über seinen Freund Walter Davis: »Walter Davis spielte einige der traurigsten Songs, die man je gehört hatte. Ich glaube, er vermutete mit Recht, dass das nichts für die Menge war. Jeder von denen stand auf, holte sich einen Baseball-Schläger, ging heim und fing eine Rauferei an oder etwas dergleichen .... Aus meiner Sicht konnte er die traurigsten Storys überhaupt erzählen. Seine Musik war in hohem Maß verstörend, sie warf einen auf Gedanken zurück, die alles andere als unterhaltsam waren. Nix mit good time ... Es ging ein Gerücht um, Walter habe jemanden getötet, in Chicago. Er tötete einen, aber nicht in Chicago, sondern gleich da, in St. Louis, in der Biddle Street.«

Unter den texanischen Blues-Leuten dieser Zeit verdienen der etwas bizarre Little Hat Jones mit seinen »Hurry Blues«, »Little Hat Blues« oder »Corpus Blues«, ein gewisser Coley Jones, den man als Mitglied der Dallas String Band besser kennt, wegen eines Titels wie »Army Mule in No Man's Land«, Willie Reed und Bo Jones wegen ihrer kräftigen, bodenständigen Blues durchaus Beachtung. Und natürlich ein gewisser Oak Cliff T-Bone (Walker), der unter diesem Pseudonym 1929 seine ersten beiden, nicht allzu grandiosen Tracks einspielte. 1942 packte er es dann unter eigenem Namen besser.

Wesentlich obskurer sind die unter dem treffenden Titel Backwood-Blues gesammelten Interpreten Sam Butler alias Bo Weavil Jackson, Bobby Grant, Lane Hardin und der wenigstens biografisch als Joe Holmes entschlüsselte King Solomon Hill. Ihre Musik freilich war wie die von Tommy Griffin, One Arm Slim und Frank Edwards damals schon ziemlich veraltet, konservative ländliche Traditionspflege, orientiert an den bekannten großen Vorbildern. Eine Ausnahmeerscheinung in mancher Hinsicht war Oscar Woods (um 1890 bis 1950). Er spielte nicht nur Blues, den aber auf einer flach auf dem Schoß liegenden Dobro-Gitarre, wie sie sonst die Hillbillies verwendeten. Er war hauptsächlich auf den Straßen von Shreveport, Mississippi, zu hören. Seine bekanntesten Schüler waren Black Ace und Strozer Quinn. Er machte Aufnahmen für Decca und Vocalion und mit dem bekannten Country-Sänger und späteren Gouverneur von Louisiana, Jimmy Davis.

In diesen Jahren muss sich die Spaltung zwischen ländlichem und städtischem Blues endgültig vollzogen haben. Schuld daran war eine technische Entwicklung, die elektrische Gitarre. Sie stand in den teils immer noch stromlosen ländlichen Gegenden vorerst nicht zur Verfügung. Zusammen mit der von Musikern wie Eddie Durham (1906 bis 1987) und Charlie Christian (1916 bis 1942) erfolgreich elektrifizierten Gitarre, einer rudimentären, aber effektiven Rhythmus-Sektion aus Bass, Klavier und Schlagzeug entstand in den Studios allmählich aus Blues und Swing ein immer heftiger rockender Bastard, der allerdings erst 1949 einen Namen erhalten sollte: Rhythm & Blues. Wer genau hinhört, findet ihn aber lang vor 1940 ziemlich entwickelt, zum Beispiel bei Leola Manning schon 1930 mit dem anders gemeinten, nichtsdestoweniger prophetischen Titel »The Blues Is All Wrong«, wo sie stimmlich wie pianistisch einen weiblichen Prä-Little-Richard gab, dass es nur so fetzte! »Shake The Shack« von Pinetop Burks wies in dieselbe Richtung.

Ein Stück dieser Entwicklung kann man an Aufnahmen von wenig bekannten Sängerinnen dieser Epoche aus dem Stall von Lester Melrose verfolgen. Während Irene Sanders 1934 noch ganz dem klassischen Blues verpflichtet mit einer Dixie-Band auftrat, swingte es bei Stella Johnson zwei Jahre später schon erheblich. Und die flott gespielte elektrische Gitarre von George Barnes wertete 1938 die ansonsten eher altmodischen Rags von Hattie Bolten entschieden auf, während die schon ziemlich rockige Kansas Katie von Memphis Slim und Big Bill Broonzy, der ebenfalls E-Gitarre spielte, begleitet wurde.

Ebenfalls von wahlweise Bill Broonzy, Lonnie Johnson, George Barnes und Blind John Davis begleitet, nahm die 1912 geborene, aus Mississippi stammende Merline Johnson, Spitzname The Yas Yas Girl, die in fast allen Nachschlagewerken außer Colin Larkins ›The Virgin Encyclopedia Of The Blues‹ (1998) fehlt, zwischen 1937 und 1941 eine Menge erfolgreicher Titel auf. Sie hatte von Anfang an einen ziemlich rockigen, outrierten Gesangs-Stil und besaß keine Berührungsängste mit deutlichen Schlüpfrigkeiten, wie sie in diesen Jahren weit verbreitet und beliebt waren. Das zeigt die schiere Menge der einschlägigen Produktionen, die wahlweise der Jazz- oder Blues-Seite zuzuordnen wären, vielleicht sogar ein eigenes Genre der »Copulatin' Blues« bilden, wie die Titel zweier nicht identischer Kompilationen suggerieren.

Nur einige gestandene Blues-Männer wie Bo Carter mit dem unsterblichen, einer weiteren Sammlung den Titel gebenden »Please Warm My Weiner«, Jelly Roll Morton, natürlich die Hokum Boys, aber auch ein gewisser Jimmy Strange, The Yas Yas Man, brachen in diese Domäne lüsterner Ladys wie Georgia White, Lil Johnson, Alberta Hunter, Victoria Spivey, Mary Dixon, Lucille Bogan oder Clara Smith erfolgreich ein. Die anderen bekannten Sängerinnen der Zeit wie Bertha Chippie Hill, Lil Johnson, Edith Wilson schlugen sich mehr oder weniger erfolgreich in diesen Jahren durch, manche, wie etwa Sippie Wallace oder Lucille Hegamin, stiegen für Jahrzehnte aus, um in den sechziger Jahren viel beachtete Comebacks zu feiern wie auf ›Songs We Taught Your Mother‹ oder auf ›Roll Over, Ms Beethoven‹ von Hegamin, Hunter und Spivey, die eine Ahnung vermittelten, wie ihre stimmgewaltigen Aufnahmen aus den frühen Jahren rauschfrei und in Stereo geklungen hätten.

Als Kuriosum seien noch die Aufnahmen von Carl Davis & The Dallas Jamboree Band von 1935 erwähnt: frische und unverkünstelte Straßenmusik, die direkt in die sechziger Jahre wies. Ein Experiment aus dem Jahr 1966, solche Musik mit Musikern von damals rauschfrei zu rekonstruieren, führte auf ›The Chicago String Band‹ zu keinem befriedigenden Ergebnis, während sich die neuerliche Zusammenarbeit von Victoria

Spivey und Lonnie Johnson ab 1961 in erfreulichen Alben wie ›Woman Blues‹ und ›Idle Hours‹ niederschlug.

Eine absolute Sonderstellung im Blues dieser Jahre nimmt das Musikgenie Lonnie Johnson ein. Abgesehen davon, dass er auch ein kompetenter Pianist war und selbst mit Barrelhouse-Piano-Größen wie Cow Cow Davenport oder Little Brother Montgomery mühelos mithalten konnte, war Johnson als stilistisch nicht gebundener virtuoser Gitarrist eine Klasse für sich. Geboren 1894 als Alonzo Johnson in New Orleans, war er als Musiker etwa von Mitte der zwanziger Jahre bis zu seinem Autounfall 1969 in Toronto und seinem Tod im Juni 1970 ebenda ständig präsent.

Johnson war ein Multitalent. Er spielte auch Banjo, Mandoline und Geige. 1917 unternahm er mit einer Musikrevue eine Reise nach London. Als er 1919 wieder nach New Orleans zurückkam, hatte eine Grippewelle seine ganze Familie mit Ausnahme eines Bruders dahingerafft. Schockiert verließ er seine Heimatstadt und ging nach St. Louis, wo er 1925 einen Gitarristen-Wettbewerb und einen Plattenvertrag mit Okeh gewann. Er machte Aufnahmen unter eigenem Namen und entwickelte maßgeblich die Spielweise des Ton für Ton mit dem Plektrum gespielten One-String-Solos.

Seine Stücke, die er häufig selbst schrieb, wiesen ihn als urbanen, gebildeten, modernen Musiker mit einer ausgeprägten Vorliebe zur schwarzen Tradition des Blues und Jazz aus, als erfindungsreichen Konservativen eher denn als provokanten Erneuerer. Das Wort, das einem am ehesten in den Sinn kommt, wenn man ihn spielen hört, ist Eleganz, unauffällig und poliert, aber nie protzig. Diese eher introvertierte Art des Spiels prädestinierte Johnson zum Zusammenspiel mit anderen, gleich befähigten Musikern wie Louis Armstrong, Duke Ellington oder dem Gitarristen Eddie Lang, der als Blind Willie Dunn gelistet wurde und mit dem er wegweisende Jazz-Duette einspielte.

Seinen Hang zum archaischen Blues konnte er als Begleiter von Texas Alexander befriedigen. 1937 spielte er mit Baby

Dodds, Armstrongs Schlagzeuger, in Chicago Club-Gigs. 1939 nahm ihn der umtriebige Lester Melrose in seinem Bluebird-Käfig gefangen und ließ ihn bis 1944 34 Plattenseiten aufnehmen. Das machte ihn zu einem Star unter Chicagos Blues-Interpreten. Zumindest, bis der Rock'n'Roll auch über Chicago kam. Da war Lonnie Johnson sechzig, also kein Teenager mehr. Doch bald erlösten ihn die weißen Folkies, die ihm sogar seine elektrische Gitarre verziehen, weil er so gut war. Ironischerweise machte er dann auch seine bekannten Aufnahmen für Folkways mit einer E-Gitarre, die er erst seit 1947 gewohnt sauber, flüssig und unexaltiert traktierte.

Stilbildend auf der E-Gitarre war ab 1939, als er bei Benny Goodman einstieg, bis zu seinem frühen Tod 1942 der Jazz-Gitarrist Charlie Christian geworden. Für den Blues waren T-Bone Walker, Eddie Durham. Jimmy Shirley, Tiny Grimes mit Blue Harlem und Floyd Smith wichtig, man höre nur einmal des Letzteren »Guitar Blues« von 1939 mit raffinierten Steel-Guitar-Effekten, den er mit Andy Kirk And His Clouds Of Joy einspielte. Es sollte für sehr lange Zeit zum letzten Mal sein, dass Jazz und authentischer Blues sich so nahe kamen, wie in den Pionier-Jahren der E-Gitarre. Der Blues im Jazz wurde fortan meist als instrumentale Form gesehen, die mit Scat-Gesang, hektisch-virtuosen oder schmalzig-ausgezogenen Soli gefüllt wurde, von der einen grandiosen Ausnahme Billie Holiday einmal abgesehen. Der Big-Band-Blues verkam immer mehr zum Kaffeekränzchen- und Serenaden-Schleicher, nur Ellington und die Kansas-City-Bands hatten ein wenig Restsubstanz behalten und beschäftigten echte Shouter wie Jimmy Rushing, Big Joe Turner oder Jimmy Witherspoon. Deren beste Aufnahmen aber entstanden in der Folge in kleineren, Rhythm-&-Blues-orientierten Ensembles.

Pionier dieser Entwicklung war Louis Jordan, der bereits 1944 mit seinem patriotischen »G. I. Jive« die Spitze der Hitparade erklomm. Im gleichen Jahr wurden in Mississippi erstmals mechanische Baumwoll-Pflückmaschinen eingesetzt, die den Anteil menschlicher Arbeit drastisch verringerten. Um

Kapitel 6: Vorkriegs-Blues

1965 wurden laut Francis Davis nur noch etwa fünf Prozent der Baumwollernte mit der Hand gepflückt.

1945 war der Zweite Weltkrieg zu Ende, Charlie Parker rettete den Jazz mit »Ko Ko« und »Now Is The Time«, und die Blues-Musiker, die als Soldaten gedient hatten, kehrten als welterfahrene Männer in ihre Heimat zurück.

Kapitel 7: Feldforscher, Field Recordings, Produzenten

1941 trat Amerika in den Krieg ein. Im gleichen Jahr kam es zu einer historischen Aufnahme. Alan Lomax, der Sohn und Helfer des Pioniers der folkloristischen Feldforschung John A. Lomax, nahm den jungen Blues-Sänger McKinley Morganfield auf, der allgemein Muddy Waters genannt wurde. Muddy war nervös, denn er hatte seine eigene Gitarre verliehen, kam aber mit der Martin von Alan Lomax schnell klar. Er spielte erst seit drei Jahren und hatte sich die Anfangsgründe von einem Freund zeigen lassen. Den Rest hatte er sich durch Abhören von Platten angeeignet und seit einiger Zeit auch eigene Blues erfunden.

»An' it's gettin late over in the evenin'
chile I feel like like blowin' my horn
well I woke up this morning find my little baby gone
late up in the evenin', man man I feel like blowin my horn
well I woke up this morning baby find my little baby gone.«

(*Es wird spät am Abend,
Kind, mir ist danach mein Horn zu blasen,
Ich wachte auf heute Morgen und mein Baby war fort-
 gegangen.
Es ist spät am Abend, Mann, Mann, mir ist danach, mein
 Horn zu blasen
Ich wachte auf heute Morgen und mein kleines Baby war
 fortgegangen.*)

Dass der als scheu beschriebene junge Mann mit dem »Gesicht wie ein freundlicher Eskimo« in ein paar Jahren einer der ganz Großen im kommerziellen Blues werden würde, ahnte Lomax damals sicher nicht. Dass es dann so kam, freute ihn aber aufrichtig. Ein größerer Irrtum war es gewesen zu glau-

Kapitel 7: Feldforscher, Field Recordings, Produzenten

ben, ein Interpret vom Kaliber eines Son House sei ein simpler Folk-Blues-Spieler gewesen, den man auf einem Field-Trip finden konnte. Wie dem auch sei, das nächste Stück, das Muddy einspielte, sollte unter dem Titel »I Can't Be Satisfied« einer seiner Hits werden, hier lief es unter dem gesucht primitiven »I Be's Troubled«.

»Well if I feel tomorrow
Like I feel today
Imma pack my suitcase
An make my getaway

Chorus:
Lord I'm troubled
I'm all worried in mind
An I'll never be satisfied
An I just can't keep from cryin.«

(*Wenn's mir morgen so geht,
wie es mir heut geht,
Dann pack ich meinen Koffer
Und hau ab.*

*Chorus:
Lord, ich hab Schiss,
In meinem Kopf geht es wüst durcheinander,
Und ich werde nie zufrieden sein,
Und ich kann die Tränen nicht zurückhalten.*)

Leadbelly und Muddy Waters waren die beiden prominentesten Entdeckungen der Lomaxe – später sollte noch Mississippi Fred McDowell dazukommen (ein Musiker, der in den frühen Jahren keine kommerziellen Aufnahmen gemacht hatte, weil er nicht wollte). Eine eindrucksvolle Bilanz, vor allem, wenn man sich klarmacht, dass die Dokumentation des Blues eigentlich gar nicht den Schwerpunkt der Feldforscher bildete. Nicht, dass man das nicht bedauert hätte. So schrieb John A. Lomax am Schluss seiner ›Adventures Of A Ballad Hunter‹

Kapitel 7: Feldforscher, Field Recordings, Produzenten

(1947) mit aufrichtigem Bedauern: »Hätte es der Platz erlaubt, hätte ich gerne noch ein Kapitel über Negro-Blues angefügt, die altmodischen Blues, in denen der Sänger die erste Zeile dreimal wiederholt, indem er zu seiner Gitarre singt und dann mit einer vierten, gewissermaßen Tour-de-Force-Zeile endet. Eines Tages, das weiß ich, werden wir seine Kraft, Wahrheiten über sein Volk, seine prägnante sprachliche Ökonomie, zuletzt seine herausragende Fähigkeit, seine tiefsten Gefühle in kurze, ausdrucksvolle Worte zu fassen, als Beitrag zur Literatur anerkennen. Aus einer Welt von vorhandenem Blues-Material habe ich im Süden eine große Menge gesammelt und ich habe die Musik vieler Negro-Blues-Songs aufgenommen. Niemand hat eine gründliche Studie dieser Songs gemacht, die Alan aufgrund der Folk-Definition so bezeichnet: ›a good man feelin' bad‹ oder ›trouble on a po' gal's mind‹ oder ›the achin' heart disease‹.«

Feldaufnahmen hatte es schon kurz nach der Jahrhundertwende gegeben. Aber die damaligen akademischen Folklore-Forscher waren dem Phantom einer eigenständigen anglo-amerikanischen Ballade nachgejagt, die, gemessen am Herder'schen Volkslied-Begriff, möglichst noch literarischen Wert haben sollte. Gene Bluestein beschrieb in seinem wenig bekannten Buch ›The Voice Of The Folk‹ (1972) die vielfältige Pionier-Rolle von John A. und Alan Lomax, der schon 1913 der American Folklore Society einen Aufsatz mit dem Titel »Some Types Of American Folksongs« vorgetragen hatte.

»Lomax stellte dann die Frage: Haben wir überhaupt amerikanische Balladen?, und fuhr fort: Lassen Sie uns aufrichtig bekennen, gemessen an den Kriterien der besten Kritiker haben wir gar keine. Es gibt aber eine beachtliche Menge von Folksongs, die wir hartnäckig als Balladen bezeichnen und die ähnliche Quellen und ähnliche Wirkung haben. Die sieben Typen dieser so genannten Balladen beschrieb er als (1) Bergarbeiter-Balladen; (2) Holzfäller-Balladen; (3) Balladen der inländischen Seeleute (vor allem auf den großen Seen); (4) Soldaten-Balladen; (5) Eisenbahn-Balladen; (6) Neger-Balla-

Kapitel 7: Feldforscher, Field Recordings, Produzenten

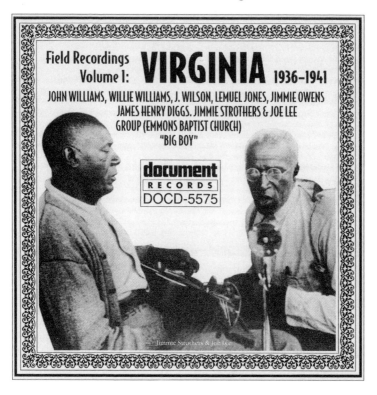

den; (7) Cowboy-Balladen. Als zusätzliche Kategorie führte er an ›die Songs der verelendeten Klassen – das verstoßene Mädchen, der Drogensüchtige, der Sträfling und der Tramp‹. Sein Interesse an diesen Songs, erklärte Lomax, sei getragen von ihrer Bedeutung als ›menschliche Dokumente, die die Denkweise, den Charakter des Lebens, den Standpunkt des kräftigen, vollblütigen, ruhelosen Amerikaners enthüllen‹.«

Vor 1933 hatten sich die Folkloristen für die Musik der einfachen Leute jeglicher Herkunft und Rasse, die das eigentliche demokratische Substrat und Ferment amerikanischer Kultur darstellten, kaum interessiert. Lediglich die Negro-Spirituals hatten in geschönter und stilisierter Form Gnade vor den

Augen – es wurden meist nur die Texte, nicht die Musik transkribiert! – der akademischen Herren gefunden. Eine beachtliche Ausnahme stellte nur eine Publikation von Howard E. Odum dar, der zwischen 1905 und 1908 in Mississippi und Georgia geforscht und als Ergebnis 115 Songs publiziert hatte. Laut Evans' ›Big Road Blues‹ waren etwa die Hälfte davon Blues gewesen, ohne dass Odum sie als solche erkannt oder bezeichnet hätte, obwohl der Begriff »Blues« sogar in den Texten vorkam. Außerhalb des akademischen Milieus waren sich Dichter wie Ralph Waldo Emerson und Walt Whitman der Bedeutung der einheimischen Folklore längst bewusst geworden und hatten immer wieder auf ihren Wert hingewiesen. Im akademischen Bereich erkannten schließlich Constance Rourke und Prof. George Lyman Kittridge den grundsätzlichen Irrtum und versuchten, die Richtung der Forschung zu korrigieren. Kittridge ermunterte John A. Lomax, der aus Texas stammte, der Musik der Cowboys nachzuforschen und sie zu sammeln. Das führte 1910 zu der bahnbrechenden Veröffentlichung von ›Cowboy Songs And Other Frontier Ballads‹ und machte den Weg frei für alle anderen Unternehmungen der Lomaxe auch in Sachen schwarzer Musik.

Unterstützt wurden sie dabei seit 1933 von der altehrwürdigen Library Of Congress. 1928 hatten vier reiche Bürger eine Stiftung mit dem Auftrag eingerichtet, eine Abteilung für populäre amerikanische Musik aufzubauen, also in etwa für das, was wir heute »Americana« nennen. John A. Lomax wurde ihr erster Leiter. Zwischen 1933 und 1942 fuhren John Work, sein Sohn Alan und er selbst mit einem mobilen Studio in den Süden. Ihr Ziel waren Plantagen, Gefängnisse, Straflager, Schulen, Märkte – jeder Ort, von dem sie glaubten, möglichst unverfälschte Folklore aufnehmen zu können. In dieser Zeit nahmen sie laut Herzhaft über viertausend Titel von etwa 850 schwarzen Interpretinnen und Interpreten auf. Die beschwerlichen Expeditionen – das mobile, das heißt in ein Automobil eingebaute Aufnahmegerät wog allein fast zweihundert Kilogramm – hatten sich somit entschieden gelohnt.

Kapitel 7: Feldforscher, Field Recordings, Produzenten

In Auswahlen wie dem Basis-Sampler ›A Treasury Of Library Of Congress Field Recordings‹ und Serien wie ›Sounds Of The South‹, ›Southern Journey‹ oder ›Deep River Of Songs‹ wurden die Höhepunkte im Lauf der Jahre veröffentlicht, zuerst auf Platten, später auch auf CD. Umfangreich ist auch die Edition ›Field Recordings‹ von Document Records auf zehn Alben. Erwähnenswert sind zudem noch die Aufnahmen von Blind Willie McTell, die John A. Lomax 1940 machte, sowie Alans Dokumentation der Boogie-Woogie-Pianisten Pete Johnson, Meade Lux Lewis und Albert Ammons und sein bahnbrechendes Interview mit Jelly Roll Morton, in dem dieser im Jahr 1938 seine und die Geschichte des Blues aus seiner Sicht erzählte.

1934 legten die Lomaxe mit ›American Ballads And Folk Songs‹ die erste Sammlung in Buchform vor, die vom Begriff der Ballade klar abrückte, obwohl er im Titel noch vorkam und zahlreiche Beispiele schwarzer Folklore enthielt. Sie setzte Maßstäbe für fast alle folgenden Unternehmungen dieser Art und enthielt mutigerweise auch ein Kapitel über »Whiskey And Cocaine«. ›Our Singing Country‹ (1941) und ›Folk Song U.S.A.‹ (1947) rundeten die Veröffentlichungen der Lomaxe ab und untermauerten die These von einer eigenständigen amerikanischen Folksong-Tradition, an der die Schwarzen einen wesentlichen Anteil gehabt hatten, nicht zuletzt aufgrund der Blues, die die wesentliche kulturelle Eigenleistung der Afroamerikaner darstellten.

Was die Kenntnis vom Blues im Allgemeinen betrifft, wurde sie durch die Ergebnisse der Feldforschungen vielfach bestätigt und ergänzt, in Einzelfällen auch erweitert. Völlig neue Aspekte, wie es etwa ganz andere Spielweisen oder Formen des Blues gewesen wären, tauchten kaum auf. Selbst in die abgelegensten Gegenden drangen allmählich die modernen Massenmedien vor und der Diddley Bow, das nordamerikanische Äquivalent eines in fast allen primitiven Kulturen vorhandenen Einsaiten-Instruments, beflügelte wahrscheinlich stärker die Fantasie afrikaorientierter Ethnologen als die eines

Lonnie Pitchford, der selbst eine reichhaltige Gitarrensammlung vorzuweisen hatte. Was die Feldforscher vorfanden, war also so unerwartet nicht, auf wen sie manchmal stießen, schon eher. Vera Hall (1906 bis 1964) stammte aus Alabama und sang Gospel und Spirituals, bevorzugt allein und a capella, Kinderlieder und manchmal auch Blues. Zwischen 1937 und 1940 machten die Lomaxe zahlreiche Aufnahmen von ihr. Hall arbeitete danach als Haushälterin, bis sie von Harald Courlander erneut »entdeckt« wurde. 1959 schaute dann wieder Alan Lomax vorbei und integrierte sie in seine ›Southern Folk Heritage Series‹ für Atlantic Records. Dort brillierte sie mit ihrem Fieldholler »Wild Ox Moan«. Ihr Cousin war Dock Reed, mit dem sie häufig im Duett sang.

Mississippi Fred McDowell (1904 bis 1972) war wie Muddy Waters ein Volltreffer. Er war nie Berufsmusiker gewesen, spielte aber einen wunderbar authentischen Delta-Slide-Stil, mit dem er in jungen Jahren als gern gesehener Gast auf privaten Partys brilliert hatte. Als Alan Lomax ihn 1959 im ländlichen Como entdeckte, war dies der Anfang einer kleinen, aber feinen Weltkarriere im Rahmen des folgenden Blues-Revivals.

In seiner Art eine Sensation war auch Sid Hemphill gewesen. Seine Enkelin Jessie Mae, die damals noch die große Trommel schleppte und manchmal spielen durfte, sollte in späteren Jahren seine Nachfolge antreten und eine bedeutende Gitarristin und Sängerin werden.

So eindrucksvoll diese Bilanz der Lomaxe klingen mag, sie kann die Tatsache nicht verdecken, dass ihre Bemühungen viel zu spät kamen und dass auch damals schon unendlich viel verloren war. Von der Generation, die den Blues erfunden haben musste und darüber schlüssig hätte Auskunft geben können, war Mitte der dreißiger Jahre kaum noch jemand übrig, und in den späten fünfziger Jahren, als man sich nachdrücklicher für die Wurzeln der Blues zu interessieren begann, war es fast schon zu spät. Immerhin, die Lomaxe hatten noch wesentliche Vertreter der zweiten und dritten Generation des Folk-Blues, wie man ihn nun häufig nannte, kennen gelernt und vor allem

Kapitel 7: Feldforscher, Field Recordings, Produzenten

in ihrer gewohnten Umgebung erlebt. Auf die Idee, die Lebensgewohnheiten der Schwarzen mit zu dokumentieren, scheint man aber nur in Ausnahmefällen gekommen zu sein – etwa, wenn man sie aufreizend erotisch den »slow drag« tanzen sah: »Die Paare klebten aneinander, Bauch an Bauch, Lende an Lende und simulierten den Sexualakt, so gut es ihre vertikale Position, ihre Kleidung und die Leute um sie herum eben zuließen. Langsam, mit gebeugten Knien und mit der ganzen Schuhsohle flach auf dem Boden schoben sie ihre Füße über die Tanzfläche und betonten dabei den Off-Beat, dass das ganze Haus vibrierte wie eine Trommel. Das war das Geräusch gewesen, das wir schon aus einer Meile Entfernung in der mondbeschienenen Nacht gehört hatten.«

1902, als Lomax senior zum ersten Mal dergleichen durch das Astloch einer Bretterbude hatte heimlich beobachten dürfen, genierte er sich sogar, seiner Ehefrau davon zu erzählen. Für so obszön wurde Blues oder Slow Drag tanzen gehalten. Fotografiert und gefilmt wurde seltsamerweise auch sehr wenig. Welche Umstände das letztlich verhindert haben, ist nicht ganz klar, vielleicht technische – oder die Beteiligten wollten es selbst nicht. So arbeiten die Forscher bis heute mit dürren Statistiken und fragmentarischen Erinnerungen alter Leute und konstruieren daraus jenen Alltag, den sie am liebsten hätten. Anfang der dreißiger Jahre machte ein gewisser Charles S. Johnson eine soziologische Studie von 612 schwarzen Familien in acht abgelegenen ländlichen Gemeinden in Macon County, Alabama: »Es gibt keine Radios dort, aber 76 Familien hatten Victrolas ... In allen 612 Familien gab es nur ein einziges Banjo ... Es gab 21 Orgeln und drei Pianos, die meisten davon defekt.«

Doch wie schon Paul Oliver zu Recht bedauerte, welche Platten zu den Victrolas gehörten, interessierte den Herrn Soziologen ebenso wenig wie die Anzahl der Gitarren, die vermutlich nicht gering war, denn die großen Versandhäuser boten sie teilweise schon unter fünf Dollar an. Eine Martin oder Gibson freilich kostete auch damals schon leicht hundert

Dollar oder mehr, die Luxusausführung der Style-1-Tricone-Nationals kostete 125 Dollar, die einfache National Steel war schon für knapp 35 Dollar zu haben. Martin-Gitarren galten als nicht besonders deltabluestauglich, dort bevorzugte man die preisgünstigen Stellas, die es ab zehn Dollar aufwärts gab, also etwa zum Preis des billigsten tragbaren Plattenspielers.

Ein Jahrzehnt später notierte Alan Lomax die Platten, die der junge Muddy Waters besaß. Vier Seiten von Arthur Crudup: »Black Pony Blues«, »Kind Lover Blues«, »Death Valley Blues«, »If I Get Lucky«, »Sweet Lover Blues« von Peetie Wheatstraw, »Crawling Kingsnake« von Tony Hollins, dazu eine Bluebird-Platte von Sonny Boy Williamson, eine Decca-Scheibe von Jay McShann und eine Predigt-Platte. »Sein liebster Radiostar ist Fats Waller. Sein bevorzugter Plattenkünstler ist der Blues-Mann Walter Davis auf dem Bluebird-Label. Er mag schwarze Musik lieber als weiße, weil sie harmonischer ist, vor allem die Blues. Sein Repertoire umfasst: Popsongs: ›Dinah‹, ›I Ain't Got Nobody‹, ›The House‹, ›St. Louis Blues‹. Country-and-Western-Stücke: ›Home On The Range‹, ›Deep In The Heart Of Texas‹, ›Boots And Saddles‹, ›Missouri Waltz‹, ›Be Honest With Me‹. Country-Blues: ›County Jail Blues‹, ›Thirteen Highway‹ und ›Angel Blues‹ von Walter Davis, ›Down South‹, ›Sugar Mama‹ und ›Bluebird Blues‹ von Sonny Boy Williamson und seine eigenen Blues ›Rosalie‹, ›Ramblin Kid‹, ›Number One Highway‹, ›Canary Bird Blues‹, ›Country-Blues‹ und ›I Be's Troubled‹.«

Als beliebte Tanznummern in der Gegend führte er an: »Corinna«, »Down By The Riverside«, »Chattanooga Choo Choo«, »Blues In The Night«, »Darktown Strutters Ball«, »Red Sails In The Sunset« und »Bye Bye Blues« – alles Titel, die bewiesen, dass auch im abgelegenen Coahoma County die moderne Zeit voll angekommen war, vor allem im Radio.

Die Library Of Congress erhielt in den vierziger Jahren private Konkurrenz durch das Folkways-Label von Moses Asch. Hier wurde vor allem die Folk- und Protest-Song-Bewegung um Woody Guthrie und Pete Seeger dokumentiert, in deren

Kapitel 7: Feldforscher, Field Recordings, Produzenten

Gefolge dann auch manche Blues-Leute wie Leadbelly, Brownie McGhee und Sonny Terry. Die Label-Politik von Folkways, das inzwischen vom renommierten Smithsonian Institute angekauft wurde, war und ist es, alle der etwa zweitausend Veröffentlichungen permanent lieferbar zu halten.

In den sechziger Jahren übernahmen dann Labels wie Arhoolie und Testament ähnliche Funktionen. Arhoolie war die Gründung von Chris Strachwitz, einem deutschstämmigen Einwanderer. Er begann als reiner Enthusiast und baute eines der wichtigsten, klar profilierten Blues-Labels überhaupt auf. Als fachkundigen Helfer hatte er dabei vor allem den in Harvard promovierten Engländer Dr. Harry Oster, der in seinem voluminösen Buch ›Living Country Blues‹ (1969) die Tradition der Lomaxe und ihrer Kollegen wie Newman Ivy White (›American Negro Folk Songs‹, 1928) oder Howard W. Odum und Guy B. Johnson (›The Negro And His Songs‹, 1925) fortführte. Zwischen 1955 und 1961 war er in Louisiana tätig gewesen und hatte Musiker wie Robert Brown, Sally Dotson, Clarence Edwards, Matthew Hogman Maxey, Robert Welch, Smoky Babe, Herman E. Johnson, vor allem aber Robert Pete Williams entdeckt und dokumentiert.

Entdecken und dokumentieren war auch die Aufgabe der zahlreichen Talent-Scouts und Produzenten gewesen, die im Auftrag der Plattenindustrie seit den zwanziger Jahren den Süden bereisten oder von dort aus agierten. Ihre Geschichte ist noch ungeschrieben. Nur einige legendäre Namen ziehen sich durch die Blues-Literatur, wie die Gestalt des weißen Musikladen-Besitzers Speir aus Jackson, Mississippi, der vor allem durch seinen Anteil an der Entdeckung Robert Johnsons berühmt wurde, aber vorher schon viele andere Talente an die Industrie vermittelt hatte. Gayle Dean Wardlow porträtierte diese wichtige Figur der Delta-Blues-Szene zwischen 1925 und 1935 in seinem Buch ›Chasin' That Devil Music‹ (1998) im Gespräch mit Pat Howse und Jimmy Phillips. Er hatte Speir 1964 in Jackson aufgespürt, wo dieser als Immobilienmakler tätig war. Damals, in den goldenen Zeiten des Delta-

Blues hatte er die großen Firmen Okeh, Victor, Columbia, Brunswick und die kleinen wie Paramount, Gennett oder Vocalion beliefert.

Unter seinen Schützlingen waren Ishmon Bracey, Washboard Walter, Bo Carter, William Harris, Blind Joe Reynolds, Blind Roosevelt Graves, Elvie Thomas, Isaiah Nettles, Robert Wilkins, Charlie Patton, Skip James und Tommy Johnson gewesen, um nur einige zu nennen. Als Wardlow ihn traf, war er knapp siebzig Jahre alt und religiös geworden. An viel mochte er sich nicht mehr erinnern, behauptete aber: »Ich war nie unehrlich zu jemandem – ich hab sie nicht übers Ohr gehauen. Aber diese Zeit ist vorbei.« Speir besaß ab etwa 1926 eine eigene Aufnahme-Maschine, die er in seinem Geschäft aufstellte, in dem fast alle wichtigen Blues-Musiker Musikinstrumente oder Platten kauften oder selbst für fünf Dollar pro Seite Aufnahmen von ihren Songs machten, die sie als Demos verwendeten oder verschenkten.

Die soziale, ökonomische und kulturpolitische Funktion der Mittelsmänner des Blues ist nirgendwo zusammenhängend dargestellt. Sie agierten als Vermittler zwischen den disparaten Milieus und waren sich selbst ihrer Pionier-Rolle oft gar nicht bewusst. Das Hauptmotiv der meisten scheint die Faszination einer Musik und einer Kultur gewesen zu sein, zu der sie sonst kaum einen legitimen Zugang gefunden hätten. Als Alternative wäre höchstens der Beruf des Gangsters in Frage gekommen – eine Beziehung, die auch noch nicht wirklich erforscht ist, für die es aber immer wieder Belege gibt. So berichtet John Chilton in ›Let The Good Times Roll‹, seiner Louis-Jordan-Biografie (1992), einige Male vom Interesse Al Capones und seiner Freunde an der Musik schwarzer Musiker, zum Beispiel an der Sängerin Callie Dill:

»Eines Abends bat eine Gruppe von Leuten den Manager, mich zu fragen, ob ich an ihrem Tisch ›My Blue Heaven‹ singen würde. Also, in diesen Tagen war das unter schwarzen Sängern nicht üblich, sie arbeiteten strikt auf der Bühne. Der Manager sagte aber, es sei in Ordnung. Ich hatte so etwas noch nie gemacht und muss wohl etwas misstrauisch geschaut haben ... Also ging ich etwas steif übers Parkett und zu dem schwach beleuchteten Tisch. Fünf Männer saßen um ihn herum. Ich sang den Song, sie lächelten und klatschten und ich ging auf die Bühne zurück. In der nächsten Pause brachte mir der Manager fünfzig Dollar Trinkgeld – von Al Capone, einem der Männer, die ich da angesungen hatte.«

In Chicago war Lester Melrose der bekannteste Produzent und wenn nicht der König dort – der war zeitweise doch eher Al Capone –, zumindest der Herzog des Bluebird-Labels. Melroses vielleicht größte Tat war die späte Entdeckung von Tommy McClennan (1908 bis 1962), mit dem er zwischen 1939 und 1942 41 Platten machte, darunter der Standard »Bottle Up And Go«. Melrose produzierte in der Folge auch Tommys Freund Robert Petway, der als erster den »Catfish Blues« aufnahm. Die beiden waren mit die letzten, die vor dem Zweiten Weltkrieg Platten im Original-Delta-Stil einspielten. Der berühmteste schwarze Talent-Scout vor dem Krieg dürfte J. Mayo Williams gewesen sein und der Erste, der für die weißen Labels wie Paramount in Chicago arbeitete. Nicht alle Musiker kamen mit der autokratischen Praxis des gewieften Geschäftsmanns zurecht, Alberta Hunter etwa mochte ihn überhaupt nicht und warf ihm, wie viele andere auch, finanzielle Unseriosität und Ausbeutung seiner Musiker vor. Melrose war das egal. Er gab es sogar offen zu: »Ich war zu mehr als fünfzig Prozent anständig, das ist in diesem Geschäft ziemlich gut.«

Der 1894 geborene Williams war auf der Universität gewesen und hatte als Profi-Football-Spieler gearbeitet, bevor er zu Paramount ging. Er war zuvor für Decca und Vocalion tätig gewesen und hatte 1927 sein eigenes Label, Black Patti, gegründet. Er pendelte in Sachen Musik häufig zwischen New York und Chicago. Manche, wie Sammy Price, hielten ihn für ein Genie, das die Auffassung vom Blues modernisiert habe. Sicher ist, dass er an der Entwicklung des Rhythm & Blues schon durch seine Zusammenarbeit mit Louis Jordan wesentlich beteiligt war.

Kapitel 8: Nachkriegs-Blues

»Die Schwarzen hatten vom Ende des Bürgerkriegs bis zur Präsidentenwahl 1932 immer loyal zur Partei der Republikaner gestanden, bis sie sich endlich von der Partei Lincolns, der Emanzipations-Proklamation und des Wiederaufbaus lösen mussten. Franklin Delano Roosevelts New Deal beendete diese Romanze, die angesichts der ›Jim-Crow‹-Situation und der unaufhörlichen physischen und psychischen Gewaltakte gegen Schwarze der Prüfung nicht standgehalten hatte. Die Schwarzen als die Ärmsten der gebeutelten Nation hatten das meiste zu gewinnen durch die Einführung des sozialen Sicherheitssystems ... Das Programm des New Deal gab auch manchem schwarzen Künstler eine Chance zur Weiterbildung. Zwei der prominenten Autoren der Nachkriegszeit, Richard Wright und Ralph Ellison, verdienten sich ihren Lebensunterhalt mit der Arbeit für den Federal Writers Workshop.«

So begann Nelson George in seinem unverzichtbaren Buch ›Tod des Rhythm & Blues‹ (deutsch 1990) sein Kapitel »Dunkle Stimmen in der Nacht«, das in den Zeitraum zwischen 1930 und 1950 einführen sollte. Es war die Zeit, in der sich die schwarze Bürgerrechtsbewegung konstituierte, ihre ersten Prozesse gewann – wie den, der Donald Murray 1935 das Jurastudium an der University of Maryland ermöglichte – und so die Grundlagen für den Durchbruch in den fünfziger Jahren legte. In der Musik bewegte sich ebenfalls einiges, allerdings innerhalb der Grenzen einer Apartheid-Gesellschaft.

Für George waren die Protagonisten des Neuen der Bandleader Louis Jordan, der mit seiner Musik in beiden Welten erfolgreich war und so die Diskriminierung zu überwinden half, sowie ein ehemaliger Musiker und Plattenvertreter namens Dave Clark, der es schaffte, dass schwarze Musik im weißen Radio gespielt wurde, und der in der Folge zum ersten Promoter des sich entwickelnden schwarzen Radios wurde. Das

Kapitel 8: Nachkriegs-Blues

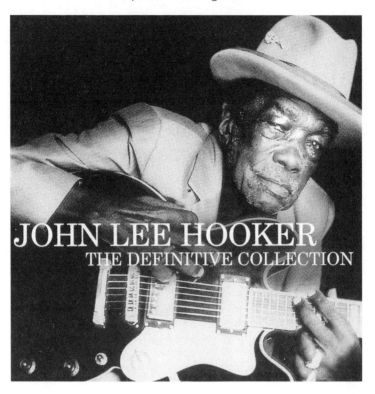

Radio sollte von nun an vor allem für den schwarzen Rhythm & Blues eine entscheidende Rolle spielen. Nelson George beschrieb die Ursachen des Wandels nach dem Krieg: »Nach dem Angriff der Japaner auf Pearl Harbor 1941 stoppte die Regierung die Herstellung von Plattenspielern, Radios und anderen Konsumgütern mit elektrischen Bauteilen ... Indessen erhöhte die Kriegsmisere den Wunsch der Amerikaner nach Unterhaltung, und die Musikindustrie erlebte, genau wie das Filmgeschäft, einen Riesenaufschwung.

1941 erreichte der Plattenumsatz fünfzig Millionen Dollar, obwohl die Qualität der Pressungen nachließ, da man alte Platten aufarbeitete ... Die Bigband-Ära und die Herrschaft des Swing waren vorüber ... Der Geschmack hatte sich geändert.«

Die Sänger der Bigbands wurden nun teilweise prominenter als die Bandleader, die ihre fad und faul gewordenen Orchester nach 1945 teilweise auflösen mussten. Der Prototyp des neuen schwarzen Vorstands einer kleinen intelligenten Unterhaltungseinheit war Louis Jordan. Genre-Grenzen existierten für ihn und seine Tympany-Five, die eigentlich Timpani-Five hätten heißen müssen, nicht. Er erfand den Jump-Blues, ein Synonym für Rhythm & Blues, spielte aber auch Jazz, Blues und war jedenfalls einer der Väter des Rock'n'Roll.

Dieser war übrigens ursprünglich entgegen der beliebten Legende von der Mixtur aus Hillbilly und Rhythm & Blues durch die Bank schwarz: von Chuck Berry bis Little Richard, von Bo Diddley bis Fats Domino. Das erklärte wohl auch Jordans ziemlich frostige Reaktion – »I jumped up blues« – auf einen Musik-Usurpator wie Schmalzlocke Bill Haley, der sich ebenso an schwarze Hits wie »Rocket 88« oder »Shake, Rattle And Roll« hängte, wie sein Kollege Elvis Presley, der allerdings in seiner Jugend noch eher der Definition des weißen Negers entsprach und wirklich auf die Musik stand, die er nicht ohne Talent sang.

Der 1908 geborene Louis Jordan und seine Musiker waren damals zwar musikalisch voll auf der Höhe, aber einfach zu alt für den weißen Teenager-Markt. Selbst Haley, Anfang dreißig, machte schon eine ziemlich komische Figur, gemessen etwa an der Urgewalt eines jugendlichen Richard Penniman. Und irgendwann waren die Bühnenspäße, für die Jordan berühmt war, abgenudelt und durch; andere wie Spike Jones, Stan Freeberg und die Coasters traten die Nachfolge an. Jordan konnte das entspannt sehen. Seine unglaublichen Hits wie »Choo-Choo-Ch-Boogie«, »Saturday Night Fish Fry«, »Ain't Nobody Here But Us Chickens« oder »Let The Good Times Roll«, um nur ein paar zu nennen, ermöglichten ihm einen sorglosen Lebensabend in Kalifornien, wo er noch bis fast zu seinem Tod 1974 aktiv war. Er war einer der ersten Protagonisten des modernen Pop-Blues als Form schwarzer Unterhaltungsmusik, neben Nat King Cole, Ray Charles oder Dinah Washington.

»Die Masse der Schwarzen respektierte den Jazz nach dem Erscheinen des Bebop, aber in ihrer Freizeit, wenn sie sich entspannen wollten, dann griffen sie zu Louis Jordan und einer Mischung von Blues, Jump Blues, Balladen, Gospel und einem Haufen Instrumenten mit dem Saxofon an der Spitze ... Zwischen 1945 und 1947 gab es einen nicht zu übersehenden Wandel. Die Orchester verschwanden und wurden zunächst von den ländlich-rauen unverbildeten Stimmen eines Arthur Big Boy Crudup und Roosevelt Sykes (The Honeydripper) abgelöst, dann von den Blues-Leuten, die ihre Gefolgschaft unter den neu angekommenen Schwarzen in der Großstadt hatten, und schließlich von den sanften, vom Blues gefärbten Croonern wie Private Cecil Gant, Charles Brown und Ivory Joe Hunter. Bis zu einem gewissen Grad war diese letztgenannte Gruppe von männlichen Sängern das schwarze Gegenstück zu den weißen ehemaligen Bigband-Vokalisten (Gant wurde als der ›Sepia-Sinatra‹ verkauft), obwohl sie sich ganz offensichtlich weit mehr am Blues orientierten als ihre weißen Gegenspieler.«

Was Nelson George bestenfalls andeutete, war, dass es auch unter den Schwarzen einen untergründig schwelenden Konflikt gab, der sich durchaus im Musikgeschmack ausdrückte. War der Blues seinerzeit im hippen Harlem schon nicht besonders gut angekommen, wurde er nun von einer sich allmählich herausbildenden schwarzen Mittelschicht im Norden als die Musik frisch zugezogener Landeier und des schwarzen Proletariats der Industriestädte Chicago und Detroit abgelehnt und nur in der zivilisierten, glatten Form eines von Charles Keil dann auch in seinem gleichnamigen Buch ideologisch abgedeckten »Urban Blues« akzeptiert. Das meinte nichts anderes, als der angeblichen oder tatsächlichen Primitivität von Musikern wie Muddy Waters, Howlin' Wolf oder Elmore James die künstlerischen Qualitäten eines Nat King Cole, Ray Charles,

B. B. King oder vor allem Bobby Blue Bland abzusprechen. Ein Phänomen der Distanzierung und Verwässerung bis hin zur Leichenkosmetik, das Nelson George, der zu Recht vom »Tod des Rhythm & Blues« sprach, später als »crossover« bezeichnete.

Es war und ist dies kein neuer Vorgang in der Geschichte der populären Musik. Es hat mit Generationswechseln, sozialen Veränderungen, neuen Märkten oder schlicht nur mit Moden zu tun. In diesem Fall hatten die großen Firmen wieder einmal die Entwicklung völlig verpennt, und als das Kind, das schon seit langem jumpte und jivte, was das Zeug hielt, 1949 endlich einen Namen erhielt – nämlich Rhythm & Blues –, waren es fast nur kleine unabhängige Labels wie Savoy, King, Specialty, Mercury, Atlantic, Aristocrat-Chess, Dot, Imperial, Sun und Vee-Jay – um nur die Bekanntesten zu nennen –, die sich die führenden Sänger und Musiker gesichert hatten.

Geografisch ergab sich ebenfalls eine entscheidende Verlagerung von Chicago nach Los Angeles. Das hing mit dem Zustrom der schwarzen Kriegsheimkehrer zusammen, die nicht mehr in die alten Jim-Crow-Staaten zurückgingen, sondern sich im in jeder Hinsicht gemäßigteren Südkalifornien niederließen. Ihre alten Verbindungen hielten sie weiter aufrecht, weswegen sich die Musik eindeutig nach New Orleans, Memphis oder Louisiana anhörte. Allerdings gehörten die neuen Firmen kaum den Schwarzen selbst, sondern häufig jüdischen Geschäftsleuten, die hier ihre unternehmerischen Fähigkeiten einbrachten. Auch für sie war es im Unterhaltungs-Sektor leichter, Erfolge zu verbuchen als in anderen Branchen. Weiße investierten nun auch in Radio-Stationen, die Programm nur für schwarze Hörer machten. Die Stars waren die DJs, die nicht immer schwarz waren. Das wurde als frühe Form der Integration sogar sehr begrüßt.

»Die Integration hatte noch manche unerwarteten Nebenwirkungen. Eine davon war das Entstehen einer Gruppe von Weißen, die, wie so viele im Zeitalter des Jazz, von der schwarzen Musik und dem schwarzen Lebensstil fasziniert waren. Anders als die Zeitgenossen von Fitzgerald versenkten sich diese neuen Negrophilen in die schwarze Kultur in einem Ausmaß, dass sie zu Schwarzen ›ehrenhalber‹ wurden und in einigen Fällen der gleichen Diskriminierung unterlagen wie ihre dunklen Vorbilder.«

Nelson George führt als prominentes Beispiel Johnny Otis an, einen Bandleader griechischer Abstammung, der in Los Angeles wohnte. Ein anderes Beispiel waren die Songschreiber Leiber und Stoller, zwei jüdische Jugendliche, die einen negroiden, selbstironischen Witz pflegten, der beim zunächst ausschließlich schwarzen Publikum sehr gut ankam, sich dann aber, vermittelt durch die unsterblichen Coasters, auch als mainstreamkompatibel erwies, von Charlie Brown bis Yakety Yak.

Insgesamt ging es der schwarzen Bevölkerung besser als je zuvor. Allerdings brachten die Veränderungen, die sich aus der Migration vom Land in die Vorstädte und Ghettos ergaben, neue Probleme: Fürsorge-Abhängigkeit, Polizei-Brutalitäten und noch mehr Drogen. Auch wenn 1951 erstmals offiziell kein Lynchmord an Schwarzen protokolliert wurde, war der »Invisible Man« des Ralph Ellison, der 1952 erschien, nur ein bisschen mehr, in Umrissen, sichtbar geworden:

»I am an invisible man. No, I am not a spook like those who haunted Edgar Allan Poe; nor am I one of your Hollywood-movie-ectoplasms. I am a man of substance, of flesh and bone, fiber and liquids – and I might even be said to posess a mind. I am invisible, understand, simply because people refuse to see me.«

(Ich bin ein unsichtbarer Mann. Nein, keine jener Spukgestalten, die Edgar Allen Poe heimsuchten, auch keins von euren Hollywood-Kino-Ektoplasmen. Ich bin ein echter Mann aus Fleisch und Knochen, Nerven und Körpersäften – man könnte sogar sagen, ich hätte Verstand. Ich bin unsichtbar, weil die Leute sich einfach weigern, mich zu sehen, kapiert?)

Kapitel 8: Nachkriegs-Blues

Es ist hier nicht der Ort, die gesamte Geschichte des Rhythm & Blues, seine Domestizierung bis zu seinem traurigen Ende in der Crossover-Sülze einer Whitney Houston und der heutigen Hitparaden zu beschreiben, Interessierte seien mit allem Nachdruck auf die Darstellung und die Entwicklungs-Schemata bei Nelson George und auf ausführliche Label-Anthologien verwiesen wie ›The Okeh Rhythm & Blues Story 1948–1957‹, ›The Fire & Fury Records Story‹, ›The Swingtime Records Story‹ oder ›The Jewel/Paula Records Story‹. Und was seine Entwicklung hin zum Rock'n'Roll betrifft, natürlich auf die weit verbreitete und materialreiche Untersuchung von Charlie Gillett: ›The Sound Of The City‹ (1970; deutsch 1978).

»In beinahe jeder Hinsicht unterschied sich der Sound des Rhythm & Blues von dem der populären Musik. Die Gesangsstile waren grob und ungeschliffen, die Songs deutlich und ehrlich, die dominierenden Instrumente wurden laut und mit betontem Tanzrhythmus gespielt, die Produktion der Platten war robust und grob. Erregung und Begeisterung waren ihre herausstechenden Merkmale.«

An anderer Stelle beschrieb Gillett die Attraktivität dieser Musik für junge Weiße nicht ganz verkehrt als »Tanz-Blues mit einem Rhythmus und einer Lebensfreude, die in der weißen Popmusik nicht zu finden war«. Das Entscheidende für diese Konsumenten war: Man musste keine unter Umständen gefährlichen Expeditionen in schwarze Viertel und Lokale unternehmen, sondern brauchte nur bestimmte Radio-Stationen einzustellen. Zudem war es vermutlich damals auch schon kultig und Anzeichen der Zugehörigkeit einer jugendkulturellen Avantgarde, »andere« Musik zu hören als die braven Mittelstands-Teenager rundherum.

Kein Zweifel, der altmodische ländliche Blues wäre längerfristig von dieser Entwicklung hinweggespült worden, hätte ihn nicht sein Retter Muddy Waters in Chicago elektrifiziert. Der weiße Gitarrist George Barnes hatte zwar schon 1938 bei Sessions elektrisch gespielt und auch Tampa Red hatte seine Gitarre ab 1940 verstärkt. Doch sie spielten keinen spezifisch elektrischen Stil, nur etwas lauter als vorher. Dasselbe galt für Memphis Minnie, Moody Jones oder Big Bill Broonzy, die ebenfalls um 1940 zu den E-Gitarren gegriffen hatten.

Tampa Reds Wohnung scheint eine Art Sozialstation für neu angekommene Musiker gewesen zu sein. Das berichtet Jas Obrecht in der Einleitung zu seinem opulenten Sammelband ›Rollin' And Tumblin'. The Postwar Blues Guitarists‹ (2000): »Tampa Reds geräumige Wohnung 3432 South Street war eine Anlaufstelle für Blues-Musiker. Es gab einen großen Übungsraum, Gästezimmer, es wurde daheim gekocht und es herrschte nie Mangel an Alkohol. Tampas Trinkkumpan Big Bill war häufig zu Gast, wie auch Blind John Davis, Memphis Slim und Big Maceo. Unter seinen Besuchern waren Willie Dixon, Jazz Gillum, Big Joe Williams, Sonny Boy Williamson I, Doc Clayton, Robert jr. Lockwood, Arthur Crudup, Washboard Sam, Romeo Nelson, Little Walter, Elmore James, Muddy Waters und dessen alter Freund Robert Lee McCollum, der 1948 anfing, als Robert Nighthawk Platten aufzunehmen.«

Vielleicht war es Nighthawk, der die Slide-Gitarre zuerst elektrifizierte und mit Virtuosität und viel Gefühl traktierte, aber erst durch Muddy Waters wurde der laute, delta-getränkte elektrische Combo-Blues zum Markenzeichen. Muddy Waters war 1943 mit seiner alten akustischen Silvertone-Gitarre nach Chicago gekommen, die sich aber als viel zu leise herausstellte. Auch ein Daumenpick konnte daran wenig ändern. Es gab nur eine Lösung. Muddy war bei Aristocrat/ Chess unter Vertrag, einer Firma, die sich massiv in den Sound ihrer Platten einmischte, frei nach dem Motto: »If shit's gold, we'll sell shit.« Man ließ Muddy zwar ab 1948 elektrisch spielen, wie beim kleineren Hit »I Can't Be Satisfied «/»I Feel Like Going Home«, aber nicht mit seiner eigenen Band. Das wurde ihm erst 1950 gestattet, als die aus Polen stammenden Brüder Phil und Leonard Chess ihr eigenes Label, Chess Records, gegründet hatten.

Das Ergebnis unterschied sich auffällig von den Rhythm-&-Blues-Nummern, die in den Jukeboxes liefen, war erdiger, einfacher und ziemlich heavy – authentischer Blues in modernisierter Form. Muddys durchschlagender Erfolg mit Nummern wie »Rolling Stone« oder »They Call Me Muddy Waters« begründete mehr als einen Trend. Es war eine neue Spielweise des Blues. Sie prägte die Aufnahmen aller namhaften Kollegen der nächsten Jahre und Jahrzehnte. Das betraf nicht nur das Chess-Label und sein Unterlabel Checker, das Musikern wie Jimmy Rogers, Otis Spann und Little Walter – alle aus Muddys Band – oder Howlin' Wolf, J. B. Lenoir, John Brim, Eddie Boyd, Lowell Fulson, Bo Diddley und dem in Detroit lebenden John Lee Hooker eine Plattform boten.

Willie Dixon, der Bassist, war die graue Eminenz bei Chess, eine lebende Songfabrik. Seine Autobiografie erschien 1989 unter dem nicht ganz bescheidenen Titel ›I Am The Blues‹. Dixon und andere seiner Kollegen, wie Scott Cameron, berichteten dort unter anderem auch über die Ausbeutung der Blues-Musiker durch Leonard Chess und andere Firmeninhaber und Musikverleger:

»Es gibt viel Arten der kreativen Buchführung, wie man einen Dollar mindert, weil ein großer Teil der Einnahmen aus dem Ausland kommt. Manche Musikverleger haben in verschiedenen Ländern eigene Firmen gegründet. Wenn du also einen Dollar in Frankreich machst, dann behält die französische Firma fünfzig Prozent davon ein und schickt das Geld weiter zu einer Schweizer Firma, die wiederum fünfzig Prozent einbehält, also ein weiteren Vierteldollar. Die schicken den anderen Vierteldollar zu einer weiteren Firma in England, die auch ihnen gehört, und die schickt dann 12,5 Prozent an die eigene Firma in Amerika, die dem Urheber des Songs dann 6,25 Prozent auszahlt, falls überhaupt.«

Kein Wunder, dass sich Willie Dixon, der nicht so dumm war, wie Chess glaubte, das Copyright für etwa fünfhundert Songs sicherte und so wenigstens nach dem Tod von Leonard einigermaßen anständig für seine lebenslange Arbeit bezahlt wurde. Eine Besserung der Verhältnisse war übrigens auch einer Intervention von Horst Lippmann Mitte der sechziger

Kapitel 8: Nachkriegs-Blues

Jahre zu verdanken, nachdem er den Chess-Eignern Plantagenbesitzer-Mentalität vorgeworfen hatte. Allerdings fühlten sich nicht alle von dem selbstherrlichen Führungsstil eines Leonard Chess abgestoßen, er soll sich an mündliche Zusagen meist auch gehalten haben und war einer jener typischen Nichts-geht-ohne-mich-Unternehmer-Figuren wie später auch Motowns Berry Gordy. Eine Anekdote berichtet, er habe lieber selbst die Kloschüssel repariert, als dafür einen Stundenlohn von sieben Dollar an einen Klempner zu verschwenden. Andererseits hatte er aber auch nicht die geringsten Skrupel, seine späteren Stars die Dreckarbeit machen zu lassen. So will Keith Richards bei seinem ersten Besuch im Chess-Studio Muddy Waters dabei angetroffen haben, wie er das Studio weißelte. Das war ein paar Jahre nachdem er seine großen Hits gehabt hatte und kurz bevor die Cover-Versionen der Stones ihn zum Blues-Mega-Star machten.

In den Anfängen hatte Muddy harte Konkurrenz im eigenen Haus etwa in dem idiosynkratischen und paranoiden Chester Burnett alias Howlin' Wolf. Howlin' Wolf war nach Aussagen von Zeitgenossen stockdumm, ziemlich primitiv – ein eher unangenehmer Zeitgenosse also, aber ein Genie, sobald er auf der Bühne stand und loslegte. Einen immensen Anteil an der elementaren Wucht seiner Songs hatten seine Mitmusiker, die später auch als Einzelinterpreten aus dem Schatten des Wolfs traten, insbesondere der Gitarrist Hubert Sumlin. Burnett (1910 bis 1976) kam ebenfalls aus dem Delta. Er war, wie die meisten Musiker dort, von Tommy Johnson und Charley Patton beeinflusst. Nach dem Zweiten Weltkrieg bekam er einen Job als Radio-DJ, hatte eine eigene Band in Memphis und spielte bald schon elektrisch.

Seine ersten Aufnahmen machte er bei Sam Phillips, dem umtriebigen Inhaber der Sun-Studios in Memphis, der ihn an verschiedene Labels, darunter Chess, vermittelte. Seinen unverwechselbaren Stil entwickelte er dann in Chicago ab 1955 mit Sumlin und Willie Dixon, als er exklusiv bei Chess unter Vertrag stand. Viele seiner Hits stammten von Dixon. Mit

Titeln wie »I Ain't Superstitious«, »Spoonful«, »The Red Rooster« oder »Going Down Slow« begeisterte Howlin' Wolf sowohl sein schwarzes Stamm-Publikum im Süden wie auch ab Mitte der sechziger Jahre junge weiße Musiker wie die Rolling Stones, die einige seiner Stücke coverten und mit ihm ›The London Howlin' Wolf Sessions‹ einspielten, ein typisches Dokument des britischen Blues-Revivals.

Mindestens so archaisch, aber weniger erfolgreich war der Slide-Gitarrist Elmore James (1918 bis 1963), der aus Richmond, Mississippi, stammte. Elmore James hatte in seiner Jugend, wie so viele andere auch, Robert Johnson getroffen und kurze Zeit mit ihm gespielt. Später hatte er Rice Miller, der mit Howlin' Wolf verwandt war und sich als »Sonny Boy Williamson« durchschwindelte, kennen gelernt. Das ziemlich schräge Gespann tingelte ein Zeit lang durch den Süden, dann kam der Krieg und Elmore rückte ein. Als er zurückkam, war es 1952, und die Gitarren waren elektrisch geworden, sehr zu seiner Freude. Er war schon zwanzig Jahre im Geschäft, als er endlich seinen Klassiker »Dust My Broom« einspielte, der sofort ein Hit war.

Elmore zog die Konsequenz und ging nach Chicago. Er hatte eine eigene Band, die Broomdusters – wie sonst? –, konnte aber seinen Erzrivalen Muddy Waters nie schlagen. Elmore James starb mit fünfundvierzig, zu früh, um noch vom Revival zu profitieren. Sein »Shake Your Moneymaker« füllte die Taschen langhaariger britischer Jungspunde und gab seiner Klage »The Sky Is Crying« durchaus recht. Andererseits hatte er sich bei »Dust My Broom« kräftig bei seinem alten Lehrer Johnson bedient, dessen Song, der keinem Copyright unterlag, er teilweise umgeschrieben hatte. Elmore James trieb den Blues in härtere Gefilde, teilweise ziemlich nahe an den Rock heran. Kein Wunder also, dass seine eifrigsten Schüler und Bewunderer weiße Rockgitarristen von Duane Allman bis George Thorogood und Stevie Ray Vaughan werden sollten, Mick Taylor, Eric Clapton und Peter Green auf der britischen Seite nicht zu vergessen.

Kapitel 8: Nachkriegs-Blues

Jimmy Reed, Jahrgang 1925, konnte oder wollte sein Lebtag lang nur einen Blues spielen, dessen immer wieder neue Texte von seiner Frau Grace, genannt »Mama«, stammten. Wenn es eines Beweises bedürfte, dass Hartnäckigkeit, Kontinuität und Konsequenz sich auch im Blues bezahlt machen, ein Blick auf die Umsätze dieses Weltmeisters der musikalischen Redundanz genügte. Das Publikum honorierte die Reduktion aufs Wesentliche, nämlich einen treibenden Hypno-Beat, eine quäkende Mundharmonika und eine unverkennbare Kopfstimme, indem es Jimmy Reed unverbrüchlich die Treue hielt und ihn 22-mal in die Charts hievte.

Reed kam 1943 von Mississippi nach Chicago. Ein Jahrzehnt später kam der Durchbruch auf dem Klein-Label Vee-Jay, »You Don't Have To Go«. Dann kamen zwischen 1953 und 1959 »Big Boss Man«, »Hush Hush«, »Bright Lights, Big City« und insbesondere »Honest I Do« – alles Titel, bei denen man sich eher fragt, wer sie noch nicht gecovert hat als umgekehrt. Die Vee-Jay-Jahre waren seine besten. Jimmy Reed konnte mit dem Erfolg nicht besonders gut umgehen, noch weniger mit dem Misserfolg, der die späten Jahre seines Lebens prägte. Nach dem Bankrott von Vee-Jay 1964 ging es eigentlich nur noch abwärts Richtung Alkohol und Krankheit, der er schließlich 1976 erlag. War Jimmy Reeds Mundharmonika-Stil eindrucksvoll, aber simpel gewesen, stellten die Künste der großen Erneuerer John Lee Sonny Boy Williamson, Big Walter Horton und Little Walter den bisherigen Höhepunkt auf diesem Instrument dar und prägten den Stil der Zeit nach dem Zweiten Weltkrieg, daran änderte auch die unzweifelhafte Virtuosität eines Sonny Terry und dessen höchst persönlicher und ausgefeilter Stil nichts.

John Lee Sonny Boy Williamson I (1914 bis 1948), wie wir ihn seines Namens-Usurpators Rice Miller wegen nennen, stammte aus Jackson, Mississippi, machte das einfache Spielzeug aus Deutschland zu einem charakteristischen Solo-Instrument des Blues. Er gehörte zu Lester Melroses Bluebird-Stall und arbeitete vorwiegend mit dessen Musikern wie den Pianisten Eddie Boyd, Big Maceo, John Davis sowie den Gitarristen Broonzy und Tampa Red. Auf dem Höhepunkt seiner Schaffenskraft wurde er 1948, erst 34 Jahre alt, eines Nachts auf dem Heimweg ermordet. Seine Songs wie »Good Morning Little Schoolgirl« oder »Sugar Mama Blues« wurden rasch Standards.

Big Walter Shakey Horton (1918 bis 1981) behauptete widersinnigerweise, er habe schon mit der Memphis Jug Band Platten aufgenommen – da wäre er ein Dreikäsehoch von neun oder zehn gewesen. In Wirklichkeit dauerte es bis 1951. Dann aber war der Bann gebrochen, und Big Walter war als feiner Stilist und Sänger anerkannt. Er spielte für Muddy Waters, den immer noch weit unterschätzten Arbee Stidham und Sunnyland Slim. Das Blues-Revival brachte ihm Tourneen durch Europa ein.

Little Walter (1930 bis 1968) hieß eigentlich Marion Walter Jacobs. Er spielte in den Bands von Muddy Waters und Jimmy Rogers, er hatte eine gute Gesangs-Stimme und er elektrifizierte die Mundharmonika, wie Muddy die Gitarre elektrifiziert hatte. Nun klang sie fast wie ein Saxofon und konnte noch expressiver geblasen werden, ohne rückzukoppeln. Mit diesem Sound hatte er einen Hit für Chess, »Juke«. Danach trat er mit seiner eigenen Band auf, Nachfolger bei Muddy Waters wurde sein Rivale Junior Wells. Trotz seines unzweifelhaften Könnens auf dem Instrument muss der kleine Walter ein sehr unangenehmer Arbeitgeber und ziemlicher Kotzbrocken gewesen sein, weswegen er laut Herzhaft Probleme hatte, seine Musiker zu halten, und weswegen wiederum ab 1954 Robert jr. Lockwood und Willie Dixon einsprangen. Lockwood hielt es immerhin vier Jahre aus. Nachdem aber Little Walters Popularitätsgipfel nun überschritten war, musste dieser ab 1960 heftig ums Überleben kämpfen. Den letzten, entscheidenden Kampf im Jahr 1968, eine Straßenrauferei im nächtlichen Chicago, verlor er.

Junior Wells, geboren 1934, heißt mit richtigem Namen Amos Blackmore und stammte aus Memphis, Tenn. Er kam

1946 nach Chicago. Dort spielte er im Trio mit den Brüdern Louis (Gitarre) und David Myers (Bass), später im Quartett mit Freddie Below (Schlagzeug), bis sie der erfolgreichere Little Walter abwarb. Folgerichtig stieg Wells bei Muddy Waters ein. Zwischenzeitlich zur Armee einberufen, nahm Wells ab 1957 sein Musikerleben wieder auf. 1965 ging er seine erfolgreichste Partnerschaft ein, mit Buddy Guy. Das gefeierte Ergebnis war ›Hoodoo Man Blues‹, angeblich das erste Blues-Album, das keine Hit-Single-Kompilation war. Im Lauf der Jahre stieg dann Buddy Guys Erfolgskurve so hoch, dass Wells nur noch eine Nebenrolle im Team zugestanden wurde und man sich Anfang der neunziger Jahre trennte.

James Cotton, Jahrgang 1935, war seinerseits ab 1955 der Ersatzmann für Junior Wells in der Band von Muddy Waters. Nach dem glanzvollen Auftritt beim Newport-Festival 1960 schlug er eine anhaltende Solo-Karriere ein. Snooky Prior, geboren 1921, nahm 1949 seinen »Telephone Blues« auf. Später arbeitete er mit dem Gitarristen Homesick James zusammen. Zwischen 1963 und Anfang der siebziger Jahre legte er eine Spielpause ein, um dann wieder in den USA und Europa zu touren und aufzunehmen.

Otis Spann (1930 bis 1970) stammte aus Jackson, Miss. Er stieg 1953 bei Muddy Waters ein und wurde bald der Hauspianist von Chess. Er war der ideale Partner bei Einspielungen von Howlin' Wolf, Little Walter und anderen Label-Künstlern. Sein eigenes Talent als äußerst kompetenter Blues-Sänger blieb der Öffentlichkeit bis 1960 verborgen, als er beim Auftritt der Muddy-Waters-Band das letzte Stück, einen hastig improvisierten Blues, sang. Danach fing seine Solo-Karriere an, die er anfangs mit Robert jr. Lockwood, aber auch häufig mit Mitgliedern von Muddys Band bestritt. 1970 wurde bei ihm eine Krebserkrankung festgestellt, die noch im gleichen Jahr zum viel zu frühen Tod dieses profilierten und stilsicheren Blues-Pianisten der Extraklasse führte, der seinerzeit in Chicago als legitimer Nachfolger von Big Maceo Merriweather angetreten war. Pinetop Perkins, der ihn dann ersetzte, war bei weitem nicht so versiert, trug aber durch seinen soliden, altmodischen Barrelhouse-Stil sehr zum Authentizitäts-Gewinn der Waters-Band bei den Blues-Puristen bei.

Memphis Slim (1915 bis 1988) alias Peter Chatman war bei seinem Tod in den Vereinigten Staaten fast vergessen. Er hatte zwar von 1939 bis 1960 aktiv in der Blues-Szene von Chicago mitgemischt, als einer der vielen Protegés von Big Bill, hatte regelmäßig mit Washboard Sam gespielt, hatte eine eigene Band und lokale Hits gehabt wie »Beer Drinking Woman«, »Mother Earth« oder seinen Klassiker »Every Day I Have The Blues«, war dann aber auf den Folk-Bus aufgesprungen und hatte sich nach erfolgreichen Europa-Gastspielen ab 1962 ganz in Frankreich niedergelassen. Seine Kollegen Curtis Jones und Champion Jack Dupree taten es ihm gleich und fanden ebenfalls ihr Auskommen in Europa. Lafayette Leake (1920 bis 1990) hingegen blieb in Chicago und wirkte bei zahlreichen Aufnahmesessions im Chess-Umfeld mit, bis auch er mit dem American Folk Blues Festival verreisen durfte.

John Lee Hooker, geboren 1917 oder 1920, stammte aus Clarksdale, Mississippi, und galt bis zu seinem Tod im Juni 2001 als das letzte Fossil, der T-Rex des archaischen Blues. Er war der Großmeister der Einakkord-Gitarre, des rhythmisch stampfenden Begleitfußes, der unvorhersehbaren Notenbündel und unglaublich seltsamer (Ver-)Stimmungen. Er war zudem einer der Prototypen des hoch individualisierten modernen Blues, der Einzige, der den Spagat zwischen Tradition und Moderne wirklich schaffte, einer, der sogar in eine Klamotte wie ›Blues Brothers‹ für ein paar Sekunden Blues-Realität brachte, zu Zeiten ein dämonischer Genius, oft aber auch der Heiler für die Boogie-Kinder.

Hooker ging nicht wie die meisten nach Chicago, sondern zog 1943 ins benachbarte Detroit, wo außer ihm noch Eddie Kirkland, Bobo Jenkins und Calvin Frazier rund um die Hastings Street aktiv waren. Er arbeitete als Portier in einer Automobilfabrik und trat in den örtlichen Clubs auf. Sein Durchbruch kam gleich mit seiner ersten Single auf dem

Modern Label, »Boogie Chillen«, 1948. Der Riesenerfolg machte freilich nur die Firma fett, wie sich John Lee grimmig seinem jüngsten Biografen Charles Shaar Murray gegenüber erinnerte: »Damals waren Firmen Halsabschneider. Ich sage es ungern, aber es ist die Wahrheit und ich soll ja die Wahrheit erzählen. Sie waren Halsabschneider, denn die meisten Blues-Musiker wussten nichts von den Musikverlegern, und keiner sagte uns etwas davon. Wir wussten nicht, was ein Verleger war. Sie machten gutes Geld, aber wir nicht, weil wir nichts davon ahnten. Wir dachten, wir bekommen einen Anteil und das war's dann. Ich bekam Verträge, aber lauter Plattenverträge über zwei, drei Jahre; ein Cent, anderthalb Cent, zwei Cent. Aber da stand nichts über den Verlag, sie schrieben das nicht hinein. Sie beschissen uns einfach.«

Murrays Biografie ›Boogie Man. The Adventures Of John Lee Hooker In The American Twentieth Century‹ (1999) ist zugleich eine weitere Blues-Geschichte, die parallel zum Leben des Blues-Manns Hooker erzählt wird, eine höchst lesenswerte dazu. Hookers Archaismen standen in erfreulichem Gegensatz zu den glatten Rhythm-&-Blues-Produktionen und schafften es dennoch. »Boogie Chillen« war 1949 Nummer eins der Rhythm-&-Blues-Charts.

In den Jahren darauf ließ Modern weitere Hooker-Nummern, darunter das doppeldeutige »Crawlin' Kingsnake« folgen, während Hooker unter seinem wirklichen Namen oder unter Pseudonym für eine Unzahl weiterer Kleinlabel Blues einspielte, nach dem Motto: Wer immer ein paar Dollar blecht, kriegt einen Song. Da er nicht selten dieselben Stücke nur leicht modifizierte, zahlte er in gewisser Hinsicht mit gleicher Münze zurück, betrog die Betrüger. Schon aus diesem Grund ist die Rekonstruktion seiner Gesamt-Diskografie keine leichte Aufgabe.

Zwischen 1952 und 1954 arbeitete Hooker auch für Chess, nahm aber gleichzeitig für Savoy und Specialty und andere Labels auf. Eine dauerhafte Beziehung hatte er eigentlich nur zum Vee-Jay-Label, dem er bis 1964 treu blieb. Hier spielte er

Kapitel 8: Nachkriegs-Blues

1956 seinen nächsten Monster-Hit »Dimples« ein. »Boom Boom« folgte 1962. In den Sechzigern ging er ausgiebig auf Tournee in England, Europa und in den USA. 1970 verlagerte er seinen Wohnsitz nach Oakland, California, tat sich mit den Blues-Rockern von Canned Heat zusammen und veröffentlichte ›Hooker'n' Heat‹. In den Achtzigern wurde es dann ziemlich ruhig um ihn, aber 1989 schlug er erneut zu. Sein Album ›The Healer‹ erschien auf Chamaeleon Records. Es enthielt zahlreiche Gastauftritte von John Lees Freunden und Fans wie Carlos Santana, Bonnie Raitt, Robert Cray oder George Thorogood. Das Album lief nicht nur sensationell, es erhielt auch einen Grammy. Das Nachfolgealbum ›Mr. Lucky‹ funktionierte nach dem gleichen Strickmuster. John Lee hatte es bis ganz nach oben geschafft, wo nur noch B. B. King und er als die Großmeister des Pop-Blues residieren und wo die Schmerzensschreie der Puristen vom Wind der Veränderung verweht und im steten Strom der Dollarnoten ertränkt werden.

In diesem Ausmaß hatten das seinerzeit nicht einmal die Protagonisten des Rock'n'Roll geschafft. Chuck Berry, Little Richard und Bo Diddley waren nach ihren riesigen Erfolgen nicht fähig gewesen, auf das Modernisierungs-Karussell zu springen und ihre Karrieren zu stabilisieren. War es bei dem einen die Geilheit nach Minderjährigen und dem Anblick pinkelnder Berry-Park-Besucherinnen, bei dem anderen Anfälle religiösen Wahns und/oder Schwierigkeiten beim Coming-out gewesen, war Diddley zu keinem Zeitpunkt fähig, aus seinem genialen Beat Kapital zu schlagen. Denn auf Riffs und Beats gibt es nun einmal kein Copyright. Er wäre sonst sicher der Reichste von allen. Vielleicht hing auch hier einiges an Chess. Man muss sich nur einmal so geniale Konzeptalben wie ›Two Great Guitars‹ oder ›Super Super Blues Band‹ antun, um zu wissen, wie wenig ernst man dort die eigenen Musiker nahm.

Kein Wunder, dass unter solchen Verhältnissen einer wie Johnny Shines (1915 bis 1992) erfolglos bleiben musste. Sein Delta-Stil war hoffnungslos veraltet, als er 1941 nach Chicago kam. Er hatte noch von Robert Johnson gelernt, fand aber den

Kapitel 8: Nachkriegs-Blues

Anschluss an die Entwicklung nicht. Frustriert gab er um 1958 die Musik ganz auf und versuchte sich als Fotograf der Blues-Szene. Erst Mitte der sechziger Jahre interessierte man sich wieder für ihn.

Ab 1956 machte sich in Chicago eine neue Generation von Gitarristen bemerkbar. Sie spielten einen technisch avancierten, komplizierteren und elektrischeren Stil als die alten Heroen. Ihre Songs waren auf den Geschmack eines jungen urbanen Publikums zugeschnitten und handelten fast nur noch von Liebe, Lust und Leid. Ihre prominentesten Vertreter waren Buddy Guy, Freddie King, Luther Allison, Otis Rush, Magic Sam und Joe Young. Die meisten von ihnen hatten ihr Handwerk als Begleitmusiker bei den Alten gelernt. Dieser so genannte Westside-Sound, der die technischen Entwicklungen der E-Gitarre stärker berücksichtigte, war nicht ohne Einfluss auf Rockmusiker wie Clapton, Hendrix und vor allem den jungen Mike Bloomfield.

Chess mochte die Blues-Szene zeitweise beinahe monopolartig dominieren, aber andere kleine Labels wie Vee-Jay, Atomic H., JOB, Parrot, Cobra, United und andere hängten sich an die jeweiligen Verkaufserfolge und schafften es manchmal auch, eigene Stars aufzubauen. Deren Geschäftspraktiken waren aber keineswegs durchsichtiger. Eine starke Alternative stellte ab 1945 bis 1955 das neu gegründete Mercury-Label dar, das zwar im Prinzip ein Gemischtwaren-Laden war, dem zeitgenössischen Blues und Rhythm & Blues dennoch eine fast flächendeckende Bedeutung zumaß, wie eine nach Regionen aufgeteilte Anthologie von immerhin acht CDs eindrucksvoll beweist. Zwischen Albert Ammons und Jimmy Witherspoon tauchen hier Namen wie Roy Bird, Jay Hawkins, Smokey Hogg, Lightnin' Hopkins, Robert jr. Lockwood, Memphis Slim, Johnny Otis, Sunnyland Slim, Titus Turner, Eddie Cleanhead Vinson, T-Bone Walker, Sippie Wallace und natürlich Dinah Washington auf.

Ab 1963 trat eine gewisse kreative und ökonomische Stagnation in Chicago ein. Nach dem Bankrott von Vee-Jay und einer Umorientierung von Chess zum Pop, die später zum Verkauf des Labels führte, war der Blues zwar nicht heimatlos, aber von den großen Märkten und den neuen Ideen zunehmend abgeschnitten.

Im Süden hatte sich Memphis als Blues-Ort einigermaßen gehalten. Aber auch hier forderte die Modernisierung ihren Tribut. Prominente Nutznießer dieser Entwicklung waren sicher B. B. King und Schmalzkehlchen Bobby Blue Bland, von dem unseligen Rice Miller einmal abgesehen, der seinen menschlichen Kredit durch sein plumpes Täuschungsmanöver verspielte, was er durch fulminantes Röhren und Blasen vor weißen Jugendlichen zu kompensieren suchte. B. B. King wurde am 16. September 2000 fünfundsiebzig. Zu diesem Anlass erschien folgende Würdigung im Tagesspiegel, Berlin:

›»Everybody wants to know why I sing the blues ...‹, heißt es in einem der bekanntesten Songs von Riley B. King, den alle Welt nur als B. B. kennt. Sein ganzes Musikerleben lang hat er nichts anderes getan, als diese Frage in unzähligen Variationen zu beantworten, bevorzugt in tonmalerischer Zwiesprache mit seiner Gitarre Lucille, einer gebürtigen Gibson. ›Manche Leute meinen, der Blues sei rückständig, aber ich glaube, er kann den Schwarzen auch heutzutage helfen. Im Blues kann man über seine Probleme reden, und dann merkt man, dass andere Leute die gleichen Probleme haben, und dann kann man etwas unternehmen. Üblicherweise handeln die Blues von Mann und Frau, aber wenn man genau hinhört, handeln sie noch von ganz anderen Dingen.‹ Nein, dieser B. B. King ist alles andere als ein Onkel Tom. Dafür inzwischen mindestens so populär wie seinerzeit Louis Armstrong, der auch alles andere als ein Onkel Tom war.

Dieser Tage ist B. B. King einer weiteren Generation von Pop-Konsumenten bekannt geworden durch seine Zusammenarbeit mit Eric Clapton. Das Album ›Riding With The King‹ ist in den Charts, und wiewohl überproduziert und zum Bombast neigend, hat es immer da, wo King singt oder rettend in die Saiten greift, Substanz. Damit ist nichts gegen Clapton gesagt, der einer der wenigen weißen Popstars ist, die seit jeher bereit waren, die schwarzen Urheber auch materiell an ihren Erfolgen teilhaben zu lassen. Denn auch das Pop-Business war und ist vielfach nichts anderes als die Fortsetzung der Sklaverei mit anderen Mitteln. B. B. King hat das als junger Musiker noch am eigenen Leib erfahren. So durfte er zwar 1947 in Memphis in einer Radio-Show als The Pepsicon Boy auftreten, erhielt aber keinen Cent dafür. Erst als einer der regulären DJs aufhörte, konnte er nachrücken und kam so zu seinem Spitznamen ›The Boy from Beale Street‹. Die Radio-Show war übrigens ein Hit und brachte B. B., wie ihn die zahlreichen Anrufer nannten, fünfzig Dollar pro Woche.

1949 nahm B. B. King für Bullet Records seine ersten Platten auf, darunter das programmatische: ›Got The Blues‹. 1950 wurde ›Three O' Clock Blues‹ sein erster regionaler Rhythm-&-Blues-Hit. Erst 1970, zwanzig harte Jahre später, hatte er mit ›The Thrill Is Gone‹ seinen ersten überregionalen Erfolg. Von da an beackerte King, der alles andere als ein Dummkopf war, aber immer unter seinen Bildungsdefiziten gelitten hatte, systematisch das weite Feld des weißen Mittelklasse-Pop, ohne je den Blues aufzugeben oder gar zu verraten. ›Mann, die Leute glauben immer, dass der durchschnittliche Blues-Sänger ein Blödmann ist, und ich will das aus ihren Köpfen herauskriegen, unbedingt.‹

In der Konsequenz besetzte B. B. King immer auffälliger den nach Armstrongs Tod vakanten Posten eines Botschafters der traditionellen schwarzen Musik, um den sich, den Zeitläuften entsprechend, niemand besonders riss. King war prädestiniert dazu, er war der richtige Mann an den richtigen Plätzen, egal ob ›Live In San Quentin‹, ›Cook County Jail‹ oder ›At The Regal‹. Er spielte vor gekrönten Häuptern in Europa und Afrika und nach wie vor vor Baumwollpflückern im heimatlichen Indianola, Mississippi, wo er vor 75 Jahren, am 16. September 1925 geboren wurde. King, ein ebenso engagierter Bürgerrechtler wie einfallsreicher und kompetenter Musiker, ist eine Legende zu Lebzeiten und der lebende Beweis für die Modernität und Wandlungsfähigkeit des einzigen echten amerikanischen Beitrages zur Weltkultur, der populären Musik, deren vitale Basis der Blues ist. Wenn man sich dann noch klarmacht, dass B. B. King aus Ansätzen etwa von Charlie Christian oder T-Bone Walker die derzeit amtliche Elektrogitarren-Spielweise des Blues entwickelt hat, der sich jeder, der jemals auf einer Saite eine blaue Note zog, seitdem verpflichtet fühlen muss, von Buddy Guy bis Hendrix, von Otis Rush bis Stevie Ray Vaughan, dann ist sein Rang in der Musik des 20. und 21. Jahrhunderts zwar nicht erschöpfend beschrieben, aber doch wenigstens angedeutet.«

Ergänzend ist anzumerken, dass der Übergang vom authentischen zum Pop-Blues bei B. B. King eindeutig markierbar ist, nämlich seit 1970 und den total unnötigen und schlimm verkitschten Streicher-Arrangements von ›Indianola Mississippi Seeds‹.

Bobby Blue Bland, geboren 1930, ist der Soul-Blues-Sänger überhaupt – wenn man ihn mag. Er stammt aus der Gegend von Memphis und nahm seine ersten Platten für Chess und Modern auf. Nach seiner Entlassung aus der Armee ging er zum Duke-Label, und von da an hatte er ab 1955 eine Kette von Hits wie »Further Up The Road«, »I Pity The Fool«, »Turn On Your Love Light« oder »That's The Way Love Is«. Da Bland selbst kein Instrument spielte, war er bei der Konstruktion seines Erfolgssounds auf die Hilfe von Begleitbands wie Junior Parkers Blue Flames angewiesen, nach der Trennung Anfang der sechziger Jahre auf seinen Arrangeur Joe Scott und seinen Gitarristen Wayne Bennett, der T-Bone Walker und B. B. King emulgierte: genau das Richtige für den schwarzen städtischen Mittelständler nach Feierabend, der Lebensstil und Geschmack seiner weißen Umgebung bis zur Karikatur nachzuahmen versuchte.

Es war seltsamerweise ein Weißer, nämlich der als Außenposten für Chess in Chicago agierende Sam Phillips, der in seinem Sun Studio die interessantesten Blues-Aufnahmen dieser Zeit machte. Sie sind ausführlich dokumentiert auf ›The Blues

Years 1950–1958‹. Phillips startete 1950 mit dem kryptischen Lost John Hunter & The Blind Bats, nahm Ike Turner und die beiden One-Man-Bands Dr. Ross und Joe Louis Hill auf, dazu Howlin' Wolf, Sleepy John Estes, Little Milton, James Cotton, Willie Nix, Rufus Thomas, Earl Hooker und Walter Tang Smith.

Auch an New Orleans ging der Rhythm & Blues nicht spurlos vorbei, erhielt hier aber, wie anderswo auch, eine eigenständige regionale Farbe. Dafür verantwortlich waren Pioniere wie Roy Brown und Joe August alias Mr. Google Eyes, der sich als The Nation's Youngest Blues Sänger verkaufte – vor allem aber der Arrangeur, Produzent und Musiker Dave Bartholomew, der oft im Hintergrund wirkte und mit der Kapitelüberschrift von Jeff Hannusch »The Man Behind The Big Beat« treffend beschrieben ist. Seine eigene Musik, insbesondere Stücke wie »The Monkey Speaks His Mind«, beeinflussten stark die Entwicklung des Blue Beat und frühen Reggae in Jamaika. Das dazugehörige Buch, betitelt ›I Hear You Knockin The Sound Of New Orleans Rhythm & Blues‹, erschien 1985 und erzählt die Geschichte von Fats Domino, dem prominentesten Rock'n'Roller der Stadt und Zögling Bartholomews, von Prof. Longhair alias Roland Bird bis hin zu Johnny Adams und Irma Thomas.

New Orleans war immer eine gute Stadt für Pianisten. In den Bars und Bordellen gab es genug Arbeit, die Atmosphäre war einigermaßen tolerant und Einwohner wie Touristen standen auf Voodoo-verbrämte Folklore und heiße Musik wie Jazz und Blues. Jelly Roll Morton, Prof. Longhair, James Booker, Tuts Washington und Allan Toussaint prägten den typischen Sound. Ein gewisser Mac Rebennack, besser bekannt als Dr. John, führte ihn später in den Mainstream Pop ein. Und da wäre dann noch Cousin Joe, dessen Memoiren ›Cousin Joe Blues From New Orleans‹ (1987) ein erschlagender Beweis dafür sind, dass auch Blues-Leute borniert, einfältig und von Vorurteilen umzingelt sein können. Die Musik des Mannes versöhnt nur zum Teil.

Kapitel 8: Nachkriegs-Blues

Als Blues-Gitarristen fielen vor allem Guitar Slim und Earl King auf. Guitar Slim war allerdings kaum mehr als ein begabter T-Bone-Walker-Imitator, nicht nur, was sein Spiel betraf, sondern auch und vor allem sein Outfit, worüber sich der Meister dann auch öffentlich beschwerte. T-Bone Walker (1910 bis 1975) stammte aus dem ländlichen Linden in Texas. Er hatte schon 1929 erste Aufnahmen für Columbia gemacht, allerdings ohne sonderlich zu beeindrucken. Walker spielte in vielen Bands, reiste gerne und landete schließlich 1934 in Los Angeles. Hier begann er E-Gitarre zu spielen und entwickelte seinen unverwechselbaren Stil, der ihm eine Fangemeinde im schwarzen Ghetto »Watts« und Gastspielreisen bis nach Chicago einbrachte. Er hatte nun eine eigene Show-Band. 1946 machte er eine Serie von Einspielungen für Black & White, meist mit Jazzmusikern. »I Want A Little Girl«, »T-Bone Shuffle« und vor allem sein Schau-Stück »Stormy Monday« waren die herausragenden Ergebnisse.

1950 wechselte Walker zu Imperial und setzte seine Erfolge fort. »Blues Is A Woman«, »Love Is A Gamble«, »Blue Mood« waren typische Rhythm-&-Blues-Titel, die ihm schließlich zu dem Album ›T-Bone Blues‹ beim geschäftstüchtigen Atlantic-Label verhalfen. Walker war der prototypische Crossover-Interpret. Er hatte immer mit dem Jazz geliebäugelt, und es war nur konsequent, dass er nach dem Abflauen der Rhythm-&-Blues-Welle mit Count Basie und Ruth Brown tourte, ein Jahr später mit ›Rhythm & Blues U.S.A.‹ durch die Staaten und durch Europa. 1972 erhielt er einen Grammy für »Good Feelin'«. Nach einem Autounfall ließ seine Gesundheit, die durch seinen langjährigen Alkoholismus ohnehin angegriffen war, noch mehr nach. Von einem Schlaganfall 1974 erholte er sich nicht mehr.

T-Bone Walkers jazzig-melodiöse Spielweise, die wohl auch ein Ergebnis seiner Freundschaft mit Charlie Christian gewesen war, prägte Gitarristen von Chuck Berry, der manche von Walkers Formeln vereinfachte und verrockte, bis Johnny Winter und natürlich eine ganze Schule jüngerer texanischer

Kapitel 8: Nachkriegs-Blues

Blues-Gitarristen wie Freddie King, Albert Collins, Johnny Guitar Watson, letztlich sogar B. B. King. Wie dieser stand er mit einem Fuß solid im Blues, mit dem anderen aber schon im Pop. Das kann man von einem anderen, mindestens ebenso bedeutenden Texaner wahrlich nicht behaupten.

Lightnin' Hopkins (1912 bis 1982) kam aus Centreville, Texas, trotz des Namens alles andere als eine Metropole. Hopkins entstammte bitterarmen Verhältnissen. Sein Vater, ein Trinker und Spieler, wurde ermordet. Hopkins konnte keine Schule besuchen, schuftete als Landarbeiter und bekam den Blues so knüppeldick eingetränkt, dass er ihn unbedingt mitteilen musste. Musik war von Anfang an der einzige Halt in seinem Leben gewesen, sein Schlüsselerlebnis soll er als Achtjähriger gehabt haben, als ihn kein Geringerer als Blind Lemon Jefferson bei einem Country-Picknick mitspielen ließ und ihn anschließend lobte und ermutigte. Es kann sein, dass dort auch sein älterer Bruder Joel, Jahrgang 1904, dabei war, der in den zwanziger Jahren mit Blind Lemon herumzog, dann aber die Musik aufgab.

Lightnin' hingegen versuchte es mit aller Macht. Er tat sich mit seinem Cousin Texas Alexander zusammen und tingelte in der Umgebung von Houston. Unterwegs scheint er dann auf die Bahn seines Vaters gekommen zu sein. Glücksspiel, Suff und Raufereien führten zu lang dauernden Aufenthalten in Gefängnislagern. Die Kettennarben an den Gelenken waren Jahrzehnte später noch nicht verschwunden. 1938 zog er nach Houston. Ein Jahrzehnt später nahm er seine ersten Stücke auf. Sein »Katie Mae Blues« und »That Mean Old Twister« machten ihn sofort zu einem Geheimtipp unter Blues-Fans. Keiner hatte eine solche Stimme, keiner spielte so schnell und verzinkt. Seinen Spitznamen hatte er auch bei den Aladdin-Sessions in Los Angeles abbekommen. Der Pianist Wilson Smith, der ihn dort begleitete, wurde wegen seiner donnernden Bässe Thunder genannt. Es war nur logisch ...

Trotz ermutigender Anfänge und zahlreicher Aufnahmen bei unzähligen kleinen und großen Labels von Bill Quinns

Kapitel 8: Nachkriegs-Blues

Gold Star bis Mercury, Verve und Arhoolie hatte Lightnin' es in den späten fünfziger Jahren schwer und musste sich mit einem Status als bestenfalls lokale Größe bescheiden. Dann aber änderte sich die Situation. Samuel B. Charters trat auf den Plan und entdeckte ihn, verbittert und vergraben im Ghetto von Houston. Man ließ ihn Aufnahmen für Folkways machen, darunter den großartigen »Penitentiary Blues«, und schleuste ihn in den Folk-Blues-Revival-Zirkus ein, wo er seine immensen Entertainer-Qualitäten in Universitätshörsälen, aber auch in der Carnegie Hall ausspielen konnte. Lightnin' war der Idealfall des kreativen, aus der Tradition heraus innovativ arbeitenden Spontan-Blues-Sängers. Ein Blues wie »Mojo Hand« lebte von der angewandten Zitatkunst genauso wie von den unerwarteten Improvisationen seines Autors. Seine Reibeisen-Stimme, sein eigenwilliger Gitarrenstil, der sich nur selten an das amtliche Blues-Schema halten wollte, machten auch schwächere Auftritte zu einem Ereignis. Und wenn er gut war, war er der Blues in Person.

Das wusste er selbst nur zu gut, wie zahlreiche Anekdoten berichten. Einmal, bei Aufnahmen, blieb er endlos auf der Grundharmonie, während alle anderen wechselten, wie es das Schema verlangt. Hopkins hielt die Aufnahme an. Der Bassist machte ihn auf sein Versehen aufmerksam und erhielt die klassische Antwort: »Lightnin' change when Lightnin' want to change.«

Johnny Winter berichtete, in Houston sei einmal ein Besucher auf die Idee gekommen, ihn zu fragen, ob er nicht etwas von John Lee Hooker spielen könne, und erhielt die bestimmte Abfuhr: »I am Lightnin' Hopkins. I don't play nothin else.«

Hopkins nahm den Blues ernst wie kein Zweiter, doch ohne Selbstmitleid und Bitternis, eher manchmal mit grimmigem Humor. 1966 stieg er aus dem Folk-Zirkus aus und zog sich gänzlich nach Houston zurück, machte aber dann und wann immer noch Alben für seinen Freund Chris Strachwitz. Als ihn im gleichen Jahr wie Muddy Waters im Alter von siebzig Jahren der Krebs umbrachte, hinterließ er ein unüberschaubares Erbe afroamerikanischer Zeitzeugnisse und persönlicher Kommentare zur Befindlichkeit der untersten Schichten des schwarzen Amerika, in Blues-Form verpackt. Lange vor den Rappern unserer Zeit hatte Lightnin' die Fähigkeit, alltägliche Anlässe spontan zu kleinen oder größeren Blues-Dramen, nicht selten auch zu witzigen Satiren, zu gestalten. Man höre sich nur einmal »Coffee Blues« an, die Geschichte vom aushäusigen Ehemann, der vergaß, den Kaffee aus der Stadt mitzubringen, wie er versprochen hatte, oder die aberwitzige Geschichte von »Mr. Charlie«, sein »War Is Startin' Again« oder die Story vom »Black Cadillac« mit den großen Weißwandreifen, um nur einige herausragende Beispiele zu nennen.

Es wird vielleicht nicht mehr allzu lange dauern, bis die kulturelle Bedeutung dieses wahrhaften Blues-Poeten auch über die Musikszene hinaus wahrgenommen wird. Wer nach einem Blues-Mann sucht, der sich immer und unter allen Umständen treu geblieben ist und sich unter keinen Umständen jemals ausverkauft hat, wird unweigerlich bei Hopkins landen. Wahrscheinlich ist er genau deswegen nie einer der großen Stars des Pop-Blues geworden, dafür ist sein Stammplatz in der ewigen Oberliga der Blues-Kreativen sicher, ziemlich weit oben, zusammen mit Charley Patton, Son House, Skip James und Robert Johnson.

Die anderen bekannten Gitarristen in Texas wie sein Cousin Frankie Lee Sims, Li'l Son Jackson oder Smokey Hogg blieben in Quantität wie Qualität ihrer Produktion weit hinter Hopkins zurück, auch der durchaus bemerkenswerte Pianist Mercy Dee Walton und selbst der zeitweilig durch seine Alkoholikersongs recht erfolgreiche Amos Milburn (1927 bis 1980) oder der Saxofonist King Curtis.

Eine lokale moderne Variante des Blues entwickelte sich damals in Louisiana, wo in den ländlichen Gegenden immer noch eifrig Cajunmusik und Zydeco gespielt wurde, der so genannte Swamp-Blues. Als sein Erfinder gilt Lightnin' Slim (1913 bis 1973) alias Otis Hicks. Zusammen mit dem Produzenten Jay Miller, der eng mit dem Excello-Label seines

Freundes Ernie Young in Nashville zusammenarbeitete, entwickelten er und Slim Harpo die Federhall-und-Vibrato-Formel für »I'm A King Bee« oder »Rainin' In My Heart«, beides große Erfolge. Weitere Swamp-Blueser waren Lonesome Sundown, Lazy Lester, Silas Hogan, Jimmy Anderson, Leroy Washington, Whispering Smith und Smoky Babe. In den sechziger und siebziger Jahren pflegten Produzenten wie Mike Vernon oder Chris Strachwitz den Swamp-Sound, den sich dann vor allem Südstaaten-Rockmusiker wie Tony Joe White oder die Fabulous Thunderbirds aneigneten.

Das neue gelobte Land des Blues war aber Kalifornien. Im zunehmend sich liberalisierenden kulturellen Klima der Westküste gedieh eine spezielle Form des modernen, städtischen Blues, der den Wurzeln näher war als der übliche Rhythm & Blues, aber die Rauheit und Härte des texanischen Blues milderte und urbanisierte. Seine Exponenten waren vor allem Lowell Fulson, K. C. Douglas, Pee Wee Crayton, Percy Mayfield, Floyd Dixon, Joe und Jimmy Liggins oder der kuriose T. V. Slim alias Oscar Wills.

Im Country-&-Western-Mekka Nashville würde man nicht unbedingt ein Zentrum des Blues vermuten, doch in den fünfziger Jahren entfaltete sich hier eine rege Aufnahmetätigkeit, wie die imposante Dokumentation ›A Shot In The Dark: Nashville Jumps‹ nachwies. Von Cecil Gant über Wynonie Harris bis B. B. King, von Walter Davis über die ungenierte Christine Kittrell zu den Dixie Doodlers oder Shy Guy Douglas reicht das erstaunliche und nicht selten überraschende Spektrum. Denn bei weitem nicht alles war Rhythm-&-Blues, auch altmodischen Country-Blues und sogar Jug-Band-Musik versuchte man dort zu revitalisieren, Jahre vor den entsprechenden Revivals.

Kapitel 9: Blues Revivals

Anfang der sechziger Jahre gab es eine paradoxe Situation. Die jungen urbanen Schwarzen wandten sich vom Blues als »Onkel-Tom-Musik« ab, die urbanen jungen Weißen gingen auf die Suche nach den Wurzeln des Blues. Die mögliche Ursache dafür sah Leroi Jones in seinem Buch ›Blues People‹ (1963, deutsch 1969) in der Abspaltung des modernen Jazz.

»Blues People (Neger, die, wie Ralph Ellison es ausdrückte, die Erfahrungen ihres Volkes begriffen und mit ihnen lebten) gab es noch immer, aber die Neger der Mittelklasse hatten sich von aller Blues-Tradition ›frei‹ gemacht, mit Ausnahme ihrer jämmerlichen Karikatur im weißen Swing-Stil, des jämmerlichen Schauspiels des Carnegie Hall Boogie Woogie oder Hazel Scotts, die Griegs Konzert in a-moll im Café Society spielte. Die Assimilation, der soziale Prozess, den zu akzeptieren sie sich verpflichtet fühlten, setzte immer voraus, dass die aufgezwungene soziale Wertskala eines Volkes in der amerikanischen (oder westlichen) Gesellschaft den Wert der Kultur dieses Volkes bestimmten. Die afroamerikanische Musiktradition konnte kaum als sozialer (oder ökonomischer) Aktivposten in der amerikanischen Gesellschaft angesehen werden. Der autonome Blues konnte nicht das Bewusstsein des Negers der Mittelklasse reflektieren, auch wenn dieser seinen Ursprung im Volk nicht verleugnete.«

Zudem hatten viele Schwarze, die aus dem Krieg zurückgekommen waren, ein starkes Selbstbewusstsein entwickelt und forcierten den Kampf um die Bürgerrechte. Der Blues als »Erinnerung an die Sklavenzeit« war da nicht optimistisch genug und zu individualistisch, um in eine beabsichtigte politische Massenbewegung integriert zu werden.

Musik als Faktor der politischen Mobilisierung war bereits ein erprobtes Mittel der amerikanischen Linken. Sing-Outs, Hootenannies und die zahlreichen Konzerte der Folksong-

Bewegung um Pete Seeger dienten nicht nur der Traditionspflege, sondern der Durchsetzung gewerkschaftlicher und sozialistischer Ideen. Das hatte schon in den fünfziger Jahren, die von der paranoiden Kommunistenschnüffelei des Senators McCarthy und seiner Gesinnungsgenossen geprägt waren, deren Misstrauen erregt und zu den Anfängen der späteren Protestsong-Bewegung geführt, man höre dazu Richard & Mimi Fariñas ›House Un-American Blues Activity Dream‹. Für Verschwörungs-Theoretiker: Mimi war die jüngere Schwester von Joan Baez, und Richard, der Dichter und Musiker aus Kuba, kam bei einem seltsamen Unfall ums Leben. So unangenehm die Aktivitäten der reaktionären Hexenjäger waren, sie trugen letztlich zur Solidarisierung und Integration zwischen Weißen und Schwarzen erheblich bei, bevor sie auf dem Müllhaufen der Geschichte landeten. Der Druck, der auf die fortschrittlichen Künstler ausgeübt wurde, war nicht gering.

Bekannt ist, dass etwa Josh White massive Schwierigkeiten bekam, als er anfing über Themen wie Lynchmorde zu singen. Bald danach waren von ihm nur noch Harmlosigkeiten zu hören, was ihm wiederum natürlich Schelte von der kritischen Seite eintrug, aber vor diesem Hintergrund verständlich wird. Wie weit man als sehr populärer schwarzer Blues-Musiker aber doch gehen konnte, zeigte in diesem Kontext Big Bill Broonzy, vor allem, wenn er einmal nicht vor einem ausschließlich weißen Publikum sang. Ähnlich populär wie Broonzy, White und Brownie & Sonny war eine Zeitlang die Folk-Sängerin Odetta. Ihr Werdegang war typisch für ein weiteres Crossover-Phänomen. Odetta Holmes Felious Gorden (geboren 1930) hatte eine klassische ausgebildete Stimme, die sie im Chor zur Broadway-Produktion ›Finian's Rainbow‹ 1947 einsetzte, bevor sie sich erfolgreich dem Folk, Blues und Gospel zuwandte. Blues sang sie anfangs gerne im Vaudeville-Stil, wurde dann aber aus Gründen der Nachfrage immer folkiger. Protegiert von Pete Seeger und Harry Belafonte konnte sie ihr Talent ab 1960 mit Unterstützung des agilen Vanguard-Labels solo mit Gitarre entfalten. 1961 hatte sie im Duett mit

Kapitel 9: Blues Revivals

Belafonte einen Riesenhit mit »Hole In The Bucket«. Somit steht auch sie mit am Beginn des Folk-Pop.

Ihren großen Erfolg hatte Odetta allerdings nicht in den Vereinigten Staaten, sondern in England – auch ein Indiz dafür, dass Europa immer wichtiger wurde. Leadbellys erstem Auftritt von 1949 waren weitere Tourneen beliebter schwarzer Sänger gefolgt. Es lief aber auch hier nach dem Industriemotto: Zuerst das Surrogat, und wenn das genug abgesahnt hat, schieben wir vielleicht das Original nach. Und wenn es schon keine Surrogate waren, wie bei Broonzy oder White, musste wenigstens die Biografie geschwindelt sein. Nicht, dass das Publikum das verlangt hätte, das meiste spielte sich in den

Köpfen der Veranstalter ab: etwa in dem von Horst Lippmann, der seit 1962 zusammen mit dem umtriebigen Fritz Rau die so genannten American Folk Blues Festivals veranstalteten.

Das kommerzielle Risiko war nicht ganz so hoch, wie die Veranstalter den Journalisten gerne erzählten. Denn neben den bereits Erwähnten hatten auch Sonny Terry, Brownie McGhee und zuletzt Muddy Waters 1958 sehr erfolgreich in Europa gastiert. 1959 war Lippmann in Chicago und kontaktierte Willie Dixon, der ihm von da an bei der Auswahl der Musiker half, was wiederum ein starkes Übergewicht von Chess-Bluesern erklärt. Der Jazzfan Lippmann hatte sich freilich auch hinsichtlich der Besucher verschätzt. Das Angebot war auf die akademisch flotte Jazz- und Dixieland-Jugend und ihre Elterngeneration abgestellt, die Kurt Edelhagen für einen nahen Verwandten von Count Basie hielten. Aber, wie sich Lippmann erinnerte, lief es von Anfang an ganz anders: »Die Jazzfans waren gar nicht so viele. Es war ein völlig neues Publikum, das zu den Blues-Festivals erschien. Später wurde aus ihm das Rockpublikum.«

Die Festivals fanden in mittelgroßen Hallen für 1500 bis 2000 Besucher statt. Jedes Konzert dauerte zwischen drei und vier Stunden und war dafür vergleichsweise preiswert. Die Konzerte wurden im Fernsehen, im Radio und auf Platte ausgewertet. Aus heutiger Sicht war es musikalisch ein pädagogisch gut gemeintes Schwindel-Unternehmen, gewissermaßen eine Art Blues-Stadel. Der Schwindel bestand vor allem darin, dass sich auch die urbanen Musiker auf Teufel komm raus als unterdrückte Baumwollzupfer ausgeben mussten. Damit das klappte, wurden die Musiker von Lippmann persönlich eingestimmt.

»Ich sagte den Blues-Leuten, ihr seid hier anderswo. Ihr seid nicht mehr in Amerika, wo ihr die Leute mit Gimmicks unterhalten müsst. Was wir von euch wollen, ist, dass ihr eure Botschaft als Blues-Sänger, als Blues-Künstler herüberbringt. Ihr sollt die Gitarre nicht verkehrt herum spielen und nicht mit den Füßen oder eurer Zunge. Spielt einfach Blues.«

Insbesondere T-Bone Walker, der all diese Tricks beherrschte, mochte das anfangs überhaupt nicht begreifen, beugte sich dann aber als echter Profi den Wünschen der Veranstalter. Erst als er in späteren Jahren mit seiner eigenen Band in Deutschland tourte, präsentierte er sich authentisch, als der witzige und artistische Blues-Entertainer und fühlte sich in dieser Rolle sichtlich wohler.

Den nach Off-Beats und Blue Notes hungernden Beat- und Rock-Adepten konnte man damals alles vorsetzen, es wurde dankbarst beklatscht, meist freilich auf die schwache Eins. John Lee Hooker war die Sensation. Er tat das, was er damals sowieso machte, er spielte den Boogie für die weißen chillun und war einfach nur er selbst. Lightnin' Hopkins fühlte sich hörbar unwohl in Europa, und auch Muddy Waters blieb ohne seine Band merkwürdig blass. Eine Entdeckung war hingegen J. B. Lenoir (1929 bis 1967), dessen Fähigkeiten als Protest-Blues-Schreiber durch die American Folk Blues Festivals entschieden gefördert wurden. Seine besten Blues erschienen denn auch auf dem L-&-R-Label der Veranstalter.

Insgesamt fällt es heute schwer, die Gefühlslage der damaligen naiven Rezipienten zu rekonstruieren, eigene Erfahrungen eingeschlossen. Sicher und auch auf den dokumentarischen Aufnahmen nachzuhören ist die Verunsicherung der Blues-Musiker selbst, die mit dem angetragenen Ansinnen, den authentischen Folk-Blues geben zu müssen, in dieser Umgebung nicht immer gut fertig wurden, manche waren manchmal schlicht betrunken oder spielten Stuss. Andere, wie der hemmungslos erfolgsorientierte Rice Miller, waren kaum mehr von der Bühne zu kriegen, so sehr geilte sie der ungewohnte Zuspruch auf. Musikalisch enthalten die Aufnahmen nicht immer die besten Momente der Musiker, von Folk-Blues im engeren Sinn kann auf weiten Strecken keine Rede sein, auch die erweiterten CD-Ausgaben mit ihren Bonus-Tracks ändern daran wenig.

In ihrer Zeit freilich stellten die American Folk Blues Festivals in reduzierter und verfälschter Form auch immer die einzige Möglichkeit dar, überhaupt schwarzen Blues zu hören und zu sehen, und sie sind wirkungsgeschichtlich gar nicht hoch genug einzuschätzen. Gar nicht auszudenken, was passiert wäre, wenn die Veranstalter mehr Authentizität zugelassen hätten, anstatt damals schon so grauenhafte Medien-Events zu inszenieren wie etwa die Fernsehaufzeichnung im SWF von 1962, wo die Musiker und ihre Entourage durch eine Westernkulisse taperten, Shakey Jake und T-Bone Walker Parodien auf tradierte Negerklischees ablieferten, während Willie Dixon sich mit seinem in anderem Kontext vielleicht lustigen Stotter-Blues »Nervous« zum Kasper machte. Dazu kam die geniale Musikregie, die Memphis Slim beim Boogie-Ostinato zeigte, während Walker ein affenscharfes Gitarrensolo ablieferte – unsichtbar! Wer immer einen Beweis dafür suchte, dass Fernsehen der Todfeind allen Anstands und guten Geschmacks sei, der hätte ihn damals schon gefunden.

Interessanterweise kam das AFBF nicht nach England. Dort war man zwar interessiert, glaubte aber nicht an einen kommerziellen Erfolg. Nichtsdestoweniger stellte sich nach der abflauenden Dixieland- und Skiffle-Welle, die von Musikern wie Chris Barber, seiner Sängerin Ottilie Patterson und Lonnie Donegan getragen worden war, bald eine Blues-Mode ein. Sie war von jungen weißen Musikern im Umfeld von Alexis Korner initiiert, der zusammen mit dem Sänger und Mundharmonika-Spieler Cyril Davies schon 1955 im Roundhouse den London Blues And Barrelhouse Club betrieben hatte – allen voran die Rolling Stones und die Yardbirds. Letztere hatte der pfiffige Horst Lippmann zu einer Session mit Rice Miller in ein Studio verfrachtet und die Platte trotz der Proteste aus dem Hause Chess vermarktet.

Dies markierte einen weiteren Durchbruch, nämlich den zum Blues-Rock made in Britain. Der inzwischen verbreitete Begriff »British Blues« ist natürlich Blödsinn, denn es gab nie eine eigenständige englische Blues-Tradition, alles war importiert. Vernünftiger war es da auch nicht, von einer Rhythm-&-Blues-Explosion zu reden, wie ein repräsentativer Sampler hieß, der die Anfänge von Rod Stewart und Joe Cocker ebenso dokumentiert wie Obskures von Steve Aldo oder Duffy's Necleus und The Redcaps. Urvater Alexis Korner ist natürlich auch vertreten.

Korner und Davies hatten ab 1962 einen bluesorientierten Club in Ealing, zu dessen Stammgästen auch die künftigen Stones gehörten. Bald verlagerte sich die Szene in den Marquee Club im West End von London. Ab 1965 stieß John Mayall mit seinen Bluesbreakers die Türen noch weiter auf und beherbergte mehr oder weniger lang die Gitarrenhelden der Zukunft. Eric Clapton, Peter Green, Mick Taylor spielten unter seiner Regie. Nicht nur sie, auch Jeff Beck, Jimmy Page, Chicken Shacks Stan Webb, der unruhige Groundhog Tony McPhee, Alvin Lee, Kim Simmonds, Rory Gallagher – sie alle wieselten eifrig auf der Fährte von Albert, Freddie oder B. B. King über die Bünde und verursachten den Blues-Boom von 1968, der so gut mit der weltweiten Jugendrevolte einherging.

Der nicht geringe kommerzielle Erfolg von Cream, den Stones, den Animals – mit denen der clevere Rice Miller ebenfalls ein Album eingespielt hatte und tourte, ebenso wie mit den Yardbirds und mit Moody Blues, belebte das Geschäft. Der Aufstieg der Spencer Davis Group, von Fleetwood Mac und Led Zeppelin war unaufhaltsam und brachte ein neues Interesse an traditionellen Interpreten hervor, was wiederum den Blues-Fan Mike Vernon mit seinen Blue Horizon Records im Gespräch und im Geschäft hielt. Ein weiteres Brit-Blues-Rock-Label war ab 1966 Immediate, eine heftig gehypte Gründung von Stones-Manager Andrew Loog Oldham und Tony Calder. Auch die alte Decca entdeckte das Genre wieder für sich.

Gruppen von spillrigen langhaarigen weißen Briten wie Ten Years After verkörperten Speed auch musikalisch, Savoy Brown das betäubende Morphium, Rory Gallagher nebst Taste eher das Guiness-Buch der Saufrekorde. Insgesamt eher derb, dreist und nicht selten drollig war der Zugriff von Killing

Floor, Chicken Shack, der Brunning Hall Sunflower Blues Band, der Climax Chicago Blues Band, John Dummer's Blues Band, The Aynsley Dunbar Retaliation, Red Dirt, Dharma Blues, Steamhammer, Long John Baldry oder Elias Hulk. Manche der Genannten konnten und können von Zeit zu Zeit bei Reunion-Tourneen oder in neuen Zusammenhängen besichtigt werden.

Viele der nicht selten räucherstäbchen- und grasgetränkten Alben sind in offiziellen und weniger offiziellen CD-Versionen wieder erhältlich, auch die eher jazzorientierten Werke von Colosseum, Bakerloo oder der Graham Bond Organisation. Schwerer wird man sich bei der Suche nach echten Kuriositäten wie den Alben der Roundhouse Jug Four, der Panama Limited Jug Band oder der höchst witzigen Blues-Comix von Brett Marvin And The Thunderbolts tun. Von Letzteren existiert wenigstens ein Vintage Thunderbolts-Querschnitt. Auf den Samplern des sich immer wieder gut vermarktenden Mike Vernon tauchen ab und an einzelne Titel von Anthony Top Topham, dem ersten Gitarristen der Yardbirds oder der One-Man-Band Duster Bennett auf. Genährt wurde die Blues-Rock-Szene zusätzlich von einem intakten Substrat akustisch orientierter Folk-Clubs, in denen Musiker wie Jo Ann und Dave Kelly, Gerry Lockran oder Mike Cooper tätig waren.

Nachfolgende Bands wie Back Door oder Dr. Feelgood und Nine Below Zero brachten den Blues-Rock wieder in den Kontext der Kneipen und Bars zurück, und der spät einsetzende, aber anhaltende Erfolg Gary Moores seit den neunziger Jahren zeigt, dass die Briten nicht nur dem Gitarrengott Clapton treu geblieben sind, sondern vor allem dem Blues in seiner britisch pop-gekühlten Form. Selbst Peter Green, der Joe Cocker des britischen Blues, erhielt wiederholt die Chance, sich als Schatten seiner selbst bei einschlägigen Events zu präsentieren. Diskografisch ist die Zeit von 1955 bis 1970 übrigens mehrfach gut erfasst, speziell in Leslie Fancourts ›British Blues On Record‹ (1992) oder in ›Rock Record‹ von Hounsome und Chambers (1979).

Kapitel 9: Blues Revivals

Es lag schon eine Menge Ironie darin, dass sowohl die Beatles wie die Stones sich in Amerika auf ihre Nachfrage nach Blues-Musikern wie Howlin' Wolf, Bo Diddley und Muddy Waters klassisch ignorante Antworten von ortsansässigen Journalisten einfingen wie: »Muddy Waters? Wo liegt das?« Andererseits betraten neue, unvoreingenommene Pop-Schreiber die journalistische Bühne, allen voran ein jugendlicher Nick Kent und der zu acid-gestützter später Erkenntnis gereifte Golden Oldie Ralph J. Gleason. Ihr neues und vernetzendes Denken, das nach äußeren wie inneren Zusammenhängen suchte, war keineswegs so vernebelt, wie die schnell beleidigten Hofschranzen der Hochkultur es gerne gehabt hätten. Es war vielmehr als Einziges in der Lage, Entwicklungslinien richtig zu ziehen – nicht nur in der Musik, getreu dem Diktum Hanns Eislers: »Wer nur etwas von Musik versteht, versteht auch davon nichts.«

Ab etwa 1964 liefen die Dinge erstmals in größerem Maßstab zusammen. Neue Musik von Cage, Stockhausen oder Ligeti paarte sich mit Acid-Rock und transformierte die Folk-Wurzeln, die vor allem die Musiker von der Westküste fleißig kultiviert hatten, zu jenem Neuen, das mehr war als die Summe seiner Teile und das zu seiner Rezeption eine totale Veränderung der Lebensverhältnisse voraussetzte, beim schwarzen Blues-Rocker Hendrix ebenso wie beim akademisch gebildeten Phil Lesh, beim fanatischen Schellack-Sammler Bob Hite, der an die 20 000 Schellacks zusammengetragen haben soll, oder bei den Ex-Folkies Janis Joplin, Jorma Kaukonen und Jerry Garcia. Blues unterfütterte, transformierte und transszendierte die neue Popmusik jenseits der Mainstream-Hitparaden und erreichte ein kosmisches Level, wer Ohren hatte, hörte es in Über-Lautstärke noch in der letzten Landkommune.

Schuld daran war insbesondere Bob Dylan, der in seiner Rolle als jugendlicher Folk-Rebell die schlafmützige Folk- und Protest-Szene zusammen mit seiner Muse Joan Baez und den kanadischen Rockern von The Band dermaßen aufgemischt hatte, dass die ganze freundliche Betulichkeit der Newport-

Festivals, das gestelzte Getue und die selbstverliebte Kulturträger-Attitüde mit einem Schlag hinweggefegt wurden. Folk in den USA war nach Dylans elektrischem Auftritt nie mehr dasselbe, und das war und ist gut so. Vergessen der eitle Dave Van Ronk, leider auch der liebenswürdige Ric van Schmidt, vergessen fast auch Dylan selbst, weil er mit seinem Motorrad in den Graben gefahren war und lange an den Folgen zu tragen haben sollte. Der Blues war nicht unbedingt seine Stärke, aber wenn er ihn brachte, war er immer eindrucksvoll. An Captain Beefheart freilich kam er stimmlich wie poetisch nicht heran.

Captain Beefhearts (geboren 1941) korrekter Name war Don Glen Vliet; durch seine Mutter war er ein entfernter Verwandter der Herzogin von Windsor. Für seine eigene Entwicklung scheint es aber viel wichtiger gewesen zu sein, dass sein Großvater ein versierter Bottleneck-Gitarrist war. Mit siebzehn war der junge Beefheart Vegetarier und vom künstlerischen Wunderkind, das Tiere modellierte und Vorträge an Kunstakademien hielt, zum Blues- und Zappa-Freund mutiert. Sein erstes Album ›Safe As Milk‹ wurde 1965 ein Überraschungserfolg und eines der gelungensten Debütalben der Rockgeschichte. Unter den Studio-Musikern waren der sechzehnjährige Ry Cooder, Russ Titelman, der Schwager von Ry Cooder und ein ebenfalls noch sehr junger Taj Mahal. Kritiker bezeichneten das, was sie spielten, als den »Blues des 21. Jahrhunderts«, vielleicht etwas voreilig. Wie die Dinge derzeit liegen, könnte es sich auch schon um den des 22. gehandelt haben.

Wenn Beefheart Pop machte, hörte es sich an wie Avantgarde, wenn er Avantgarde machte, wie ein Hörspiel, wenn er Hörspiel machte, war es ein Song. Und wenn er Blues spielte, ging entweder die Sonne auf oder die Welt unter, je nachdem, ob es sich um »Diddy Wah Diddy« auf der ersten A-&-M-Single oder um »Dachau Blues« vom epochalen Album ›Trout Mask Replica‹ handelte.

Frank Zappa, sein Schulfreund, hatte sich als junger Mann Visitenkarten mit dem Aufdruck »F. Z. – Composer – Master

Blues Guitarist« machen lassen und zitierte auf seinem nicht weniger epochalen Album ›Freak Out‹ die Namen seiner Blues-Heroen: Lightnin' Slim, Johnny Guitar Watson, Clarence Gatemouth Brown, Slim Harpo, Howlin' Wolf, Charles Brown, Willie Dixon, Muddy Waters, Johnny Otis, Joe Houston und Willie Mae Big Mama Thornton.

Es gibt nicht allzu viele Aufnahmen, auf denen die Urmutter des Dada-Rock offen ihrer heimlichen Liebe zum Blues frönt, eine der schönsten ist sicher »Road Ladies« von ›Chunga's Revenge‹, die früheste stammt noch aus der Schulzeit. Zappa spielte, Beefheart sang »Lost In A Whirlpool«. Dazwischen liegen »Whippin' Post« und »In France« und noch auf ›Broadway The Hard Way‹, seinem letzten Album zu Lebzeiten, zitierte Zappa den unverwüstlichen Klassiker »Bacon Fat«.

Zappa hat, seinem Naturell entsprechend, den Blues meist witzig und satirisch gefasst. Der kurioseste versteckt sich auf dem ziemlich wirren Doppelalbum ›Playground-Psychotics‹ und beschreibt, wie die Band den Umstand feierte, dass man gerade einer Diphterie-Epidemie in San Antonio entkommen war. Aynsley Dunbar trommelte auf einer Whiskey-Flasche und dem Tisch, Howard Kaylan improvisierte den Gesang, der Mundharmonika-Spieler blieb ungenannt, und Meister Zappa nahm den »Diphteria Blues«, wie üblich, heimlich auf.

Ry Cooder und Taj Mahal taten sich in der Folge zu einem lang verschollenen Blues-Album zusammen, ›Rising Sons‹. Beide blieben im Lauf ihrer lang anhaltenden Karrieren dem Blues mehr oder weniger treu, beide waren in ihren besten Arbeiten traditionalistisch und konservatorisch orientiert. Ry Cooder pflegte das Erbe von Sleepy John Estes und der Delta-Slider auf seinem Erstling von 1970 und Alben wie ›Boomer's Story‹, ›Chicken Skin Music‹ und ›Paradise And Lunch‹. Später schrieb er stark bluesorientierte Filmmusiken vor allem für Walter Hill, darunter den Score zu ›Crossroads‹, einer leider sehr schlichten Hollywood-Blues-Fabel, die auch durch den Auftritt von Steve Vai als Hardrock-Bösewicht kaum geadelt wurde.

Taj Mahal war als Blues-Konservator anfänglich durchaus gefragt und geschätzt. Alben wie ›Recycling The Blues And Other Related Stuff‹ oder ›Giant Step/The Ole Folks At Home‹ legten die Grundlage für eine Reputation, die er allerdings in den Jahrzehnten danach durch wenig geschmackssichere Exkurse in die benachbarte Exotik von Hawaii und der Karibik fast wieder verspielt hätte. Daran waren nicht zuletzt auch seine faulen und flauen Auftritte in den achtziger Jahren schuld. Häufig erweckte er den Eindruck, aus Gründen des Marktes vor dem fliehen zu wollen, was er am besten vermittelte, den Blues eben.

Taj Mahal und Ry Cooder entsprangen einer Folkie-Szene, der unter anderen auch ein gewisser Rod McKernan, Spitzname Pig Pen, angehörte. Er sollte ein Urmitglied von Grateful Dead werden und dort das Blues-Element personifizieren – ein schweres Erbe, das nach seinem frühen Tod die Herren Garcia und Weir nicht mehr besonders überzeugend zu verwalten vermochten, zumindest nicht, wenn sie elektrisch spielten.

Der Prototyp einer, noch dazu erfolgreichen, Laurel Canyon Blues Band war Canned Heat, nicht ohne Grund nach dem Alkoholikersong von Tommy Johnson benannt. Kern der 1965 gegründeten Gruppe waren der schwergewichtige Sänger Bob The Bear Hite (1943 bis 1981) und der kurzsichtige Alan The Owl Wilson (1943 bis 1970), beide fanatische Fans und Sammler. Alan Wilson spielte bei der Wiederentdeckung von Son House eine entscheidende Rolle. Er konnte nämlich alle alten Stücke von House nachspielen und brachte sie ihm für Auftritte wieder in Erinnerung. Er spielte auch auf dem neuen Album von Son House, ›Father Of The Delta Blues‹.

Das Debütalbum der Gruppe bestand denn auch aus recht ordentlich, aber wenig aufregend interpretierten Standards nebst einigen Schmankerln. Eine eigene Form fand die Band erst auf ›Boogie With Canned Heat‹, das den Live-Dauerbrenner »Fried Hockey Boogie« enthielt und den Hit »On The Road Again« von Jim Oden. Ihr Doppelalbum ›Livin' The Blues‹ brachte »Going Up The Country«, ihren anderen Hit, den sie von Ramblin' Thomas und seinem »Bull Doze Blues« abgehört hatten. Außerdem enthielt es ein neunzehnminütiges Experimentalstück namens »Parthenogenesis«, das den Blues auf den Stand der zeitgenössischen Psychedelik hob. Einer der biografischen und musikalischen Höhepunkte ihrer wechselhaften Karriere waren die Live-Aufnahmen mit John Lee Hooker, ›Hooker 'n' Heat‹.

Die Band litt unter ständigen Querelen, unkontrolliertem Drogenkonsum und war nach dem Tod von Wilson vom Future Blues weit entfernt. Schlagzeuger Fito De La Parra übernahm schließlich mit stark wechselnden Ergebnissen von ordentlich bis schauderhaft das gewaltige und wohl nie mehr einlösbare Erbe.

Der Laurel Canyon hatte auch den England-Flüchtling John Mayall angezogen, der sich und der Szene 1968 mit ›Blues From Laurel Canyon‹ ein kleines, aber fein gewirktes Denkmal setzte.

American Blues war 1968 ein programmatischer Name für eine, wenn auch kurzlebige texanische Blues-Rock-Band, eine namens The Blues Project existierte schon seit 1965. Der Unterschied war nur: Die eine blieb obskur, die andere hielt sich gut. Denn was Andy Kulberg, Denny Kalb, Steve Katz und Al Cooper betrieben, war anspruchsvolle, manchmal freilich zu filigran-jazzige moderne Blues-Fusion, die nur manchmal rockte. Das Nachfolge-Unternehmen Seatrain war nur noch Fans und Kennern wichtig.

In Chicago lag der Blues Anfang der sechziger Jahre ziemlich darnieder. Das änderte sich, als die Firma Vanguard, die sich aus dem Folk-Boom heraus profitabel entwickelt hatte, 1965 mit einer Dreier-Serie von Alben einstieg. ›Chicago – The Blues – Today‹ bot einen hervorragenden Querschnitt durch die aktive Szene der Stadt, insbesondere der South Side. Von Homesick James über J. B. Hutto, von Johnny Shines bis Otis Rush waren die herausragenden Acts dokumentiert. Die weit verbreiteten Alben beeinflussten viele junge weiße Gitarristen und Mundharmonika-Spieler, die sich nach den akustischen Folk-Jahren mit zeitgemäßeren Formen bodenständiger Musik auseinander setzen wollten.

Mike Bloomfield (1943 bis 1981) spielte nicht nur in der Butterfield Blues Band, die Dylan zu seinem spektakulären Newport-Auftritt engagiert hatte, er arbeitete mit Dylan und Al Cooper auch im Studio, etwa bei ›Highway 61 Revisited‹. ›Super Session‹ war ein Jam mit Stephen Stills, der sich verkaufte wie warme Semmeln, obwohl die Musik in Bloomfields Augen und in kritischen Ohren nichts war als ein Sonderangebot im Schlussverkauf. Der Nachfolger war dann noch viel schlimmer. Bloomfields großes Verdienst ist es, sich als Betreiber eines Clubs namens Fickle Pickle um damals vergessene Alt-Blueser wie Big Joe Williams oder Sleepy John Estes gekümmert zu haben. Seine eigene Musik füllt ein solides Best-Of-Album.

Paul Butterfield (1942 bis 1987) hatte in Bloomfield weniger einen Partner als eine Reibefläche gefunden. Die beiden versuchten ständig, sich aneinander zu profilieren, was der Musik zugute kam, der Atmosphäre in der Band aber entschieden nicht. Nach den beiden ersten und besten Alben ›The Paul Butterfield Blues Band‹ und ›East-West‹ verließ Bloomfield 1967 die Band und ging zu Electric Flag. Insbesondere das erste Album sollte insofern ein Meilenstein werden, als es den Blick von der Blues-Tradition auf die Rockmusik der Gegenwart richtete. Eine Band aus Chicago, in der schwarze und weiße Musiker agierten, spielte harten, rockigen Blues auf der Höhe der Technik und der Zeit. Es war das prototypische Blues-Rock-Album, während ›East-West‹ im Titelstück in fernöstlich angehauchten psychedelischen Firlefanz abdriftete, was die Gattung nicht weiterbrachte, aber ein zeittypisches Produkt war.

Charles Musselwhite, Jahrgang 1944, war seit seinem Debütalbum ›Stand Back! Here Comes Charlie Musselwhite's Southside Band‹, das 1967 herauskam, eine feste Harmonikagröße nicht nur im weißen Blues. Geschult am authentischen

Country-Blues eines Big Joe Williams oder Furry Lewis, verkörperte er den Erneuerern gegenüber den tätigen Respekt vor den Altmeistern. Er begleitete sie gerne bei Konzerten und Aufnahmen. Seine zahlreichen eigenen Alben, auf denen er ab und zu auch Gitarre spielte, waren immer überdurchschnittlich und solide, aber selten wirklich aufregend.

Jeff Beck, Harvey Mandel und Roy Buchanan waren gefeierte Gitarristen der Zeit, konnten aber als Blues-Musiker nie so recht überzeugen. Der bluesinfizierte John Kay zeigte sich solo eindrucksvoller als mit Steppenwolf.

Jimi Hendrix, Janis Joplin und Johnny Winter waren da andere Kaliber. Hendrix trieb den Blues konsequent an seine tonalen Grenzen, Janis Joplin warf sich mit der ganzen expressiven Wucht südstaatlicher Weiblichkeit in den Blues, mehr oder weniger glücklich mit dem Lärm, den Big Brother And The Holding Company, The Kozmic Blues Band oder die Full Tilt Boogie Band hinter ihr veranstalteten, der Albino Johnny Winter, ein ausgewiesener Robert-Johnson-Fan, gab dem Begriff »Weißer Blues« eine neue Bedeutung, wenn er storchenbeinig über die Bühne stakste und giftige Slide-Soli abließ. Im Lauf der Zeit wandelte er sich dann zum konservativen Traditionalisten, produzierte und spielte unter anderem auf einigen Alben von Muddy Waters mit, insbesondere auf ›Hard Again‹.

In den folgenden Jahren bis heute entwickelte sich vor allem im Süden der USA eine Rock-Melange, die sich zu wechselnden Anteilen aus Blues, Rock und Country nährte. Ihre prominentesten Interpreten waren die Allman Brothers, ZZ Top, Lynyrd Skynyrd, Charlie Daniels, Foghat, The Fabulous Thunderbirds, Pat Travers, George Thorogood und Stevie Ray Vaughan. Dazu kamen noch Dave Alvin und sein Bruder Phil nach den Blasters, J. J. Cale, Tony Joe White und Townes Van Zandt, um nur die auffälligsten zu nennen. Weiblicherseits profilierten sich die Slide-Gitarristin Bonnie Raitt, die im Lauf der Jahre immer mehr in der Mitte des Stroms schwamm, die aufregende, aber eher countryorientierte Lucinda Williams, die etwas fade Rory Block, die witzige Marcia Ball sowie die freundliche Maria Muldaur, die in ihren Anfängen in der Revival-Jug-Band ihres damaligen Mannes Jim Kweskin gesungen hatte.

Anfang der sechziger Jahre war es außerdem zu einer vor allem an den Colleges beliebten Jug-Band-Mode gekommen, aus dem als bekannteste Gruppen Lovin' Spoonful und Country Joe & The Fish hervorgehen sollten – allerdings dann mit eigenem Repertoire wie »Summer In The City« oder »I-Feel-Like-I'm-Fixin'-To-Die-Rag«. Andere brachten es nicht so weit, waren aber dennoch lustig wie die Even Dozen Jug Band oder Dr. West's Medicine Show And Junk Band, die der Ein-Hit-Mann Norman »Spirit In The Sky« Greenbaum initiiert hatte. Auch die Jim Kweskin Jug Band machte sich lustvoll über die alten Hokum-Blues-Kracher her und möbelte sie hippelig auf. Ein ähnliches Konzept verfolgte zeitweise Don Hicks mit seinen Hot Licks und – strikt auf der Amateur- und Freizeit-Spaß-Ebene – der Comiczeichner Robert Crumb mit seinen Cheap Suit Serenaders. Die meisten dieser Aktivitäten spielten sich im altmodischen und traditionsbewussten San Francisco und in der Bay Area ab. Dort taten sich auch um 1970 Hot Tuna zusammen, die bis heute dem elegant gepickten akustischen wie dem kraftvoll gedroschenen elektrischen Blues verpflichtet blieben.

Viele der jungen Rockmusiker waren Blues-Fans und Sammler alter Aufnahmen. Damit nicht genug, dehnten sie bald ihre Spurensuche auf die überlebenden und in ländlicher Anonymität versteckten ehemaligen Berühmtheiten aus. Unter den wieder aufgefundenen Musikern waren der Songster John Hurt, Son House, Furry Lewis, Skip James, Lonnie Johnson, Booker T. White und der legendäre Black Ace prominent. Es dauerte nicht lange, dann erschienen zum Teil ausgezeichnete neue Einspielungen, manche der alten Herren gingen trotz ihres hohen Alters noch auf Tournee oder gedachten 1961 ihrer ›Country Roads, Country Days‹, wie Doug Quattlebaum, Alec Seward, Arbee Stidham, Jesse Fuller, Snooks Eaglin, St. Louis Jimmy oder K. D. Douglas.

Kapitel 9: Blues Revivals

Im April 1963 hatte Mike Leadbitter ›Blues Unlimited‹ gegründet, die erste ausschließlich dem Blues gewidmete Fachzeitschrift. Dort wurden Interviews mit alten und neuen Blues-Größen veröffentlicht, die er später zu einer Publikation ›Nothing But The Blues‹ (1971) zusammenfasste.

Die rückwärts gewandte Begeisterung spornte auch die Feldforscher zu neuen Entdeckungen an, darunter der sensationelle Fred McDowell, ein eigenwilliger Slide-Stilist, der bei Konzerten Begeisterungsstürme hervorrief. Dr. Harry Oster nahm für das Arhoolie-Label 1959 zeitgenössischen Country-Blues von Butch Cage, Willie B. Thomas, Robert Pete Williams auf, der auf dem Album ›Country Negro Jam Session‹ zugänglich ist.

In Louisiana machte er Aufnahmen mit Smokey Baer und Herman E. Johnson, mit Henry Gray, Guitar Kelly, Whispering Smith, Clarence Edwards und dem eindringlichen Silas Hogan, und in New Orleans dokumentierte er den brillanten blinden Straßensänger Snooks Eaglin. Dort wurde man sich allmählich anlässlich der Jazz And Heritage Festivals auch des Blues-Erbes der Stadt bewusst und feierte in der Folge Lokalgrößen wie Allen Toussaint, Irma Thomas oder Professor Longhair.

Labelchef Chris Strachwitz begab sich ein Jahr später nach Mississippi, wo er Sam Chatmon rüstig und spielfreudig vorfand, dazu Wade Walton, K. C. Smith, Big Joe Williams und Columbus Jones, das Album erschien unter dem Titel ›I Have To Paint My Face‹. In Texas fand Strachwitz die Pianisten Mercy Dee Walton und Robert Shaw, den versierten Songster Mance Lipscomb mit einem beachtlichen Repertoire traditioneller Lieder, den unumgänglichen Lightnin' Hopkins, Lil' Son Jackson sowie Earl Hooker.

Eine der liebenswürdigsten Gestalten war der Songster John Jackson aus Rappahannock County, Virginia, der sein gemischtes Repertoire aus »Country-Blues And Ditties« auf zwei herzerfrischend unprätentiös eingespielten Alben vorlegte. Seine sonstigen Tätigkeiten im Leben wurden beschrieben als

Chauffeur, Farmer, Butler, Historiker, Menschenfreund und Leichenbestatter – fürwahr eine authentische Blues-Biografie eines viel zu wenig bekannten, wenn auch als National-Schatz gewürdigten Musikers.

Robert Pete Williams (1914 bis 1980) war mit seinen Blues, die vor allem vom Leben in Gefängnissen handelten, die er selbst nur zu gut kannte, und seinen auch ansonsten eher düster gestimmten Songs eine Entdeckung von Dr. Oster gewesen, der sich intensiv um eine Begnadigung bemühte, die schließlich auch erreicht wurde. Aber erst ab 1964 durfte Williams Louisiana verlassen und sich einem weltweiten Publikum vorstellen.

Die Heroen des kommerziellen schwarzen Blues der Sixties waren immer noch Muddy Waters, Howlin' Wolf, John Lee Hooker, Lightnin' Hopkins, im Lauf des Revivals kamen neue Namen dazu wie Buddy Guy, Freddie King, Luther Allison, Otis Rush, Magic Sam, Joe Young sowie die viel zu lange unterschätzte Etta James, die alle inzwischen zum festen Kanon des modernen Blues gehören.

Auch nach dem Abflauen des Blues-Rock-Booms blieben viele der neu gewonnenen weißen Enthusiasten dem Blues als der Basis von Roots, Rock und Reggae treu. Es entwickelten sich kleine lokale Zentren, es fanden kleine Migrationen in beide Richtungen statt, und der Blues bereitete sich auf sein nächstes Revival und die dritte Phase, diejenige seiner Globalisierung, vor.

Kapitel 10: Blues in Europa und überall

Viele der Blues-Musiker, die Europa bereist hatten, sahen die Verhältnisse daheim nun mit anderen Augen. Im Ausland waren sie gefeierte Künstler und Stars und wurden nirgendwo ihrer Hautfarbe wegen diskriminiert. Man hatte ihnen menschlich und künstlerisch Respekt gezollt, und sie hatten sich, von Ausnahmen wie Howlin' Wolf abgesehen, meist sehr wohl gefühlt – so wohl, dass einige von ihnen beschlossen, die Vereinigten Staaten für lange Zeit oder für immer zu verlassen.

Die Pianisten Champion Jack Dupree, Memphis Slim alias Peter Chatman und Curtis Jones bildeten die Vorhut. Sie tourten häufig durch England, Skandinavien und Deutschland und lebten wahlweise in den europäischen Zentren des Blues wie Paris, Kopenhagen, Stockholm, Amsterdam, Hamburg, Zürich, München und Wien. Doch während die beiden Ersteren sich sehr gut akklimatisierten, lief es für Curtis Jones, der sich ausgerechnet Spanien vorgenommen hatte, nicht so gut. Er starb 1971 völlig mittellos in München.

So kompetent Dupree und Chatman waren, machten sie doch im Lauf der Jahre zunehmend Konzessionen an den Publikumsgeschmack. Memphis Slim ruderte gerne – »All By Myself« – mit Windmühlen-Armen, Champion Jack gab nur zu oft dem sprichwörtlichen Affen Zucker, freilich nicht an den unvergesslichen Nachmittagen im Zürcher Afrikana, wo er eine Woche lang nur zwei Zuhörer hatte: einen kleinen ausgestopften Alligator, der auf dem Klavier lag, und einen dicklichen Gymnasiasten aus Bayern namens Carl-Ludwig, der von seiner Tante, die auch schon Big Joe Turners Hemden gebügelt hatte (»er war so ein netter, höflicher Mann«) zu Bildungszwecken nach Niederdorf geschickt worden war. Die Situation war so bizarr, dass sie noch anderthalb Jahrzehnte später bei einem Interviewtermin schallendes Gelächter beider Beteiligter hervorrief.

Dupree, wie auch auf seinen besten Alben nachzuhören, war ein Meister des ökonomischen Slow-Drag-Pianos, aber auch des New-Orleans-Boogie, ein beeindruckender Sänger, der genau seine eigenen Erfahrungen formulierte – wenn er wollte. Dasselbe galt für Memphis Slim. An ihrem Vorbild schulte sich in der Folge eine Generation europäischer Boogie- und Barrelhouse-Pianisten, leider nur zu oft technisch brillante, aber seelenlose Imitatoren, deren einziges Lernziel zu sein schien, den Geschwindigkeitsrekord auf Tasten zu brechen. Wer die unendlich traurige Blues-Veranstaltung zum Jahrtausendwechsel im Rahmen des Jazz-Marathons auf 3Sat gesehen hat, weiß, dass sich daran bis heute nichts geändert hat.

Für Pianisten war und ist das Kopieren von Vorbildern im Grunde einfacher, denn es gibt keine Probleme der Notation. Für Gitarristen war es in den Anfängen viel schwieriger. Kaum jemand beherrschte in den sechziger Jahren Finger-Picking, kaum jemand war in der Lage, Open Tunings überhaupt zu erkennen, und Picks und Slides gab es noch nicht vorsortiert im Musikgeschäft um die Ecke. Nur wer den richtigen Laden kannte, traf vielleicht Philadelphia Jerry Ricks und konnte sich ein paar Tipps geben lassen.

Wer weiß, ob das jemals sehr viel anders geworden wäre, hätte nicht Peter Bursch sein millionenfach verkauftes Gitarrenbuch verfasst und damit einer ganzen Blues-Picker-Generation auf den Weg geholfen, ohne ihnen freilich den Blues selbst mitliefern zu können. Der blieb dann in den meisten Fällen trotz oder wegen steriler Perfektion auf nach Kammerton gestimmten Edelhölzern aus. Gitarristen und Sänger wie Eddie Boyd oder Louisiana Red, die sich in der Folge auf Dauer in Europa niederließen, trafen solchermaßen immer auf ein lernpathologisch gestimmtes junges männliches Publikum, das ihnen jedes Lick von den Fingern ablas, anstatt sich auf eigene Inspiration zu verlassen.

Vom Gesange denglish knödelnder teutonischer Barden schweigt sogar die Satire. Es geht einfach nicht. Als sich das nach vielen vielen Jahren ein wenig herumgesprochen hatte,

Kapitel 10: Blues in Europa und überall

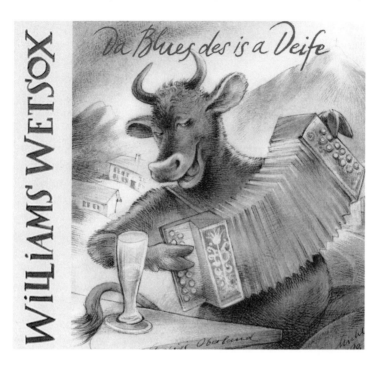

holten sich etliche Schlaumeier-Bands wenigstens Engländer oder Amerikaner, was aber auch nicht immer funktionierte. Am besten kamen und kommen halbwegs stilsichere Formationen mit schwarzen Gastsängern zurecht, wie etwa die Kooperationen von Toni Spearman mit hiesigen Musikern oder die von Jeanne Carroll mit dem Pianisten Christian Christl, dem einfühlsamen Gitarristen Wolfgang Bernreuther und neuerdings der routinierten Bluesmafia zeigen.

Andersherum verfuhren Bandleader wie Albert C. Humphrey oder Al Jones, die für ihre eigenen Formationen begabte einheimische Musiker beschäftigten. Das führte etwa bei dem Album ›Sharper Than A Tack‹ der Al Jones Blues Band zu einem überdurchschnittlich gut hörbaren Ergebnis.

Kapitel 10: Blues in Europa und überall

Seit ein, zwei Jahrzehnten entstand zudem ein kleiner Blues-Reiseverkehr. Deutsche Musiker wie etwa Paul M. Vilser aus Regensburg besuchten die Szene in Chicago, lernten, was es für sie zu lernen gab, und kamen mit Kompetenzzuwachs wieder zurück. Schwarze Sängerinnen und Sänger insbesondere fanden in der sich ab 1989 neu organisierenden Szene gute Entfaltungsmöglichkeiten.

Es ist vielleicht ein schwacher Trost, aber auch in nördlicheren Gefilden, wo man des Englischen traditionell mächtiger war, funktionierte es von Anfang an nicht gut. Die holländischen Bintangs etwa waren eine grobschlächtige Lachnummer, die gerade noch als Kuriosum durchging. Da hatte Hans Theessink in der Folge einiges zu tun, die Blueser-Ehre wieder herzustellen.

Instrumentalisten hatten es immer leichter. Eine gut geblueste Harmonika wie die von Dieter Kropp kann man wahrscheinlich kaum identifizieren. Aber auch hier gilt: Nicht jeder, der ihn technisch sauber spielt, hat den Blues, da helfen auch die teuersten antiken National-Steel-Modelle nichts. Entscheidend ist, was J. E. Berendt in seinem viel gelesenen, wenig beherzigten ›Jazzbuch‹ als »Qualität« bezeichnet, zu anderen Zeiten hat man es »feeling« genannt oder einfach gesagt: »Er oder sie hat es oder hat es nicht.«

Noch einfacher: Blues ist eine Charakterfrage. Zu brave, zu bürgerliche, zu akademische Musiker sollten lieber gleich die Finger davon lassen. Konformisten gehören ins Symphonie-Orchester, Hochleistungssportler in eine Rock-Arena, Tüftler ins Studio, Sammler auf die Flohmärkte, Experten ins Museum, Leichenkosmetiker auf den Friedhof, leibhaftige Blues-Musiker an die Straßenecke oder in die Wirtschaften, auch wenn sie schon viele Platten gemacht haben wie Dieter Beck – vormals Kollege von Willy Michl, Peter Jacobi von der münchnerischen Blues-Rock-Band Zyankali – und Remigius »Remy« Drechsler von Out Of Focus, die regelmäßig im Englischen Garten zu hören sind, wie Satan And Adam in Harlem oder David Peel am Washington Square.

In den USA soll es sie jetzt ja wieder an jeder Ecke in jeder Stadt geben, die Blues-Kneipen für alle, die MTV und die Kleiderordnungen der Diskotheken satt haben, bei uns werden es zunehmend mehr. Allerdings kaum genug für die etwa fünfhundert professionell arbeitenden Blues-Gruppen und Einzeltäter, die sich stolz im Blues Guide Germany präsentieren, einer hervorragenden, internet-gestützten Orientierung zur aktuellen deutschen Szene (http://www.Blues-Germany.com). Dirk Föhrs gibt auch die Fachzeitschrift ›Blues News Magazin‹ heraus, die neben der ›Jazzthing‹-Beilage ›Blue Rhythm‹ und dem Fachblatt ›Harmonica Player‹ das einzige wichtige deutschsprachige Periodikum darstellt. Der 1976 in Frankfurt am Main gegründete German Blues Circle scheint nicht mehr viel Bedeutung zu haben.

Stilistisch ist eine leichte Tendenz zu mehr Vielfalt festzustellen. War in den letzten zwanzig Jahren fast nur elektrischer Chicago-Blues zu hören, findet allmählich ein leichter Paradigmen-Wechsel in Richtung Texas-Shuffle à la Fabulous Thunderbirds, Neo-Swing und in einigen Fällen zum Jug-Band- und Country-Blues der vierziger Jahre statt; gerade in Mode zu kommen scheinen Cajun-Ensembles, wie die Kölner Cajun Pioneers, die viel auf Französisch singen, was unseren Ohren ohnehin besser bekommt. Der Pianist Ludwig Seuss pflegt seit langem Zydeco und afrokubanische Rhythmik. Vielleicht ist München derzeit ohnehin eine Art süddeutsches San Francisco. Wenn die Sons Of The Deserts mit ihrer Mixtur aus Ragtime, Blues und Hawaii-Schlagern der zwanziger Jahre, wenn Cypress Grove oder Willie Salomon und Peter Krause aus dem Stall Kilger & Sax mit ihren sorgfältigen Remakes auftreten, klingt das – auch wegen des vergleichsweise erfreulich unpeinlichen Gesangs – live wie auf Platte manchmal schwer nach Sixties-Hippie-Revival. Auch Notty's Jug Serenaders scheinen den Blues nicht von seiner bierernsten Seite zu nehmen und beziehen die alemannische Bodensee-Folklore mit ein. Bluesböcke und Bluesbube aus Hessen sorgen ebenfalls regional für Heiterkeit und Frohsinn. Ein anderer humoristischer Höhepunkt ist das herzerfrischende Jubiläumsalbum der Losen Skiffle Gemeinschaft Leipzig Mitte, ›Das Beste Aus 45 Jahren‹ mit seiner gewagten Vielsprachigkeit vom »Saint Luise (!)-Blues« bis »Bona Sierra (!) Senorita«.

Ansonsten geht die deutsche Blues-Szene zwischen Acoustic Blues Trio und Axel Zwingenberger keine hörbaren Risiken ein. Zum Beweis dient ein Sampler wie ›Springtime Blues‹, der das ganze Elend teutonischer Provinz-Blueserei im Jahr 2000 dokumentiert. Urgesteine wie Das dritte Ohr halten sich schon aufgrund dieser Lage immer noch gut, wie auch der sensible Stefan Diestelmann, dank einer treuen Klientel fernab der Massenmedien. Aus der ehemaligen DDR habt sich Engerling wenigstens auf CD gerettet.

Es gibt aus dem Denglish-Dilemma wohl nur einen Ausweg, den auch Willie Dixon einem deutschen Blues-Adepten wies, der ihm einen selbst zusammengeschusterten Blues-Text – natürlich im besten Queen's-English – unterbreitete: Why don't you do it in your own language? Was das für einen Unterschied ausmacht, nämlich den zwischen schierer Unerträglichkeit und akzeptabler Eigenständigkeit, zeigt exemplarisch ein Album wie ›She's Real‹ von Pass Over Blues, wo man sich nach einem Titel wie »Ratten« fassungslos fragt, warum »Crazy Mama« von J. J. Cale gecovert werden musste.

Die Bastelanleitung für den selbst gemachten Blues hatte schon 1964 Jahnheinz Jahn geliefert, wenn auch in der spröden Art eines germanistischen Proseminars, mit Beispielen von Goethe bis Heine, dem angeblich bluesigsten deutschen Dichter. Sein Buch ›Blues And Work Songs‹ mit einer begleitenden Einführung in Blues-Harmonik und Gesangsstil von Alfons Dauer gehörte zusammen mit seinem Buch ›Negro Spirituals‹ (1962) jahrzehntelang zur Pflichtlektüre.

Es sind aber seiner Anregung nur sehr wenige gefolgt, und vermutlich haben sich noch weniger an sein etwas pedantisch abgeleitetes Regelwerk für künftige Blues-Barden gehalten, sondern sind nach dem Motto Jeder-sein-eigener-Walther-von-der-Vogelweide verfahren. Denn was der Norddeutsche Janheinz Jahn völlig übersah, war, dass die eigene Sprache für die meisten Menschen hierzulande eben nicht ein standardisiertes mobiles Einheitshannoveranisch war und ist, das Jürgen Frey als Zentraldeutsch bezeichnete, sondern einer der zahlreichen regionalen Dialekte. Weswegen der einheimische Blues eigentlich erst anfing, als die ersten Leute wienerisch, bayrisch, hessisch oder plattdeutsch sangen. Vermutlich taten dies auch manche Sachsen in der DDR. Die Geschichte dieser Entwicklung ist noch nicht geschrieben. Erste Hinweise dazu finden sich bei Volker Albold und Rainer Bratfisch in ihrem Buch ›Blues heute‹ (1984) sowie bei Karel Siniveer und Jürgen Frey in ihrer Publikation ›Eine Geschichte der Folkmusik‹ (1987).

Blues auf Zentraldeutsch war immerhin ab etwa 1970 mehrere Versuche wert, vom Einzel-Bluesikanten Gerhard Engbarth über das antipsychedelisch agitierende Dritte Ohr bis zur Delta Blues Band, die textlich eher in der Tradition norddeutscher Polit-Rock-Gruppen wie TSS oder Panther stand. In der DDR war Blues als antikapitalistische Musik grundsätzlich erlaubt. Bereits 1964 und 1965 tourte ein Teil des American Folk Blues Festivals auch durch die DDR.

Ende der sechziger Jahre gründeten einige Enthusiasten Vaih hu, die erste Band der DDR, die konsequent Blues spielte. Zu ihr gehörte auch Stefan Diestelmann (Jahrgang 1949), der im Blues der DDR eine zentrale Stellung einnahm, bis er 1984 die DDR illegal verließ. Die Gruppe Engerling, 1975 von Wolfram Bodag (Jahrgang 1950) gegründet, spielt bluesorientierte Rockmusik, hat aber zahlreiche Rhythm-&-Blues-Standards im Programm, und auch in den Eigenkompositionen (»Blues Vom Roten Hahn«, »Mama Wilson«, »Moll Blues«) überwiegen Blueselemente.

Seit den achtziger Jahren gab es auch in Magdeburg und Weimar einschlägige Festivals, in Dresden und Berlin konnte ebenfalls Blues gehört werden, original und nachgespielt. Ein weiteres Zentrum scheint der Bezirk Erfurt gewesen zu sein. Die Geschichte des polnischen Blues beginnt 1964 mit dem

Gastspiel des AFBF. Im Sommer 1965 gründet Tadeusz Nalepa die Gruppe Blackout. Wichtigster Einfluss: authentischer Blues auf Tonbändern, die Eric Burdon nach Polen mitgebracht hat. 1968 wird Blackout zu Breakout.

Schon 1936 gab Joe Turner sein erstes Gastspiel in Prag und es dauerte bis 1974, bis er mit Count Basie wiederkommen konnte. Ansonsten markiert auch hier die Mitte der sechziger Jahren den Ausgangspunkt für das Virus des Revival-Blues, der lediglich Ungarn und Russland kaum tangierte.

All diese Entwicklungen, vom Mundart-Blues der Hagelwätter Blues Band in der Schweiz bis zu den Dias de Blues oder der Dolphin Blues Band aus Spanien, von der Schüttelfrost- oder Gschamsta-Diener-Blues Band aus Österreich zu Cuby And The Blizzards und Living Blues in den Niederlanden, von Schwedens Peps Persson und Bluesblocket, von Dänemarks Kenn Lending und Peter Thorup zu Finnlands Hasse Walli oder Wigwam – sie alle wären möglichst bald in einer eigenen Publikation zu beschreiben, am besten im Kontext einer Geschichte der europäischen Jugendkultur seit dem Zweiten Weltkrieg. Doch es existiert in den meisten Ländern noch nicht einmal eine halbwegs relevante Voruntersuchung, wie sie etwa für die Rockmusik ›Euro-Rock‹ (1981) darstellte. Doch wer hat die Platten, nennt die Namen? Für erste Hinweise bietet sich inzwischen das Internet an.

Regionale Rock- und Blues-Geschichte in Europa scheint es im Jahr vor der Währungseinheit nur in bescheidenen Ansätzen zu geben, ein weiterer Beweis dafür, dass nicht Geld, sondern ein Bewusstsein von Zusammenhängen wichtig wäre. Doch da Bürokratien ihrem Wesen nach lieber sinnlos verschwenden, anstatt kulturelle Werte zu schaffen, gibt es zwar hoch subventionierte Mordtaten an kranken Rindviechern, aber keine Förderung von Projekten zur Untersuchung europäischer wie lokalhistorischer kultureller Phänomene. Es steht zu vermuten, dass der Euro-Blues seine große Zeit sicher noch vor sich hat. Dabei wäre gerade an seiner Rezeption, wie an der von Rockmusik, exemplarisch nachzuweisen, dass seit dem 20. Jahrhundert das Konzept nationaler Kultur vollends obsolet geworden ist, während regionale und supranationale Tendenzen sich prächtig entwickeln.

Ein kurzer Blick auf den bayrischen Sprachraum, der einen Teil Süddeutschlands, ganz Österreich und einen Teil Italiens umfasst, zeigt das. Die bayrischen Mundarten vom Wienerischen über das Niederösterreichische zum Altbayrischen oder auch Tirolerischen haben sich als besonders bluestauglich erwiesen. Wenn Williams Fändrich singt: »I bin a boarischa Blues-Mo«, ist das eine korrekte Feststellung, die durch Leben und Werk des Mannes voll bestätigt wird. Wer als Gitarrist den Finger in die Kreissäge gebracht hat, wem das Haus abgebrannt ist und wer klassische Zeilen singt wie:

»Reng, Reng an ganzn Dog es wead boid mea ois i vadrog
Woikn Schlamm, Dreg und Wassa Sonna, bittscheen kimm
 aussa
Dabei waars bei uns so schee am Kochl- und am Walchensee.

Bayan wos is los mim Weda schwarz wiad Nachd is bei dia
 jeda
D Freiheid de hod arg zum Beissn Bauanhöf san voi mid
 Breissn
Dabei waars bei uns so schee am Kochl- und am Walchensee.

Dees ganze Dorf zareisd ses Mei hoffentlich kastlns de boid ei
dene kead jas Haus ozündt damid des Gschwerl ausm Dorf
 faschwindt
O weh, am Kochl- und am Walchensee.

Dea Wind dea jezad bei uns blosd is scheissebraun und
 schwarz wia Ruas
De oidn Nazi-Geista kemma und woin uns unsa Freiheid
 nemma
Dabei waars bei uns so schee am Kochl- und am Walchensee«,

der muss sich vor keinem verstecken und der braucht den Blues nicht zu suchen, denn der hat ihn schon am Wickel, wie man in Bayern sagt. Und außerdem ist klar: ›Da Blues des is a Deife‹. Und auch nur in Bayern konnte es einen Zither-Manä geben, einen, der den Blues auf dem alpenländischen Paradeinstrument daherzupfte, dass den Brauchtumshütern ganz schwindlig wurde. Nur ein Wiener wie Helmut Qualtinger konnte schon in den fünfziger Jahren mit seinem »Bundesbahn-Blues« die Richtung für einen Richard Weihs, einen Ostbahn-Kurti, eine Jazz-Gitti, eine Bluespumpm und die Verrückten von Drahdiwaberl weisen, nur ein Willi Michl kann einen so echten falschen Indianer darstellen, nur in Bayern konnte es passieren, dass ein gewisses Zuggabubbal so beliebt wurde, dass gleich mehrere Bands und Interpreten ihren Erfolg darauf gründeten.

Was die mundartlichen Bayern von Hanse Schoirer bis Georg Ringsgwandl oder Hans Söllner verbindet, ist, dass sie bluesig singen und spielen, auch wenn sie musikalisch in anderen Bereichen arbeiten, das gilt selbst für Alpen-und Flachland-Popper wie Goisern, Haindling, Knödel, Hundsbuam, Giesinger Sautreiber und die Diatonischen Jodelwahnsinnigen. Nur die Biermösl-Blosn hat sich bis dato völlig bluesabstinent gezeigt, aber vielleicht üben die Well-Buben schon heimlich, wie die renovierten Sparifankal auch. Viel zu wenig bekannt sind immer noch die sehr eigenständigen Blues-Adaptionen der niederösterreichischen Gruppe Graymalkin. Wie man die instrumentale Seite respektvoll, aber wirksam und regional weiterentwickeln kann, zeigten neben Schrammel & Slide gerade die Herren Dittmann und Holzapfel mit »Dreiviertelte, Blaue, Zammazupfte«.

Die Fortschreibung des bayrischen Blues zur zeitgemäßen Form des Rap ist bedauerlicherweise noch nicht gelungen, bleibt aber Desiderat. Möglicherweise ist hier aber auch die Sollbruchstelle zwischen bewusst altmodischer rock- und bluesbasierter Musik im Dialekt und einer alles nivellierenden norddeutsch geprägten Einheits-Sprache markiert – bestenfalls aufgemöbelt durch einen Schuss Ghetto-Türkisch. Dann wäre die Verweigerung der weiteren Modernisierung womöglich auch eine Form von Widerstand gegen den massenmedialen Wahnsinn. Es wird sich weisen.

Der Blues als seelenloses Imitat, als ausschließlich auf die spieltechnische Seite und die musikalische Formel reduzierte Praxis wird keine Chance haben; er ist schon jetzt überständig und in manchen hoffnungslosen Fällen einfach nur stupid. Intelligente, respektvolle Annäherungen bleiben aber sicher nach wie vor möglich, insbesondere durch kreative Aneignungsprozesse, inhaltliche Erneuerungen oder gelungene Übertragungen – hier bestünde in allen Dialekten und im Raum Hannover auch auf Hochdeutsch riesiger Handlungsbedarf.

Mit zunehmender Vielsprachigkeit und mit viel Training wird es auch hier Leute geben, die akzeptable englische Blues-Texte formulieren oder singen können, aber auch auf sie würde das herbe Verdikt von David Honeyboy Edwards zutreffen, das selbst für Australier wie Dutch Tilders, Margaret Roadknight oder Chain gilt, für Kanadier wie Colin James oder John Campbelljohn, der mit ›Hook, Slide And Sinker‹ ein hervorragendes Slide-Album vorlegte, besonders aber für Japaner wie die kuriosen Long Gone Daddy-Os und sonstige Blues-Adepten aus dem Rest der Welt.

Das ist kurz vor dem endgültigen Aussterben der letzten Generation des authentischen Country-Blues keine Wertung, nur eine historische Tatsachenfeststellung. Sie zeigt nichts anderes, als dass der Blues von der Mitte bis zum Ende des 20. Jahrhunderts unserer Zeitrechnung eine Entwicklung durchlief, die nicht rückholbar sein wird. Er ist von der regionalen zu einer gesamtkulturellen musikalischen Form geworden, wie die Fuge, der Tango oder der Walzer.

Kapitel 11: Blues heute

Was für einige freudige Überraschung, als 1971 auf einem kleinen Independent-Label namens Alligator ein rabiat geslidetes, fetziges Album eines gewissen Hound Dog Taylor erschien, den vorher praktisch keiner kannte. Es gab also noch Talente, die den Revivalisten durch die engen Maschen geschlüpft waren, schwarze Musiker, die mit voller Energie und unbeeindruckt von Moden und Massengeschmack kraftvollen, unverfälschten Blues spielten. Glückliches Chicago. Wohin man schaute: Neue, wenn auch nicht immer ganz junge Talente wie Koko Taylor, J. B. Hutto oder Shakey Jake und Johnny Littlejohn.

Der Blues lebte und gedieh also immer noch, obwohl Chess geschlossen hatte. Noch lebten Muddy Waters und Howlin' Wolf, noch waren Buddy Guy und Junior Wells auf der Höhe ihrer Schaffenskraft. Was also konnte jemals schief gehen? Es ging aber dennoch schief und zwar gründlich – in Chicago möglicherweise wegen Hollywood und wegen des Riesenerfolgs einer Klamotte, die der notorische Witzbold John Landis mit den bluesoderwassiedarunterverstandenverrückten Dan Aykroyd und John Belushi in den Hauptrollen drehte.

Die Handlung von ›Blues Brothers‹ war bescheuert, die Gags hatten Rübezahlbärte, die Originalmusik, ein völlig beliebiger Mischmasch aus Gassenhauern und Obskuritäten, war erbarmungswürdig schlecht gespielt und gesungen und mit lächerlicher Akrobatik im Stil verstaubter Tanzfilme aufgemotzt. Dazwischen waren in kleinen, eher dümmlichen Nebenrollen Aretha Franklin, Ray Charles und John Lee Hooker zu sehen. Wie nicht anders zu erwarten, war das auf die angloamerikanische und bundesdeutsche Durchschnittsintelligenz zugeschnittene Machwerk ein Riesenerfolg. Der Verkauf von Sinatra-Hüten und Ray-Ban-Sonnenbrillen schoss sprunghaft in die Höhe, Blues-Brothers-Imitatoren wurden in gehei-

Kapitel 11: Blues heute

SATAN and ADAM

HARLEM BLUES

men Labors geklont und waren auf Karaoke-Hüttenabenden zwischen Tokyo und Oberammergau obligatorisch.

Natürlich hatte das, was dann auch live als Blues Brothers Band unterwegs war, mit Blues so gut wie gar nichts zu tun, mit Mainstream-Pop aber sehr viel. Wie so oft in der Geschichte wurde das Imitat als Original gehandelt. Und weil die – in der bald danach von Blues-Brothers-Touristen überlaufenen Stadt – wenigen noch vorhandenen Originale weder willens noch in der Lage waren, die klischierten Vorstellungen der Besucher zu bedienen, war bald danach einfach Schluss. Die letzten Originale starben mehr oder weniger unbeachtet weg, der Nachwuchs brachte nicht viel zustande, die Begabteren verließen die Stadt und die Jugend sprang auf einen anderen Zug auf.

Der jeweils aktuelle Sound hieß Motown, Soul, Funk, Space Funk, später Hip-Hop, House oder Drum-and-Bass und war zum Schlager weiterentwickelter Rhythm ohne Offbeat und ohne den Blues, der sich aus den Ohren und den Herzen der schwarzen Jugendlichen davongestohlen hatte. Sprachlich war es, wie Francis Davis anmerkt, ein Triumph des Nordens. Südstaaten-Dialekte galten als landeiermäßig und waren verpönt, bis etwa 1992, als Arrested Development aus Atlanta, Georgia, mit Tennessee punkteten.

Wer nicht mehr auf die Zwei tanzte, war für den Blues verloren und der Blues für ihn. Wer meinte, dass die Qualität guter Songtexte in möglichst häufigen Oh-Baby!-Einwürfen und Fake-Orgasm-Mixen bestünde, ebenfalls. Auch die Gegenbewegung der »Muthafucka«, »Bitches-Disser« und »Fuckface-Gangsta« brachte den Blues nicht zurück. Er hätte sich in diesem Milieu zwar etwas heimischer gefühlt, wäre aber sicher an der Hirn- und Gefühllosigkeit der neuen Protzer à la Puff Daddy eingegangen. Es passt in diesem Zusammenhang gut, dass ein Provokations-Lümmel wie Eminem zum neuen Elvis wurde – ein weißer Neger, wie ihn die Industrie im Genlabor nicht besser hätte basteln lassen können.

Eine Zeit lang schaute es richtig schlecht aus für den authentischen Blues. Die Bands von Howlin' Wolf und Muddy Waters lösten sich nach dem Tod ihrer Protagonisten auf oder waren kaum beschäftigt. Ehemalige Bandmusiker wie Hubert Sumlin, Luther Guitar Junior Johnson und Pinetop Perkins, die es solo versuchten, lieferten bis heute fast nur Durchschnittsware, Jimmy Rogers lebte nicht lange genug, um sich wirklich entfalten zu können, und wer kennt schon Big Moose Walker?

Ein sehr schönes, 1993 gemeinsam unverstärkt eingespieltes Album von Buddy Guy & Junior Wells mit dem prophetischen Titel ›Last Time Around‹ stellte wohl das Testament des guten alten Chicago-Blues dar, über den man seit 1975 alles Nötige bei Mike Rowe nachlesen konnte.

Erst das Revival der neunziger Jahre half der darnieder liegenden Chicago-Blues-Szene dank des beschriebenen Musikertourismus wieder etwas auf die Beine, worauf Hollywood mit ›Blues Brothers 2000‹ erneut und noch unsäglicher als beim ersten Mal zuschlug.

Die Altmeister und Überlebenden der Revivals zogen sich teilweise wieder ins Delta zurück und warteten dort auf die Dokumentaristen, die nach dem sensationellen Verkaufserfolg des Robert-Johnson-Albums seit 1990 dort einfielen und jedes ländliche Rathaus nach Urkunden, möglichen Verwandten und Tantiemenberechtigten durchforschten. Robert Johnson war nicht zuletzt dank eines rührigen Erbenanwalts, zumindest Small Business geworden. Es gibt zwei Filme, die mehr oder weniger aus demselben Personal und Material zusammengebaut sind. Beide sind formal eher weniger gelungen.

Der inhaltlich wertvollere, ›The Search For Robert Johnson‹ von 1992, leidet unter der Eitelkeit, mit der Erzähler John Hammond jr. – hauptberuflich Sohnemann des Produzenten John Hammond und Blues-Dilettant –, der aus der Tatsache, dass sein Vater seinerzeit ein Konzert mit Johnson veranstalten wollte, die Legitimation für seine peinliche Selbstdarstellung als Johnson-Imitator ableitet. Im anderen, ›Can't You Hear The Wind Howl‹, besetzte Regisseur Peter Meyer 1997 die Rolle des Robert Johnson mit Keb' Mo, der sich als vergifteter Johnson aus dem Bett wälzen und am Boden herumkriechen musste, dafür aber kaum Gitarre spielte, und mit Danny Glover als Erzähler, der langweilig im Museum herumstand. Die Interviews mit Personen, die Robert Johnson noch gekannt hatten wie Willie Mae Powell, die seinerzeit den Anlass für »Love In Vain« geliefert hatte, Honeyboy Edwards, Johnny Shines und Robert jr. Lockwood, waren praktisch dieselben. Mehr an Erinnerung war nach so vielen Jahren einfach nicht mehr vorhanden.

Ein dritter Film zum Thema Robert Johnson, ›Hellhound On My Trail‹ von Robert Mugge, dokumentierte 1999 lediglich ein Memorial-Konzert, das anlässlich der Aufnahme Johnsons in die Rock'n'Roll-Hall Of Fame in Cleveland stattfand. Nachdem Johnny Shines 1992 gestorben war, blieb als direkte Verbindung zu Robert Johnson neben David Honeyboy Edwards nur Robert jr. Lockwood (Jahrgang 1915), der von Robert Johnson spielen gelernt hatte, später viel mit Johnny Shines unterwegs war und auch in hohem Alter noch beachtliche Alben, insbesondere auf der zwölfsaitigen Gitarre, einspielte.

David Honeyboy Edwards, Jahrgang 1915 blueste ebenfalls mit Robert Johnson, aber auch mit Tommy McClennan, Big Joe Williams und dem Mandolinisten Yank Rachell, dem Partner von Sleepy John Estes. 1942 hatte Alan Lomax mit ihm Aufnahmen für die Library Of Congress gemacht, 1951 nahm er einige Titel für Chess in Chicago auf, doch seine erste kommerzielle Platte erschien erst 1970. Seither allerdings herrschte ständige Nachfrage, und der inzwischen hoch betagte Gitarrist, einer der letzten authentischen Delta-Musiker der Johnson-Generation, war und ist weltweit unterwegs und veröffentlichte zahlreiche eigene Alben. Höchst lesenswert sind zudem seine ungeschminkten, geradlinig erzählten Memoiren ›The World Don't Owe Me Nothing‹ (1997). Dort beschrieb er seine erste Begegnung mit Johnson.

»Ich lernte ihn kennen, nachdem er aufgehört hatte zu spielen. Wir redeten miteinander und es kam heraus, dass er aus der Gegend von Robinsonville stammte und gerade durch Tunica gekommen war. Ich fragte ihn, ob er meine Cousine dort kannte, Willie Mae Powell, und er sagte: ›Die ist meine Freundin!‹« Und ich sagte: ›Die ist meine Cousine ersten Grades!‹ Also lachten wir, ratschten ein wenig und blieben irgendwie aneinander hängen und fingen an miteinander zu trinken und rumzuhängen. So wurde ich mit ihm bekannt. Ich traf ihn und es stellte sich heraus, dass er mit meiner Cousine ging.«

Der notorische Frauenheld Johnson hatte auch ein Verhältnis mit Robert jr. Lockwoods Mutter gehabt, als der noch ein kleiner Junge war. Später machten die beiden zusammen Musik. Sicher hätten es Lockwood und Edwards, die beiden sehr fähigen Freunde Johnsons, auch ohne ihn durch eigene Kraft geschafft, aber die Bekanntschaft mit ihm und die Verwaltung seines musikalischen Erbes haben ihren Karrieren keinesfalls geschadet.

Henry Townsend (Jahrgang 1909), der ein wichtiges Mitglied der Blues-Szene von St. Louis gewesen war, ist ein weiteres eindrucksvolles Relikt aus der Glanzzeit des authentischen Blues. In den sechziger Jahren interessierte man sich nicht besonders für den fähigen Gitarristen und Pianisten, der von Roosevelt Sykes gelernt und mit Leuten wie Lonnie Johnson gespielt hatte. Erst 1979 kam sein wichtiges Album ›Mule‹ heraus, das einen neuen Karrierebeginn markierte. Seine detailreichen Erinnerungen erschienen 1999.

Homesick James (geboren 1914) alias James Williamson bildete im Jahr 2001 mit den drei vorgenannten Herren Townsend, Lockwood und Edwards das Delta Blues Cartel, das nun die vier wichtigsten Überlebenden der Robert-Johnson-Generation vereinte. James, dessen eigenwilliger und manchmal schwer nachvollziehbarer Slide-Stil auf Alben wie ›Goin' Back In The Times‹ dokumentiert ist, spielte und lernte bei Elmore James und gilt als dessen musikalischer Nachlassverwalter. Er lebt in Nashville, Tennessee.

Eddie Kirkland (Jahrgang 1928) gehörte schon einer nächsten Generation an. Er wurde in Jamaica geboren, wuchs aber in Alabama auf und zog später nach Detroit. Dort arbeitete er auch mit John Lee Hooker zusammen. Als ihn die immer noch aktive britische Blues-Rock-Band Foghat Mitte der siebziger Jahre zeitweise mit auf Tournee nahm, wurde er auch einem jüngeren weißen Publikum bekannt. Seine Stärke lag nach allgemeiner Ansicht ohnehin mehr in Auftritten als in Studioalben, wie auch ältere Einspielungen zeigen.

Lowell Fulson (geboren 1921) gab 1981 in Vancouver eine eindrucksvolle Vorstellung mit ›Blue Shadows‹. Darauf war vor allem ein siebzehnminütiges Interview über Texas Alexander, die Blues-Szene der vierziger Jahre und seine Zusammenarbeit mit T-Bone Walker und Elvis Presley von Interesse.

Späte Anerkennung fanden Guitar Gabriel, dessen beeindruckendes Album ›Deep In The South‹ 1991 aufgenommen wurde und auch die grandiose Ostküsten-Pickerin Etta Baker mit ihrem Album ›Railroad Bill‹ von 1995. Ebenfalls im Piedmont-Stil spielte Cootie Stark, der 1997 im zarten Alter von siebzig den »Sugar Man« gab.

Die vielseitige Etta James (Jahrgang 1938) wurde mit Rhythm & Blues berühmt, hatte aber immer eine kleine Schwäche für den Blues. Inzwischen mit einer Chess-Box geehrt, bleiben ihre neueren, stark bluesorientierten Aufnahmen wie »Life, Love And The Blues« stets hörenswert.

Bei den Vertretern der mittleren Generation ragten unter den zahlreichen Veröffentlichungen der letzten Jahre einige altbekannte wie neue Namen besonders hervor. Interessant war vor allem die Art und Weise, wie manche Musiker auf einmal oder auch stufenweise wieder zum Blues zurückfanden, allen voran der vormals wilde Anarcho-Jazzer Sonny Sharrock, aber auch Joe Louis Walker, der mit seinem cleveren Album ›Silvertone Blues‹ Eindruck schinden konnte.

Viel geradliniger waren da immer Louisiana Red und Luther Allison nebst Sohn Bernard gewesen. Wenn auch nicht jedes ihrer zahlreichen Alben aufregend geriet, hielten sie doch ein solides inhaltliches und instrumentales Level. Vor allem aber wirkten sie als unermüdliche Kommunikatoren und Botschafter für den Blues in den großen und kleinen Städten Europas.

In den Staaten und teilweise auch in Europa wurde seit Anfang der neunziger Jahre zunehmend mehr zeitgenössischer Blues (wieder-)veröffentlicht – so viel, dass teilweise der Eindruck entstand, es sei nun wirklich jeder altgediente und manchmal auch schon etwas ausgeleierte schwarze Zwölftakter in ein Studio oder vor ein Mikrofon gezerrt worden. In den meisten Fällen konnte man aber froh sein, dass endlich auch in der Gegenwart der Blues in seiner Vielfalt und Breite dokumentiert wurde.

Musiker wie Wild Child Butler oder Big Bad Smitty schrieben mit ihren Alben ›The Devil Made Me Do It‹ und ›Cold

Kapitel 11: Blues heute

Blood‹ vielleicht keine Blues-Geschichte, doch sie belegten eindrucksvoll, dass der Blues lebte, weil er einfach nicht totzukriegen war, solange man ihn gekonnt und mit Respekt interpretierte. Desgleichen waren Veteranen wie Eddie The Chief Clearwater, Homesick James, Junior Wells sowie der unverwüstliche James Cotton jederzeit sichere, solide Unterhalter.

Lazy Lester, der einst ein Lover und kein Fighter sein wollte, überraschte nach zehnjähriger Pause mit ›All Over You‹, einem heftigen, frischen, kämpferischen Neubeginn. Ähnlich war es mit Earl Gaines, der in den fünfziger Jahren mit Louis Brooks And His High Toppers den Millionenhit »It's Love Baby (24 hours a Day)« auf ›Excello‹ gehabt hatte und dann bald in der Versenkung verschwunden war, und der nun mit »Everything Is Gonna Be Allright« noch einmal die Gunst der Stunde suchte, ebenso wie Roscoe Shelton, der sich mit »Let It Shine« zurückmeldete, ähnlich wie der Kalifornier Mighty Mo Rogers mit seinem teilweise überproduzierten »Blues Is My Wailing Wall«.

Wesentlich puristischer gab sich der immerhin von John Lee Hooker als »The Blues Professor« betitelte Mike Henderson auf ›Homesick‹. Der Harmonika-Spieler, Gitarrist und Sänger Johnny Yarddog Jones machte auf seinem Debütalbum ›Ain't Gonna Worry‹ von 1996 Eindruck mit eigenen Titeln nicht ohne Witz wie »Ain't No Hoochie Coochie Man«. Son Seals, Jahrgang 1942, der gitarristisch in den Spuren von Albert King und Magic Sam wandelte, veröffentlichte von 1973 bis heute viel auf dem Chicagoer Alligator Label, sein jüngstes Album ›Lettin' Go‹ erschien 2000 im Surround Sound. In keinem Lexikon wird man Johnny Tucker & James Thomas finden, deren Album ›Stranded‹ in Los Angeles aufgenommen wurde und eine beachtlich frisch und frech eingespielte Kuriosität darstellt. Manchmal klingen die beiden wie eine Mischung aus elektrifizierten Brownie & Sonny und Canned Heat. Jedenfalls aber sind sie die echten Blues Brothers, wenn sie sich über »Lawdy Miss Clawdy« oder »Mustang Sally« hermachen. Nicht weniger kurios und von beträchtlichem Selbstbewusstsein des besten Chuck-Berry-Nachspielers der Südstaaten geprägt ist ›Promised Land‹ von und mit Robert Bilbo Walker, einem echten Mississippi-Original, wie vor allem das ausführliche Interview offenbart, das im Beiheft abgedruckt ist.

Einen Blick auf die Entwicklung im Blues-Kernland Mississippi warf jüngst Robert Nicholson in seiner Übersicht ›Mississippi The Blues Today!‹ (1998). Darin war von einer Neunzigjährigen im Rollstuhl, Diamond Teeth Mary, ebenso zu lesen wie über Lonnie Pitchford, Roosevelt Booba Barnes, Jessie Mae Hemphill, die Drum And Fife Bands aus dem Hinterland, Jack Owens, den düsteren Robert Belfour , Scott Dunbar, Son Thomas, Junior Kimbrough und R. L. Burnside. Der Titel des Schlusskapitels, »Cappuccino In Clarksdale«, bestätigte, dass der Mississippi-Blues irgendwie auf dem Level der globalen Konsum-Welt-Kultur angekommen war.

Einige der Vorgenannten finden sich auf der Anthologie ›Living Country-Blues‹ von Siegfried Christmann und Axel Küstner, die vor zwanzig Jahren Tausende von Kilometern nach übersehenen oder übrig gebliebenen Blues-Leuten abgegrast hatten. Erfolgreich, denn von Lonnie Pitchford, der den Diddley Bow so schön demonstrierte, oder Napoleon Strickland, Flora Molton, Charlie Sangster oder Arzo Youngblood hatte man vorher nicht besonders viel gewusst.

Andere, wie R. L. Burnside, waren durchaus schon in den sechziger Jahren auf Anthologien etwa des Tomato-Labels vertreten gewesen, dort aber nicht besonders aufgefallen. Das sollte sich in den neunziger Jahren ändern, als das clevere Label Fat Possum / Epitaph anfing, den Blues modern aufzumotzen. Der Vorgang war an sich nicht neu. Dasselbe hatte ja seinerzeit der junge Marshall Chess mit Howlin' Wolf und Muddy Waters versucht und die Blues-Puristen wie auch die Sänger selbst erheblich damit geschockt. Seltsamerweise stieß die heftige Vergröberung des Sounds, die Fat Possum als Markenzeichen einführte, nicht auf vergleichbaren kritischen Widerstand – im Gegenteil: Die Brüll- und Krachorgien der

Blues-Opas R. L. Burnside und Junior Kimbrough wurden enthusiastisch gefeiert, weswegen man T-Model Ford und Johnny Farmer gleich nachschob. Inzwischen wird gescratcht und gesampelt, dass es ahnungslosen Dancefloor-Jungkonsumern eine Sause ist. Das Ganze ist weder gut gemacht noch intelligent, aber der Blues wird seine Punk- und Hip-Hop-Phase auch überstehen, sein spezifisches Feeling freilich geht im Gewurstel der Tastendrücker und Knopfdreher weitgehend verloren. Und der anfängliche Überraschungseffekt nutzt sich schnell ab, was tendenziell zu noch heftigeren Vergröberungen führen muss, was die Veröffentlichungspolitik des Labels auch belegt.

Unter den Neo-Primitiven überzeugte am ehesten noch Robert Belfour mit »What's Wrong With You« und Johnny Farmer mit »Wrong Doers Respect Me«. Der König der Primitiven aber war CeDell Davis mit »Feel Like Doin' Something Wrong«, der ebenfalls schon auf ›Living Country Blues‹ zu hören gewesen war. Dass der Mann den Blues hatte, war evident. Dass er ihn nicht besonders ohrenfreundlich spielen konnte oder mochte, leider auch.

Die Suche nach Originalen hält jedenfalls unverdrossen weiter an. Neben Robert Belfour, wie er wirklich spielt, waren 1994 auf ›The Spirit Lives On‹, vom Bluesologen und Autor David Evans zusammengestellt, Glen Faulkner, Big Lucky Carter, Mose Vinson und der Autor selbst als Traditionalist zu hören.

›Blues Across The U.S.A.‹ versammelte 1993 die Blues-Musiker des Rounder-Labels von Angela Strehli bis Omar And The Howlers. Auch der Box zum 25-jährigen Jubiläum des Labels lag zwei Jahre später ein Blues-Doppelalbum bei, das einen guten Überblick bot, allerdings keine aufregenden Entdeckungen. Die waren schon eher in der Roots Blues Series zu finden, die sich 1996 vorgenommen hatte, ›The Lost American Bluesmen‹ aufzustöbern, als da waren Sleepy Otis Hunt, Frank Scott, Jimmie Lee Robinson, Willie Hudson und Bill Warren, lauter Überlebende zwischen Country und Chicago.

Eine ganze Reihe von Veröffentlichungen widmete sich seit 1995 den Blues-Aktivitäten in einzelnen Regionen der USA. Exemplarisch seien genannt ›Good Whiskey Blues‹ und ›Even more Good Whiskey Blues‹ für Tennessee, ›Desaster City Blues‹ für Los Angeles, ›Bay Area Blues‹ in mehreren Folgen und ›Garden State Blues‹ für New Jersey, alle bei Taxim Records.

Eine Serienfolge von ›Blues Across America‹ der sehr bluesaktiven Cannonball-Records beschäftigte sich mit der Gegend um Helena, Arkansas, und brachte im Jahr 2000 Aufnahmen von Frank Frost, Sam Carr, Dave Riley und John Weston. Weitere Alben aus der Serie waren ›The Detroit Scene‹ mit Johnnie Bassett, The Butler Twins und Alberta Adams, ›The Dallas Scene‹ mit Henry Qualis, Big Al Dupree, Charles Young und jr. Boy Jones, ›The Chicago Scene‹ mit Robert Plunkett, Emery Williams jr. und Little Arthur Duncan, ›The Nashville Scene‹ mit Al Garner, Johnny Jones, Charles Wigg Walker und Clifford Curry sowie ›The Los Angeles Scene‹ mit Joe Huston, Johnny Dyer, Finis Tasby und Kirk Ell Fletcher.

Wenn es um die zeitgemäße Erneuerung des Blues geht, waren und sind einige Bands auf einem wenig spekulativen, aber langfristig Erfolg versprechenden Weg. Es begann seinerzeit mit den viel gelobten und geförderten The Fieldstones aus Memphis, deren Aufgabe es im Nachhinein gesehen vor allem war, die klaffende Lücke zwischen den Blues-Generationen im Zeitalter des Soul und Funk zu überbrücken. Inzwischen ist das geschehen, und das ist das nicht geringe Verdienst von Formationen wie G Love And Special Sauce, Govt. Mule und der hoch talentierten Kudzu Kings aus Oxford, Mississippi, die sich mit ihrem langen Schlusstrack ganz bewusst in die Blues-Geschichte einreihen, indem sie sie noch einmal als Musikstück erzählen.

Der Blues hatte bekanntlich ein Baby und sie nannten es Rock'n'Roll, aber der Rock'n'Roll hatte auch wieder ein Baby und man nennt es New Blues. Junge, aufregende Gruppen wie die Junkyard Men auf ›Keep On Workin'‹ machten 1999

Alben, die vor Spiellaune barsten, und die North Mississippi Allstars zitierten auf ›Shake Hands With Shorty‹ zwar auch Drum-&-Fife-Musik, traktierten den Blues ansonsten aber höchst zeitgemäß und gaben ihm so eine Perspektive.

Was Robert Nicholson mit seinem Buch für Mississippi geleistet hatte, übertraf beinahe noch Alan Govenar mit seiner umfassenden Geschichte des Blues in Texas, ›Meeting The Blues The Rise Of The Texas Sound‹ (1988/1995). Von Johnny Ace und Dave Alexander bis Katie Webster, Hop Wilson und Johnny Winter reicht das Personal dieser »oral history«, die passende Musik dazu findet sich auf zwei Samplern aus dem Jahr 1997, ›Texas Blues Greats Country-Blues‹ mit so exotischen Interpreten wie Billy Bizor und Rattlesnake Cooper und ›TBG Electric Blues‹, einer eher konventionellen Zusammenstellung der bekannten Namen von Albert Collins bis T-Bone Walker mit der erfreulichen Ausnahme von Joe Papoose Fritz. Wenig bekannte Namen wie Zuzu Bollin, Darrell Nulisch oder Matt McCabe finden sich auf ›Hash Brown's Texas Blues Revue‹.

Albert Collins (Jahrgang 1932) ist ein Cousin von Lightnin' Hopkins und wohl der am meisten gefeierte Gitarrist der jüngeren Generation. 1969 zog er nach Los Angeles. Ab 1977 startete er seine anhaltende Karriere auf dem Alligator-Label, die klassische Alben wie ›Ice Pickin'‹ und ›Cold Snap‹ hervorbrachte.

Johnny Copeland (geboren 1935) stammt aus Louisiana, machte sich aber in Houston als glänzender Gitarrist bekannt. Seine Alben erschienen auf Rounder Records.

Wie hoch der professionelle Standard des texanischen Blues war und ist, wie tanzbar und laid back er immer noch war, bewiesen die Alben von Robert Ealey, wie ›Turn Out The Lights‹ und ›I Like Music When I Party‹. Ealey, keineswegs mehr ein Jüngling, war erfolgreicher Betreiber eines Tanzlokals in Fort Worth, wo er bevorzugt selbst auftrat.

Es wundert in dieser bluesgesättigten Umgebung nicht, dass auch der texanische Blues-Pop und Pop-Blues meist besondere

Qualitäten aufwies, sei es die Gigantomanie der Bärte von ZZ Top, die Wurzelhaftigkeit der Fabulous Thunderbirds, bei denen Stevie Ray Vaughans Bruder Robert spielte, oder die Manierismen der Musik wie der Person Johnny Winters, von zahlreichen Nebendarstellern wie etwa Anson Funderburgh und Sam Myers ganz zu schweigen.

New Orleans erlebte ebenfalls einen neuen Aufschwung. Der Kult um Roy Byrd alias Prof. Longhair hielt auch nach seinem Tod 1980 an. Sein klassisches Album bleibt ›New Orleans Piano‹, hörenswert sind ›Mardi Gras In New Orleans‹ oder ›Crawfish Fiesta‹. Die neuere Blues-Szene ist mit Chuck Carbo und seinem ›The Barber's Blues‹, Ironing Board Sam mit ›The Human Touch‹, Mem Shannon mit seinem ›2nd Blues Album‹, Roland Stone mit ›Remember Me‹ sowie dem gospelig-pathetischen Coco Robicheaux, der gern den »Louisiana Medicine Man« gab, knapp umrissen. Dazu kommt jetzt noch Papa Mali mit seinen Instagators. Er ist eines der vielen skurrilen Musikoriginale, die New Orleans offensichtlich am laufenden Band produziert. Seine Voodoo-Clownerien erinnern an Dr. John oder Screamin' Jay Hawkins, als dessen Nachfolger er sich auch optisch auf einem zehnminütigen Video empfiehlt, das auf der Multimedia-CD ›Thunder Chicken‹ enthalten ist.

Das sumpfige Louisiana erregte in den letzten beiden Jahrzehnten bei Musikfreunden zunehmend Aufsehen wegen seiner dem Blues verwandten Folklore, der Cajun- und Zydecomusik. Die Cajuns sind die Nachfahren der Acadians, die im 18. Jahrhundert von den Briten aus Nova Scotia im heutigen Kanada vertrieben wurden. Ihre Folksongs brachte Dr. Harry Oster 1959 heraus. Zydeco ist die Tanzmusik aller einen französischen Dialekt sprechenden dunkelhäutigen Menschen, die sich selbst als Kreolen bezeichnen. Die Feindefinitionen sind ähnlich umstritten wie beim Blues, die Musiken einander nahe verwandt. Erste Eindrücke verschaffen Sampler wie ›Zydeco‹, ›Cajun‹ oder die umfassende Anthologie ›Swamp Music‹, die beide Stile von den Anfängen bis zur Gegenwart dokumentiert. ›Louisiana Gumbo‹ sammelt Blues, Soul und Rhythm & Blues aus der Gegend. Frühe Cajun-Singles von Floyd Soileau Anfang der sechziger Jahre sind inzwischen auch wieder erschienen.

Die überragende Gestalt war jahrzehntelang der Akkordeonist Clifton Chenier, dessen Vermächtnis von seinem Sohn fortgeführt wird. Zu empfehlen ist allen Interessenten die Lektüre des Musik-, Reise- und Lesebuchs ›Down In Louisiana‹, das Peter Bommas und Franz Dobler 1995 herausgaben. Von Shane K. Bernard erschien 1996 eine gründliche Untersuchung zum Phänomen Swamp Pop. Bemerkenswerte Namen sind außer den Genannten Bruce Daigrepont, Steve Riley And The Mamou Playboys, Buckwheat Zydeco, L'il Bryan And The Zydeco Travellers, Beau Joque, Beausoleil, John Delafose oder Courtney Granger sowie der Akkordeonist Terrance Simien, der die jüngere Generation vertritt, Sherman Robertson mit »Going Back Home«, aber auch Altmeister Boozoo Chavis, dessen Album ›Who Stole My Monkey‹ ein merkwürdiges Schicksal ereilte. Für ein leicht aufgepfeffertes Liedchen wie »Uncle Bud« bekam er nämlich das sonst nur von Rappern und Schwermetallern stolz vorgezeigte Parental-Advisory-Pickerl verpasst – ein extrem bescheuerter Fall musikalischer Zensur.

An der Ostküste tat sich nicht allzu viel. John Cephas und Phil Wiggins offerierten auf ihrem Album ›Homemade‹ Blues nach Hausmacherart im Piedmont-Stil und empfahlen sich als legitime Nachfolger von Brownie & Sonny. Viele ihrer traditionellen Songs machten aber die Distanz sinnfällig, die zwischen den ländlichen Erfahrungen von damals und der Lebenswirklichkeit heute besteht. Den Sinn eines Titels wie »Meeting The Mule« begreift man nur, wenn man weiß, dass das alte Sprichwort: »I don't have to meet that mule in the morning« seinerzeit die Parole der Landflüchtigen war und bedeutete, dass man lieber jeden Drecksjob in der Stadt annahm, als ein perspektiveloses Landei zu bleiben. Zeitgemäßer wirkten da die Harlem-Blueser Satan And Adam, ein schwarz-weißes Lehrer-Schüler-Duo, das mitten in Harlem

Kapitel 11: Blues heute

Straßenmusik machte und auch auf mehreren Alben wie etwa ›Harlem Blues‹ zu hören ist. Harmonika-Spieler Adam Gussow hat seine Erfahrungen als ›Mister Satan's Apprentice A Blues Memoir‹ 1998 in einem teuren, aber lesenswerten Hardcover niedergelegt.

›Fathers & Sons‹ hatte ein berühmtes, aber nicht besonders inspiriert gespieltes Album aus der Revival-Zeit geheißen. Zwei Jahrzehnte später meldeten sich die wirklichen Söhne und Töchter der Blues-Heroen auf Alben zu Wort. Ob es etwas anderes war als nur ein Markttest, war dabei nicht ganz klar. Ebensowenig, ob Big Bill Morganfield gut beraten war, einen Lehrerjob hinzuschmeißen und sich dann als wenig mehr denn als einigermaßen begabter Sohn zu erweisen. Zakiya Hooker machte wenigstens gleich richtigen Blues-Pop, was auch altersmäßig besser zu ihr passte.

Weltmusiker wie der inzwischen leider notorische Ry Cooder wurstelten ebenfalls mit dem Blues herum, etwa mit Ali Farka Touré auf ›Talking Timbuktu‹, was typischerweise einen Grammy brachte. Taj Mahal frickelte mit Toumani Diabate auf ›Kulanjan‹, und der gute alte ausgeflippte David Lindley ging mit einem nordafrikanischen Perkussionisten fremd. Die Ergebnisse kann, muss man aber nicht mögen. Mit dem Blues haben sie meist nicht einmal mehr die musikalische Form, geschweige denn den mentalen Hintergrund gemeinsam. Es ist inzwischen eher eine Art Virtuosen-Esperanto entstanden, das in der Lage ist, sich in den musikalischen Formen fast jedweder Kultur zu verständigen. Wo dies mit kindlicher Neugier, mit Respekt und Höflichkeit geschieht, ist auch weiter nichts dagegen einzuwenden.

Was sollten reiche weiße Jungen denn schon tun, wenn sie keine Lust auf Rock'n'Roll haben? Der Blues als allgemein verfügbares Schema lieferte seit dem Revival die Legitimationsgrundlage für seriöse Enthusiasten ebenso wie für wenig talentierte Abstauber. Das qualitative Gefälle zwischen dem traurigen, reaktionären Schnauzbart Roy Book Binder etwa und dem begnadeten Kelly Joe Phelps auf ›Roll Away The

Stone‹ ist riesig. Könnern wie Norton Buffalo oder Charlie Musselwhite, dessen Album ›Continental Drifter‹ eine der angenehmen Überraschungen des Jahres war, stehen unermüdliche Durchschnittsfabrikanten wie George Thorogood oder Jumpin' Johnny Sansone gegenüber. Auch Tom Shaka musste mehrere Anläufe nehmen, bis ihm 1999 ein Album wie ›Keep On Keeping On‹ gelang. Um die Nachfolge des charismatischen Stevie Ray Vaughan, dessen ›Texas Flood‹ inzwischen als Klassiker des weißen Blues gilt, balgen sich die Blues-Diadochen. Da gehen die feinen Töne eines Dobro-Virtuosen wie Robert Ickes im Gedröhn eines Kenny Wayne Shepherd oder Derek Trucks leicht unter.

Eine neue Generation von Fun-Bluesern drängt bereits nach. Der Prototyp des modernen Blues-Slickers ist Nick Katzman. Alles gelernt (unter anderem bei Stefan Grossman), alles mit allen gespielt (unter anderem mit Guitar Crusher) und dann noch ein paar eigene Ideen – fertig ist das Produkt für den schnellen Umsatz. Ein traditionsorientiertes Duo wie Paul Rishell & Annie Raines wirkt mit ausgezeichnet gespielten und mit Witz und Vergnügen interpretierten Alben wie ›I Want You To Know‹ und ›Moving To The Country‹ dagegen geradezu sympathisch altmodisch, die beiden Musiker von Stavin Chain aus New Orleans ebenfalls.

Es gibt aber noch eine ganz andere Liga, die auf den ersten Blick von vielen vielleicht gar nicht mit dem Blues assoziiert wird, weil sie nicht so sklavisch am Format hängt. Francis Davis hat sie mit dem sehr glücklich gewählten Ausdruck »Gloomy White Guys«, düstere weiße Burschen, charakterisiert. Da wäre zuvorderst Chris Whitley zu nennen, der gerne seine abgewetzte National vom Blues-Märtyrer-Nacken baumeln lässt, sie möglichst brutal traktiert und so mühelos die Poser-Qualitäten eines Nick Cave erreicht, man sehe seinen Auftritt bei der ›Robert Johnson Revue‹ und höre »Dirt Floor« oder »Perfect Day«.

Urvater aller weißen Blues-Düsterlinge war John Campbell, ein Ex-Junkie aus Shreveport, der 1993 starb und ein beachtliches Album, betitelt ›Howlin' Mercy‹, hinterließ. Der ebenfalls bereit verstorbene Townes Van Zandt zeigte sich auf vielen seiner Singer-Songwriter-Alben von bluesiger Düsternis affiziert, genauso wie der knorrige Calvin Russell.

Einen Sonderfall stellte der deutsche Auswanderer Rainer Ptacek (1951 bis 1997) dar, der als Slide-Gitarrist breite Anerkennung fand, bevor er tragischerweise an einem Gehirntumor verstarb. Er machte Alben mit Billy Gibbons von ZZ Top und Aufnahmen für Robert Plant. 1984 gründete er die Insider-Band Rainer und das Combo.

Der König des weißen Düster-Blues im 21. Jahrhundert heißt aber Johnny Dowd – insbesondere seit sich Captain Beefheart aufs Altenteil begab. Der trinkfeste Metzgersohn aus Oklahoma sang bevorzugt auf der falschen Seite von Memphis und malte Bilder von der anderen Seite des Lebens. Er war der Meister morbider Balladen über das Ewige am Weiblichen wie »No Woman's Flesh But Her's« oder »Mystery Woman«. Seine junge Band folgte dem Graukopf dabei ebenso sicher und genau wie die sensationell unprätentiöse Sängerin Kim Sherwood-Caso, die die beneidenswerte Gabe besitzt, auch zu den verstimmtesten Gitarrenharmonien absolut richtig zu singen. Seine typischen postmodernen Blues-Collagen mit Hiteinlagen wechseln in Konzerten wie auf Platte mit heftigem Rock oder ausufernder Rede. Dazwischen gibt er sich gern seiner hemmungslosen Verehrung für Hank Williams hin.

Nicht ganz so heftig, aber immerhin mit hohem Exzentrik-Faktor brachte sich jüngst ein anarchischer Chaot namens Ramsay Midwood zu Gehör, dessen Album ›Shoot Out At The OK Chinese Restaurant‹ manchmal an Link Wray in seiner Indianer-Rock-Phase erinnerte und hohen Kultwert beanspruchen dürfte.

Noch skurriler war 1998 das abgedrehte Werk eines gewissen J. Dustin Sommers, Big River Blues, eine obskure Eigenproduktion barfüßig-bizarrer Delta-Blues-Covers und eigener Titel. Als einschlägige Combos empfahlen sich Treat Her Right, die laut Francis Davis eine Art Punk-Blues spielten, und neuerdings die rabaukigen Baptist Generals. Als »Gloomy white girl« qualifizierte sich durch ihr Gesamtwerk und ihr generelles Verhalten nur die spargelige Bluesette Lorette Velvette aus Memphis, wo auch Tav Falco und Panther Burns wirkten.

Apropos Link Wray: Auch Indianer hatten den Blues und manchmal recht heftig, man höre Entsprechendes auf ›Guitar Preacher‹. Die derzeitigen Hoffnungsträger des indianischen Blues-Rock heißen Indigenous. Ihre Alben ›Live At Pachyderm Studios‹ 1998 und ›Circle‹ wurden von der Kritik zu Recht in den höchsten Tönen ob ihrer Urkraft gelobt. Schwere Dosen Hendrix mischen sich mit ebenso heftigen Dosen Howlin' Wolf zu einem elementaren Blues-Lärm, der aber nichts Synthetisches an sich hat.

Auch Jessie Mae Hemphill machte auf ›She Wolf‹ und ›Feelin' Good‹ aus ihrer genuinen Wildheit keinen Hehl. Leider erkrankte sie Anfang der neunziger Jahre unheilbar und blieb von da an an den Rollstuhl gefesselt. Als Mitglied einer Fife & Drum Band und als Blues-Gitarristin und Sängerin ist sie in der Dokumentation ›Deep Blues‹ von Robert Mugge und Robert Palmer zusammen mit R. L. Burnside, Big Jack Johnson, Lonnie Pitchford, Roosevelt Booba Barnes, Booker T. Laury, Jack Owens und Bud Spires zu sehen.

Womit ein weiteres Kapitel eröffnet wäre – überschrieben: Ladies with or without Guitars. Wie in allen anderen Genres haben die Frauen in den letzten beiden Jahrzehnten quantitativ wie qualitativ auch im Blues entschieden aufgeholt. Einen ersten repräsentativen Überblick vermittelt hier der Sampler ›Every Woman's Blues: The Best Of The New Generation‹. Die vierzehn Tracks werden von Rory Block, Sue Foley, Lady Bianca, Debbie Davies, Deborah Coleman, Deanna Bogart, Alicia, Zakiya Hooker, BB Queen, Sarah Brown, Liz Mandeville Greeson, Joanna Connor, Saffire und Lucinda Williams bestritten, also fast der gesamten Riege der jüngeren Talente.

Nachdem die hoch begabte Joyce Walton nach ihrem einzigen grandiosen Album ›Downsville Girl‹ aus der Blues-Szene verschwand, richteten sich viele Hoffnungen auf die junge

Deborah Coleman, deren zweites Album ›Where Blues Begins‹ von ihrer kraftvollen Leadgitarre geprägt war und ihr Talent als Schreiberin bekräftigte.

Diese sehr jungen Frauen lösten allmählich die zunehmend poporientierte Bonnie Raitt und Sängerinnen wie Daryle Rice, Mary Ann Brandon, Marcia Ball oder Maria Muldaur ab, die dem Blues lange Jahre hindurch treu geblieben waren, ohne je den großen überregionalen Durchbruch damit zu haben. Sie gingen es teilweise recht extrovertiert an, wie Candye Kane auf ›The Toughest Girl Alive‹. Nach den erfolgreichen ›Saffire The Uppitiy Women‹ schien Shemekia Copeland auf Alben wie ›Turn The Heat Up‹ die meiste Substanz zu besitzen.

Als Blues-Wunderkind feierte man kürzlich Nawfel, einen fünfzehnjährigen Franko-Tunesier, der sein erstes in den USA produziertes Album mit funky Blues- und Soul-Nummern zwischen Hendrix und Aretha Franklin im Jahr 2000 veröffentlichte und so dem anderen Wunderkind des Blues, Johnny Lang (Jahrgang 1981), aus Fargo Konkurrenz machte, der sich 1997 mit »Lie To Me« in Szene gesetzt hatte.

Viel wichtiger als diese Weltmarkt-Phänomene ist aber die Tatsache, dass in den letzten Jahren völlig unerwartet eine neue Generation junger schwarzer Blues-Musiker aufgetaucht ist, die sich voll und ganz der Tradition verschrieben hat, anstatt an Großstadt-Straßenecken zu rappen. Francis Davis nennt diese jüngste Generation treffend »Great Black Hopes«.

Der älteste und anerkannteste aus der Reihe der Great Black Hopes ist wohl Robert Cray. Aus seiner Zusammenarbeit mit dem Songschreiber Dennis Walker entstand eine auch inhaltliche Weiterentwicklung des postmodernen Blues. Stilistisch hängt Cray nicht selten zwischen den zwei Welten des Soul und des Blues, ohne die völlige Synthese der beiden anzustreben, wie etwa 1999 auf ›Take Your Shoes Off‹.

James Armstrong ist einer der glaubwürdigsten Blues-Sänger der jungen Generation. Erfreulicherweise hat er sich von den Folgen eines nächtlichen Überfalls auf sein Haus, bei dem sein kleiner Sohn beinahe ums Leben gekommen wäre, so weit erholt, dass er wieder Gitarre spielen kann. Kein Wunder, dass sich auf seinem Album ›Dark Night‹ auch einige sehr düstere Stücke befanden, die sich auf diesen Vorfall bezogen.

Carey Bell (geboren 1936) ist der Vater von Lurrie Bell (Jahrgang 1958). Zusammen nahmen sie 1989 das passend betitelte ›Dynasty‹ auf. Lurries Einzelalben ›Mercurial Son‹ und ›700 Blues‹ erschienen auf dem Mercury-Label.

Unter den befreundeten Blues-Youngstern Tab Benoit, Debbie Davis und Kenny Neal, die zusammen das Album ›Homesick For The Road‹ herausbrachten, gehört nur Kenny Neal zu den jungen schwarzen Hoffnungsträgern. Wie sein Soloalbum ›What You Got‹ zeigte, zu Recht. Eric Bibb, in London ansässig, konnte sich 1998 mit ›Me To You‹ und im folgenden Jahr mit ›Roadworks‹ profilieren, wobei ihm Pop manchmal zur süßen Versuchung wurde.

Grady Champion hingegen hatte mit Pop wenig im Sinn, was ihm erhebliche Kritikerbegeisterung eintrug. Der junge Mundharmonika-Virtuose bewies zudem erstaunliche Stimmqualitäten, so dass manche sie wegen ihrer Eindringlichkeit schon mit der von Robert Johnson verglichen. Auf seinem zweiten Album ›Payin For My Sins‹ war er in Hochform. Wie viele jüngere Blues-Sänger legte er sich nicht auf einen Gesangsstil fest, sondern wechselte je nach Stück und Bedarf.

Guy Davis ist womöglich der talentierteste der jungen Traditionalisten. Sein ›Stomp Down Rider‹ ließ, da live und schlecht aufgenommen, nur ahnen, was er konnte, doch auf ›Call Down The Thunder‹ und ›You Don't Know My Mind‹ entfaltete sich das ganze Können dieses Ausnahmesängers und Gitarristen und gab zu höchsten Erwartungen Anlass.

Larry Garner aus Baton Rouge, Louisiana, veröffentlichte ›Once Upon The Blues‹, ein Album das sich durch Titel wie »Virus Blues« oder »Edward Had A Gun« als thematisch interessant erwies.

Eine typische aktuelle Blues-Situation ist die des Einzelinterpreten, der den Stars kostengünstig und unaufwendig die Vorgruppe ersetzt, dafür oft nicht einmal auf dem Plakat angekündigt werden muss. So geschehen auch beim Tracy-Chapman-Konzert in der Philharmonie in München. Das snobistische Spätkomm-Publikum, das dort Corey Harris versäumte, hätte sich verwünschen sollen, denn es hatte einen exzellenten Blues-Stilisten der neuen Generation verpasst.

Harris ist der Prototyp des versierten Newcomers. Er kann so ziemlich jeden einschlägigen Gitarrenstil spielen, singt ausdrucksvoll, interpretiert das traditionelle Repertoire, wo es ihm noch einen Sinn zu machen scheint, und komponiert neue, zeitgemäße Stücke dazu. Seine Kooperation mit dem New-Orleans-Pianisten Henry Butler auf ›Vü-Dü Menz‹ wurde von seinen wegweisenden SoloaAlben wie ›Between Midnight And Day‹, ›Fish Ain't Bitin‹ und ›Greens From The Garden‹ noch weit übertroffen. Als kaum weniger talentiert gilt in Fachkreisen der junge Alvin Youngblood Hart (Jahrgang 1963), er betreibt einen Guitar Repair Shop in Mississippi, trat als Vorsänger für Buddy Guy oder Los Lobos auf und veröffentlichte 1996 das beeindruckende Album ›Big Mama's Door‹.

Tutu Jones aus Dallas spielt modernen texanischen Blues. Kennzeichen: eine zündende Gitarre, treibende Bläser auf ›Staying Power‹ von 1998. Wesentlich bekannter ist Robert-Johnson-Darsteller Keb' Mo, ein Stilist, der nach seinem Debüt von 1994 auf ›Just Like You‹ die »Perpetual Blues Machine« anwarf und von da an nie mehr zum Stillstand kommen ließ.

Unter den Anwärtern auf die verwaiste Blues-Rock-Krone hat Little Jimmy King einen vorderen Platz, seit er als ›Soldier For The Blues‹ auf einen Kreuzzug ging, den außer ihm vielleicht niemand für nötig erachtete. Eher sportlich ging es Magic Slim auf ›Grand Slam‹ an, während sich Label-Kollege Lonnie Pitchford für ›All Around Man‹ im Kreise seiner alten und neuen Instrumente ablichten ließ, die er allesamt einfühlsam und gekonnt beherrscht. John Primer ist wohl eine Entdeckung des unermüdlichen Talent-Scouts Mike Vernon, der sich auf ›Knocking At Your Door‹ auch als Percussionist betätigte.

Lonnie Shields aus West Helena ist seit 1993 im Geschäft. Schon sein erstes Album ›Portrait‹ errang Kritikerlob. Im Jahr 2000 erschien ›Midnight Delight‹, das immerhin hält, was der Titel verspricht. Aus demselben Stall kommt James Super Chikan Johnson, dessen Album ›Blues Come Home To Roost‹ von 1997 drei Jahre später neu aufgelegt wurde. Mit dem bekennenden Hendrix-Fan Troy Turner und dem blutjungen Dennis Walker rundet sich das Alphabet der nachdrängenden Talente zu einem rundum erfreulichen Blues-Panorama, das für die nächsten Jahre und Jahrzehnte auf außergewöhnliche Einspielungen und zeitgemäße Inhalte hoffen lässt.

Kapitel 12: Crossroads to nowhere

Woher auch immer man ihn ableitet, wie immer man ihn definiert, der Blues ist im Grunde eine durch und durch amerikanische Musik: »Ich möchte besonders hervorheben, dass ich mit dem Auftreten des Blues das bewusste Erscheinen des Negers auf der amerikanischen Szene beginnen lasse. Ich sehe das Neue des Blues darin, dass der Neger die Reaktion auf seine Erfahrungen in diesem Lande in seinem Englisch wiedergibt ... Es gibt keine in einer reinen afrikanischen Sprache abgefassten Geschichten über das Leben des Negers in Amerika. Die afrikanischen Geschichten, Mythen und moralisierenden Erzählungen handeln von Afrika. Erst als die amerikanischen Erfahrungen dem Afrikaner wichtig genug wurden, um in solchen Formen an die Jüngeren weitergegeben zu werden, geschah dies in einer Art afroamerikanischer Sprache. Und spätestens dann, als jemand auf irgendeinem unbekannten Feld zum Himmel aufschaute und die Worte ausstieß ›Oh Lord, ahm tired a dis mess‹ (Gott, hab ich diesen Saustall satt), können wir ganz sicher sein, dass dieser Mensch Amerikaner geworden war.«

Was Leroi Jones seinerzeit in ›Blues People‹ schrieb, bestätigen die Aussagen vieler Blues-Musiker, die betonen, genuin amerikanische Musik zu spielen. Natürlich gibt es Rückbindungen, vor allem an afrikanische Tonalität, wie jüngst Gerhard Kubik in seinem sehr aufschlussreichen Buch ›Africa And The Blues‹ (1999) nachwies. Er widersprach allerdings auch der verschiedentlich vorgebrachten Hypothese, der Blues sei gewissermaßen von der Westküste Afrikas importiert worden, und die westafrikanischen Geschichts- und Geschichtenerzähler, die Griots, seien das direkte Äquivalent der amerikanischen Blues-Sänger. Urheber dieser Ansichten war insbesondere Samuel B. Charters gewesen, der glaubte, vor allem in Senegal und Gambia die Ursprünge des Blues entdeckt zu

Kapitel 12: Crossroads to nowhere

haben. Forschungen von Paul Oliver und Gerhard Kubik wiesen nun eher »auf die Region von Mali über das nördliche Ghana und nördliche Nigeria hin zum nördlichen und zentralen Kamerun« hin als auf die westlichsten Teile des Sudan (Senegal und Gambia). Andere mögliche Zonen sind Nordguinea und die Sahelzone von Mali nach Mauretanien.

Kubik begründete seine Ansicht durch eigene Feldforschungen, die zeigten, dass bestimmte pentatonische Tonleitern, die in den von ihm favorisierten Gebieten vorherrschend waren, mit Blues-Tonleitern korrespondierten. Im Gegensatz dazu benutzen die immer wieder in den Blues-Zusammenhang gebrachten Kora-Spieler ein Sieben-Ton-System. Kubik ging erfreulicherweise auch mit der anglo- und eurozentristischen Betrachtungsweise der meisten westlichen Musikwissenschaftler ins Gericht, indem er endlich einmal klarstellte, dass das System der Blues-Töne ein eigenständiges, in sich selbst begründetes tonales Konstrukt ist und dass die Blue Notes der Blues-Sänger und -Spieler keine »falschen« oder »seltsamen« oder »merkwürdigen« Töne sind, sondern innerhalb der Blues-Skala Haupttöne darstellen und deswegen völlig logisch und richtig klingen.

Ob diese bedeutende Richtigstellung, die man an jedem Open Tuning afroamerikanischer Blues-Musiker nachvollziehen kann, jemals Konsequenzen für die Spielpraxis der stur auf Kammerton a=440 Hertz gestimmter Adepten haben wird, wird sich zeigen müssen. Die Definitionsmacht der westlichen Musik ist ja leider so stark, dass eher das Gegenteil zu befürchten ist, nämlich ein Verlust der originalen Blues-Tonalität durch den Zwang, sich dem westlichen System, etwa bei Plattenaufnahmen oder im Zusammenspiel, anzupassen. Was Grausiges geschieht, wenn man alten Blues-Musikern »richtig« gestimmte Gitarren gibt, kann man beispielsweise nachhören auf den ersten Stücken von John Henry Barbees Album in der Blues-Masters-Serie.

Ebenfalls sehr verdienstvoll ist, wie ausführlich Kubik die wechselseitige Beeinflussung afroamerikanischer und afrikanischer Musik beschrieb, den »round trip«, den der Blues von seinen Wurzeln aus nach Amerika und wieder zurück nach Afrika gemacht hat. Erfreulich ist auch die Klarheit, mit der er die weltmusikalischen Spielereien der Herren Ry Cooder und Taj Mahal mit afrikanischen Musikern wie Ali Farka Touré bewertete und etwa darauf hinwies, was ein Nullachtfünfzehn-Trommler wie Jim Keltner zusätzlich noch an rhythmischen Sünden beging.

Der Fall Ali Farka Touré entbehrt ohnehin nicht einer gewissen Lächerlichkeit. Nach dem Erscheinen seiner ersten LP waren sich die wenigen, die sie kannten, einig, dass hier ein außergewöhnlicher Musiker agierte. Der Schluss freilich,

Kapitel 12: Crossroads to nowhere

Touré sei so etwas wie der westafrikanische John Lee Hooker, bewahrheitete sich auf eher kuriose Weise, denn Touré gab auf Anfrage gerne zu, Hooker zu kennen und in seine eigene Musik adaptiert zu haben. Radio und Schallplatte gab es schließlich auch in Afrika. Insbesondere in Südafrika entwickelten sich bald eigene Formen der Blues-Adaption, und Auftritte wie der von B. B. King in Zimbabwe taten später das ihre, um den Blues auch in Afrika akzeptabel zu machen.

Ansonsten aber wird jeder, der unbefangen die Musikbeispiele auf Zusammenstellungen wie ›Blues Roots‹ oder ›Mali To Memphis‹ anhört und vergleicht, eher die Unterschiede als die Gemeinsamkeiten zwischen Afrika und Nordamerika hören, von inhaltlichen Differenzen ganz zu schweigen. Auch die besten Indizien und die sorgfältigen Analysen einzelner Stücke, die Kubik selbst betrieb, zeigen im Ergebnis: Afrika ist das alte Erbe, Amerika ist die Heimat des Blues und seiner Sprache, des afroamerikanischen Englisch. Zudem war der Blues aller Wahrscheinlichkeit nach auch noch anderen Einflüssen ausgesetzt als nur unterschwellig afrikanischen, nämlich dem der weißen Folk- und Unterhaltungsmusik und wohl auch der Musik der amerikanischen Ureinwohner.

Dass auch Gerhard Kubik in seiner Afrika-Befangenheit übersah, dass der von ihm als Exempel bemühte Sid Hemphill, der so schön die Panpfeifen bluesen ließ, eigentlich ein vollblütiger Choctaw-Indianer war und seine Nichte ihren »extrem melismatischen (in der Tonhöhe variierenden) Gesang« vielleicht ihrer indianischen Herkunft verdankte, sei am Rande angemerkt. Auch die Idee, dass das viel bemühte Trommel-Verbot der Sklaven-Zeit durch den Erwerb und Gebrauch indianischen Geräts kompensiert worden sein könnte, kommt ihm an keiner Stelle.

Davon und von seiner Delta-Fixierung abgesehen, die wohl seiner Freundschaft mit David Evans zuzuschreiben ist, stellt Kubiks Buch einen Triumph der Vernunft über die ziemlich irrationalen Versuche einiger Afroideologen dar, eine völlig separate afrikanische Identität der Schwarzen in Amerika zu konstruieren, wie das etwa Julio Finn in seinem Buch ›The Bluesman‹ (1986) höchst engagiert vertrat.

Das dennoch lesenswerte Werk vermittelt zahlreiche, wenn auch reichlich oberflächliche Informationen über eklektizistische Kulte, vor allem Voodoo, Santeria, Macumba und andere synkretistische Religionen von Brasilien bis Jamaica. Es definiert Blues in der Folge ausschließlich als antichristliche schwarze religiöse Bewegung, ohne andere Lesarten überhaupt zuzulassen und unter völliger Vernachlässigung religions-skeptischer und genuin weltlicher Blues, die sich keinesfalls nur gegen die christliche Variante richteten, sondern auf eine ganz und gar nichtmagische Wirklichkeit. Eine Zeile wie »somebody hoodooed the hoodoo man« scheint Finn in ihrer ganzen Ironie deshalb auch nicht wahrnehmen zu wollen. In dem durchaus sympathischen Bemühen, die kulturelle Eigenständigkeit des Blues religionswissenschaftlich zu unterfüttern, schlägt er nur zu häufig bereits ausgetragene Schlachten mit längst vergessenen Rassisten, die solchermaßen unverdient zu Zitat-Ehren kommen.

Seine Grundthese vom Blues als magisch-realer Lebenseinstellung und Grundhaltung ist letztlich von Houston A. Baker abgeleitet und ins Irrationale gewendet worden. Was er über Legba und die Griots zu sagen hat, ist klischeehaft. Nichtsdestoweniger ist seine an Frantz Fanon (an wem auch sonst?) geschulte Rhetorik in vielen Fällen für treffsichere, plakative Aussagen gut, insbesondere dort, wo sie das Verhältnis schwarzer und weißer Blues-Musiker beschreibt, etwa den Reinfall Janis Joplins bei einem Konzert vor einem kenntnisreichen schwarzen Publikum in Memphis, 1968, das beim Stax-Festival unter anderen schon James Brown, Wilson Pickett, Eddie Floyd, Rufus und Carla Thomas, Same and Dave und Isaac Hayes genossen hatte. Zuerst zitiert er einen Bericht des Augen- und Ohrenzeugen Michael Bane.

»Sie beendete ihre erste Nummer und es gab nur verläpperten Applaus. Der Großteil des Publikums war bereits zum Ausgang unterwegs. Sie brachte noch eine weitere Nummer,

Kapitel 12: Crossroads to nowhere

unterbrach dann unvermittelt. ›Wenn ihr nicht zuhören wollt, höre ich auf‹, sagte sie. Und ging wutschnaubend von der Bühne, immer noch die beste weiße Blues-Sängerin ... Am Morgen darauf erwähnte die Lokalzeitung, dass Fräulein Joplin über die mangelnde Resonanz im Publikum empört gewesen sei.«

Und fährt selbst fort: »Die Frechheit dieser Möchtegern-Hohepriesterin des Blues wird nur von ihrer mangelnden Sensibilität übertroffen. Leider ist ihr Fall im Verhältnis von Schwarzen und Weißen nur zu sehr die Regel. Joplin, die unter dem Wahn litt, dass alles, was eine weiße Person tut, von vornherein überlegen sei und dass Weiße etwas nur zu behaupten brauchen, damit es wahr wird, glaubte, die Schwarzen würden sie als die große Hoffnung des Blues feiern. Gefangen in ihrer eigenen Illusion sah sie sich auf dem Thron sitzen, den einst Ma Rainey und Bessie Smith, Victoria Spivey, Billie Holiday und Dinah Washington innegehabt hatten!«

So weit, so akzeptabel. Doch dann holt Finn den Rassenhammer aus des toten Manns Kiste. »Sie, die Nachfahrin von Sklavenhaltern, glaubte, die Seelen von schwarzen Menschen bezaubern zu können! Die aber wussten, sie hatte nie den schwarzen Blues gehabt; ihr Blues war ein anderer.«

Es gibt nichts Dümmeres als Rassismus, egal, von welcher Seite er kommt. Und der Versuch, eine rassisch begründete afroamerikanische Identität mit Schwerpunkt auf »afro« auf dem Blues zu begründen, ist so töricht wie historisch falsch und unsinnig, auch wenn eine Zeitschrift wie ›Living Blues‹ das zu ihrem Geschäftsprinzip gemacht hat und immer wieder in diesem Un-Sinn leitartikelt. Wie etwa im Jahr 1993, als man sich zu der Behauptung verstieg: »Egal, wer den Blues spielt oder singt, egal, wie wundervoll das sein mag, egal, wie sehr sie gelitten oder den Blues gelebt haben mögen, für ›Living Blues‹ und für viele seiner Gründer ist schwarze Kultur ein untrennbarer Bestandteil des Blues. Dafür steht dieses Magazin.«

Worauf Francis Davis konterte: »Sein Knackpunkt, der Blues sei ein untrennbarer Bestandteil der schwarzen Kultur –

Kapitel 12: Crossroads to nowhere

kommt mir extrem kurzsichtig vor. Wichtig, sicher. Aber lebendig? Seien wir doch ehrlich: Wenn der Grund, warum man schwarze Musik hört, eher kulturell definiert ist als musikalisch, dann sollte man derzeit Hip-Hop hören.

Sag, was du willst über Rap – mach ihn runter als das crack baby von Soul und Funk – aber gib zu, dass er möglicherweise die einzige überlebende Form afroamerikanischer Musik darstellt, die den Test der folk-music auf allen Ebenen besteht, einschließlich des entscheidenden Umstands, dass die Darsteller die Bedürfnisse ihrer Zuhörer direkt und in deren Sprache formulieren.«

Es ist ein altes, aber allmählich obsoletes Spiel – weiße Rassisten als Vorwand, den neuen schwarzen Rassismus zu pflegen. Der Blues taugt aber mit am wenigsten als Begründungs-Zusammenhang. Denn diejenigen Weißen, die sich für den Blues interessierten und ihn respektvoll zu spielen lernten, waren ja alles andere als Rassisten. Julio Finn wusste das natürlich auch, schrieb er doch an anderer Stelle vollkommen richtig: »Die ersten weißen Blues-Spieler waren stolz darauf, mit den Meistern zu spielen, und die Schwarzen waren genauso stolz darauf, sie an ihrer Seite zu haben.«

Doch seine anschließende parteiische Beschreibung der Okkupation des Blues durch die Industrie und die Briten ist argumentativ derart verkürzt, dass man ihm hier ebenso wenig folgen mag wie beim missglückten Versuch, afrikanische Musiker wie Manu Dibango als Blues-Leute zu konnotieren, die »den Blues spielen, aber nicht behaupten, dass sie es tun«. Es wäre dies alles unwichtig, enthielte das Buch nicht neben all dem ideologischen Firlefanz eine ganz treffliche Beschreibung des wesentlichen Unterschieds zwischen schwarzem und weißem Blues.

»Die oft gestellte Frage, ob Weiße den Blues spielen können, sollte ad acta gelegt werden. Zweifelsohne, sie können – sie machen es ja. Paul Butterfield, Elvin Bishop, Alexis Korner, Mike Bloomfield, Tony McPhee, die J. Geils Band, die Allman Brothers, Charlie Musselwhite, John Hammond jr. und

Kapitel 12: Crossroads to nowhere

Johnny Winter haben den Blues mit einer Hingabe und Könnerschaft gespielt, dass sie zu Recht stolz auf ihre Leistung sein können. Andererseits – und ich habe auch nie gehört, dass sie das beansprucht hätten – können sie niemals bluespeople sein. Warum nicht? Weil der Blues nicht etwas ist, das sie *leben*, sondern etwas, das sie *tun* – und das ist der alles entscheidende Unterschied.« Und wo Julio Finn Recht hat, hat er einfach Recht. Diskussion beendet. Fast.

Denn ob die nachwachsenden Generationen junger Schwarzer unter sich verändernden soziokulturellen Bedingungen noch ein typisches Blues-Leben werden führen können, wollen oder müssen oder ob sie, wie Wynston Marsalis für den Jazz, zu Museums-Kuratoren und Blues-Archäologen werden, wird die Zukunft zeigen. Eine Frage, die sich für die Rapper in den Ghettos so bestimmt nie stellen wird.

Ob es den Typus des individuellen Song-Poeten – für den der Blues vor allem eine textlich gefasste Aussage über Wahrnehmung und Befindlichkeit seiner selbst, nachrangig auch über die seiner sozialen Gruppe, ist – weiter geben wird, hängt tatsächlich davon ab, ob der Blues-Poet auch in Zukunft fähig sein wird, seine unabhängig und frei agierende Persönlichkeit am Rand der Gesellschaft zu formen und treffende Aussagen über die Verhältnisse dort zu machen. Denn es ist vor allem die eigene Erfahrung und seine Lebenswirklichkeit, die er in sprachlich nicht selten verwegene Bilder fasst. Wo angebracht, verwendet er auch bewährte, wieder erkennbare Textbausteine, selten, ohne Eigenes hinzuzufügen. Im Glücksfall singt er reine Poesie. Im allerglücklichsten Fall begleitet er sich auch musikalisch adäquat.

Blues als allgemein verfügbare musikalische Form hingegen wird wie bisher auch künftig von Interpreten jeglicher Art gespielt und gesungen werden, mit qualitativ und ästhetisch höchst unterschiedlichen und teilweise merkwürdigen Ergebnissen: von Jazz-Musikern, von Symphonie-Orchestern, von Popmusikern, von Soul-Sängerinnen und Außerirdischen, aber hoffentlich nie von DJ Bobo oder den Fischer-Chören.

Kapitel 12: Crossroads to nowhere

Gefahren dieser Art bestehen, denn dem allüberall virulenten Crossover-Betrieb gegenüber war und ist der Blues nie immun gewesen, wie seine Entwicklungslinien zeigen:

blues	zu jazz zu bebop, modern, cool, free, jazzrock zu crossover fusion
	zu folk blues zu folk rock zu crossover world music
	Rhythm & Blues zu Rock'n'Roll zu crossover Rhythm & Blues zu soul, funk, hiphop, house
	white blues zu country zu country rock zu insurgent country zu crossover americana
	blues-rock zu jazz rock zu hard rock zu metal zu punk zu crossover fusion

Wohin geht also die Blues-Reise? Eindeutig zum World-Blues. Aber wer wird ihn hören mögen? Dank MTV & Co. immer mehr Leute, wenn MTV & Co. das wollen. Im derzeitigen Stadium sind nach den riesigen kommerziellen Erfolgen der Blues-Pop-Alben seit etwa John Lee Hookers ›Healer‹ und der Kollaboration von Eric Clapton und B. B. King, ›Ridin' With The King‹ erst einmal diverse Pop-Blues-Karrieren zu erwarten. Seit Moby mit einem Blues-Sample herumgefuzzelt hat, taucht er auch schon auf Blues-Kompilationen auf, zumindest auf denen seiner Plattenfirma.

Gibt es also einen weißen Blues? Ja, sicher. Seit Charlie Poole mit den North Carolina Ramblers 1926 »Leaving Home« aufnahm, seit Frank Hutchison aus Logan County, Virg. »The Miner's Blues« einspielte, seit Jimmie Tarlton und Tom Darby, seit Dock Boggs und dem jodelnden Eisenbahn-Bremser Jimmie Rodgers, seit Cliff Carlisle, seit Johnny Long ... also parallel zum schwarzen Blues ziemlich von Anfang an und gut dokumentiert auf dem Doppelalbum ›White Country Blues (1926–1938) – A Lighter Shade Of Blue‹. Auch Gerhard Kubik weiß davon: »Es ist erwähnenswert, dass viele Südstaatler europäischer Herkunft, sowohl die Pflanzer als auch die eigentumslosen armen Weißen sehr früh vom Blues angezogen wurden. Pflanzer förderten ihn, indem sie afroamerikanische Musiker anheuerten, und arme Weiße fingen an, ihn selbst zu spielen. Typischerweise hatten auch sie Probleme mit der Zwölftakt-Form, interpretierten sie oft in westliche Formen um, ein zwingender Hinweis dafür, dass die Zwölftakt-Form nicht europäischen Ursprungs ist.«

Weshalb letztlich auch die andere Frage, die die Bonzo Dog Doodah Band fürsorglich stellte, »Can Bluies Sing The Whites?«, mit einem klaren Jein zu beantworten wäre. Wenn es mit Respekt, Witz und Können geschieht und wenn es die Differenz zum aussterbenden authentischen Blues der Schwarzen mitreflektiert, sicher. Auf keinen Fall aber ist seelenloses Imitieren gefragt, sondern persönliche Interpretation nicht nur auf der Ebene der instrumentalen Virtuosität, mit einem deutlichen kompositorischen oder interpretatorischen Eigenanteil, je höher, desto besser. Die Einzelfall-Prüfung durch jeden einzelnen Hörer entscheidet.

Wahrscheinlich sind die Dinge überhaupt nicht so eindeutig auseinander zu halten, wie es die Vereinfacher und Schematisierer gerne hätten, aber es gibt ein paar menschliche wie musikalische Qualitätskriterien, an denen man die echten Genies des Blues erkennen kann, egal, ob sie berühmt sind oder nicht. Persönlichkeit, Kreativität, Spontaneität, Originalität, die Art der Selbstdarstellung gehören entscheidend dazu, instrumentale Virtuosität nicht unbedingt, aber der deutlich erkennbare eigene Stil schon. Die herausragenden Figuren sind immer die Erfinder, die Stilisten, die Exzentriker, die Abweichler, die Archaischen, auch die Virtuosen, soweit sie nicht das Genre verfehlen. Am Durchschnitt ist mit Recht die Soziologie interessiert. Die Wahrheit liegt in den Extremen, die Normalität trügt, auch im Blues.

Deshalb ist ein Blues-Märchen wie das von Paul Earthquake Pena, dem Sänger, dessen Vorfahren von Cap Verde stammten, so schön und in dem Film ›Ghengis Blues‹ nachzusehen,

Kapitel 12: Crossroads to nowhere

wenn er längst am Krebs, der ihn befallen hat, gestorben sein wird. Es ist die Geschichte eines Blues-Sängers, der im Radio eines Tages tuvanischen Kehlkopfgesang hörte und diese Singweise auf seinen Blues-Gesang übertrug, dann eine Delegation tuvanischer Sänger in Amerika traf, sich mit dem fantastischen Oberton-Sänger Kongar-ol Ondar anfreundete, nach Tuva eingeladen wurde und dort an einem Gesangswettbewerb teilnahm und einen Publikumspreis gewann. Der Film wurde mit Preisen überhäuft und für den Oscar nominiert, Paul Penas Album ›New Train‹, das dreißig Jahre lang auf Eis gelegen hatte, wurde 2000 veröffentlicht und ein Blues-Charts-Erfolg.

All das ist nicht zuletzt auf ein Publikum zurückzuführen, das nicht so dumm ist, wie es die Industrie gerne hätte, und das Kriterien für echt und falsch, für Gemachtes und zutiefst Menschliches durchaus besitzt – vorausgesetzt, man lässt ihm die Information überhaupt zukommen. Genau darin, in der Verbreitung sonst wenig zugänglicher Nachrichten und Information, besteht der tatsächliche Gebrauchswert des Internets, das auch für den Blues eine unerschöpfliche Quelle darstellt. Man quäle einfach seine Suchmaschine mit einschlägigen Begriffen oder schalte sich auf einen der im Netz angebotenen Blues-Sender auf.

Der Blues reflektiert die Veränderungen bereits in Songs und in Aussagen von Musikern. Das lässt hoffen. David Honeyboy Edwards formulierte das in seinen Memoiren besonders anschaulich: »Und wie sich die Zeiten geändert haben, so hat sich der Blues geändert. Ich habe einige verändert, ich spiele sie jetzt anders als in den vierziger Jahren. Ich habe in der Stadt neue Stile gelernt, aber ich habe immer noch den Country-Blues mit dabei. Früher in der alten Zeit spielten wir einfach darauf los, wie ein Pferd, das geradlinig durch einen Song trottet. Es war gut, aber später hörte ich verschiedene Arten von Musik und das öffnete mir sozusagen die Augen. Ich spielte eine Menge gottverdammter Songs damals auf dem Land. Ich probierte alles aus. Als ich älter wurde, fand ich meinen eigenen Stil, meinen eigenen Sound. Die

Kapitel 12: Crossroads to nowhere

Blues mögen sich verändern, aber sie werden bleiben. Die jungen Leute spielen jetzt eine andere Art von Blues, hart und schnell, aber es ist immer noch Blues. Als ich ein Kind war und heranwuchs, war es hauptsächlich Ragtime. Dann wuchs es, wurde zum Big-Road-Blues, Country-Blues, dann zum Shuffle und zum Low-Down-Dirty-Blues. Es ändert sich ständig. Die Blues aber wird es immer geben.«

Vielleicht kann man diese Veränderung bis dato in einer Art Dreistufen-Modell darstellen:

Blues A	authentic blues: historic / contemporary country and jazz formula
Blues B	modern blues: historic / contemporary jazz and rock formula
Blues C	universal blues: contemporary mainstream pop formula

Solange alle drei Stufen nebeneinander und gleichzeitig bestehen, ist der Blues nicht in Gefahr, seine Substanz zu verlieren, und kann sich in jeder Richtung weiterentwickeln. Selbst Irrwege ins Crossover-Unwesen und die daraus resultierenden musikalischen Katastrophen wird er überstehen, sobald er sich wieder auf seine Wurzeln und seine Substanz rückbesinnt.

Dann wird er sich auch dem totalitären Anspruch einer fälschlich so genannten Weltmusik verweigern, die sich als absolute Synthese aller Stile begreift, als »das Verschmelzen der verschiedenartigsten kulturellen Elemente in einem schlüssigen, verbindlichen Klang – und das natürlich so, dass es vor allem für westliche Ohren goutierbar sein musste, denn aus dem Westen kam diese Hybrid-Idee ja, und der Westen ist auch der einzig mögliche Markt für diese Musik«.

Das stellten in aller Deutlichkeit schon 1986 Jürgen Frey und Karel Siniveer in ihrer Geschichte der Folkmusik klar. Inzwischen ist die Lage dank des Medienkartells einiger schlauer Funkmoderatoren, manipulierter Weltmusik-Hitparaden und anderer Schwindeleien noch schlechter geworden, bis zu dem Tag, an dem die Luftblase platzen wird, weil schlechte Musik sich dennoch nicht besonders gut verkauft. Der Jazz hat inzwischen fast hinter sich, was Archie Shepp schon 1981 konstatierte: »Ein Heer von Imitatoren strömt herbei, um das Feld des Jazz zu besetzen. Die Europäer mit ihrem so genannten Europäischen Jazz, die Japaner, und – wer weiß – später die Inder und Chinesen, warum auch nicht? Türkische Croissants und ein sizilianischer Scotch Whiskey für alle! Denn genau das ist es, was passiert: Wenn all das Gold, wenn die wertvollen Metalle erschöpft sind, dann schaffen wir billige Imitationen und tun so, als seien sie echt.« Sprach's und spielte zwei Jahrzehnte danach, als der Spuk vorbei war, selbst wieder ein Blues-Album ein, ›St. Louis Blues‹.

Was der Jazz überlebte, was die echten Folkloremusiken, eines der kostbarsten Kulturgüter dieses Planeten, trotz weltmusikalischer Verwurstelung überstanden haben, wird wohl auch der Blues überstehen. Er hat, nicht zuletzt wegen seines individualistischen Ansatzes, die besten Chancen, unkorrumpiert zu bleiben. Das ist vermutlich auch der tiefere Grund, warum er uns immer wieder über alle Verständnis-Schranken hinweg so unmittelbar anspricht: seine Aufrichtigkeit, seine Menschlichkeit, sein Stolz und seine Würde, die allen Anfeindungen und Anfechtungen trotzt. In diesem Sinn ist der Blues eine besondere Musik für die ganze Welt, ein Ausdruck des praktizierten Widerstands gegen Ungerechtigkeit und Unmenschlichkeit, aber auch der schieren Lebensfreude und der Selbstbehauptung. Er ist das großartige Geschenk des schwarzen Amerika an den Rest der Menschheit.

Genau deswegen hat der Blues inzwischen in so vielen Kulturen aufrichtige Freunde, die loyal und begeisterungsfähig, manchmal aber leider auch sehr unkritisch sind, vor lauter Liebe zu ihrer Musik. Ihnen ist diese Darstellung ganz besonders gewidmet, denn die Aufgabe des Blues war, ist und wird es immer sein, die Wahrheit zu erzählen und den Teufel zu blamieren, »telling the truth and shaming the devil«.

Anhang

Auswahl-Bibliografie

Es werden ausschließlich benutzte und, wenn nicht kritisch angemerkt, empfohlene Bücher gelistet.

a) Quellen, Interviews, Autobiografien

Perry Bradford: Born With The Blues, New York 1965.
Selbstbewusst. Herzerfrischend.

Dave Honeyboy Edwards: The World Don't Owe Me Nothing, Chicago 1997.
Hervorragende Autobiografie.

Joe Joseph Pleasant: Cousin Joe, Chicago 1987.
Wer einen Beweis dafür sucht, dass auch Blues-Leute borniert bis zur Unerträglichkeit sein können, hier hat er ihn.

Big Bill Broonzy: Big Bill Blues, Paris 1987.
Big Bills Märchenstunde für große Blueskinder. Historisch dennoch unverzichtbar.

Mike Leadbitter: Nothing But The Blues, London 1971.
Interviews, Nachweise, nützlich.

Willie Dixon: I Am The Blues, New York 1990.
Überraschend kritische Autobiografie.

W. C. Handy: Father Of The Blues, New York 1991.
Vom Titel abgesehen unverzichtbar und erfreulich uneitel.

Adam Gussow: Mr. Satan's Apprentice, New York 1998.
Can Whitie Blue The Blacks? Ja doch.

Henry Townsend: A Blues Life As Told To Bill Greensmith, Urbana & Chicago 1999.
Spannend.

John A. Lomax: Adventures Of A Ballad Hunter, New York 1947.
Vater und ...

Alan Lomax: The Land Where The Blues Began, New York 1993.
... Sohn. Unverzichtbar, trotz zahlreicher Irrtümer.

b) Sekundärliteratur, meist mit musikwissenschaftlichem Anspruch

Man erkennt sie leicht daran, dass sie wenig Illustrationen, aber viele Statistiken, Landkarten und Fußnoten enthält und meist nur auf andere akademische Literatur querverweist.

Baker Houston A. jr.: Blues. Ideology and Afro-American Literature – A Vernacular Theory, Chicago 1984.
Blues als Substrat afroamerikanischer Musik und Literatur. Exzellent geschrieben, aber keine leichte Lektüre.

Gene Bluestein: The Voice Of The Folk, Amherst 1972.
Literaturwissenschaftliche Untersuchung, die viel zu den Arbeiten der Lomaxe bringt.

Robert Springer: Authentic Blues – Its History And Its Themes, Paris 1985; Lewiston, New York 1995.
Ursprünglich auf Französisch geschrieben, aber im Original vergriffen. Unverzichtbar trotz des unverschämten Preises der englischen Ausgabe. In guten Bibliotheken vorhanden.

Robert Springer: Fonctions Sociales du blues, Marseille 1999.
Versuch einer Sozialgeschichte.

David Evans: Big Road Blues, New York 1987.
Etwas überschätzt, aber in Details wertvoll.

Gerhard Kubik: Africa And The Blues, Jackson 1999.
Alles, was der Blues-Freund über afrikanische Musik wissen will, und noch ein bisschen mehr. Seriös und auf Belege bedacht, überzieht den Didley Bow an keiner Stelle, wozu sein Freund Evans heftig neigt.

Bruce Bastin: Red River Blues, London 1986.
Ausgezeichnete Studie über die Blues-Regionen abseits vom Delta.

Auswahl-Bibliografie

Paul Oliver: Blues Fell This Morning, Cambridge 1990.
Standardwerk.

Paul Oliver: Screening The Blues, New York 1989.
Enthält ein ausführliches Kapitel über erotische und obszöne Blues mit Textbeispielen.

William Ferris jr: Delta Blues, London 1970.
Bengt Olsson: Memphis Blues, London 1970.
Inzwischen überholt.

Keil, Charles: Urban Blues, Chicago 1966.
Standardwerk, allmählich in zentralen Positionen veraltet.

Jeff Todd Titon: Early Downhome Blues, Chapel Hill 1994.
Unterschätzt. Unverzichtbar.

Harry Oster: Living Country-Blues, Detroit 1969.

Daphne Duval Harrison: Black Pearls, New Brunswick & London, 1988.
Grundlagenwerk. Seltsamerweise nicht übersetzt.

Paul and Beth Garon: Woman With Guitar: Memphis Minnie's Blues, New York 1992.
Ideologisch, aber im Faktischen sauber.

Davis, Angela: Blues Legacies And Black Feminism, New York 1998.
Untersuchung einer politisch und analytisch denkenden Feministin, die anständigerweise ihre Prämissen von Anfang an offen legt. Geschichte, Analysen und eine umfassende Textsammlung.

Gunther Schuller: Early Jazz – Its Roots And Musical Development, New York 1968.
Standardwerk zur frühen Jazz-Geschichte.

c) Literatur zu Geschichte, zu Einzelthemen und Personen.

Leroi Jones: Blues People, New York 1963.
Pflichtlektüre.

Leroi Jones: Schwarze Musik, Augsburg 1994.
Hauptsächlich über Jazzer.

Nelson George: The Death Of Rhythm & Blues, New York 1988; dt. Wien 1990.
Wichtig für die Industriegeschichte der schwarzen Unterhaltungsmusik.

Nathan W. Pearson jr.: Going To Kansas City, Urbana & Chicago 1987.
Besonders interessante Interviews zu Vaudeville.

John Chilton: Let The Good Times Roll – The Story Of Louis Jordan And His Music, Ann Arbor 1994.
Kenntnisreiche Biografie.

Charlie Gillett: The Sound Of The City, New York 1970; dt. Frankfurt/M. 1978.
Grundlegend für Rhythm & Blues.

Shane K. Bernard: Swamp Pop, Jackson 1996.
Ergänzende Lektüre.

Samuel B. Charters: The Country-Blues, New York 1975.
Samuel B. Charters: The Blues Makers, New York 1991.
Samuel B. Charters: Roots Of The Blues, New York 1982.
Der große alte Mann der Blues-Literatur. Heute stellenweise veraltet.

Francis Davis: The History Of The Blues, New York 1995.
Anregend und frisch geschrieben, gedanklich unabhängig.

Robert Palmer: Deep Blues, New York 1981.
Delta-Geschichte und -Geschichten. Besser als der gleichnamige Dokumentarfilm.

Jas Obrecht: Rollin' And Tumblin' – The Postwar Blues Guitarists, San Francisco 2000.
Hervorragende Sammlung von Einzelartikeln zu den wichtigsten Nachkriegs-Gitarristen.

Mike Rowe: Chicago Blues, New York 1981.
Alles, was es darüber zu wissen gibt.

Barry Hansen: Rhino's Cruise Through The Blues, San Francisco 2000.
Als Dr. Demento war er besser. Hier schrieb er weitgehend einen illustrierten Yazoo- und Rhino-Katalog.

Auswahl-Bibliografie

James Dickerson: Going Back To Memphis, 1996.
Guter historischer Überblick.

Paul Oliver: Story Of The Blues, Philadelphia 1973.
Verdienstvoller älterer Überblick.

Chuck Berry: Autobiografy, New York 1987.
Dreist. Witzig. Genial.

Lawrence Cohn: Nothing But The Blues, New York 1993.
Opulenter Sammelband mit guten Beiträgen und Bildern und jeden Dollar wert.

Giles Oakley: The Devil's Music, London 1983.
Schon des schönen Titels wegen ...

Gayle Dean Wardlow: Chasin' That Devil Music, San Francisco 1998.
Essenzielle Lektüre über die Abenteuer eines Blues-Detektivs.

Charles Shaar Murray: Boogie Man – The Adventures Of John Lee Hooker In The American Twentieth Century, London 2000.
Profundes nicht nur über John Lee.

Pete Guralnick: Searching For Robert Johnson, New York 1989 ; dt. St. Andrä-Wördern 1995.
Sympathische Spurensuche.

Charles Wolfe/Kip Lornell: The Life And Legend Of Leadbelly, New York 1999.
Ausführliche, kritische, moderne Biografie.

Grace Lichtenstein/Laura Dankner: Musical Gumbo – The Music Of New Orleans, New York–London 1993.
Journalistisch ordentlicher Überblick.

Alan Govenar: Meeting The Blues: The Rise Of The Texas Sound, Dallas 1988.
Gute Bilder, guter Text.

Ross Russell: Bird lebt!, Wien 1985.
Eine verborgene Quelle für den Blues in Kansas City.

Robert Nicholson: Mississippi – The Blues Today, New York 1999.
Beschreibt die Delta-Blues-Szene bis Ende der neunziger Jahre.

James Sallis: The Guitar Players, New York 1982.
Liebevolle Porträts von Jazz- und Blues-Gitarristen.

Jeff Hannusch: I Hear You Knockin', Ville Platte 1996.
Ein Insider der New-Orleans-Szene erzählt vom Rhythm & Blues.

David Dicaire: Blues Singers, Jefferson 1999.
Eindringliche Porträts wichtiger Interpreten.

Julio Finn: The Bluesman, London 1986.
Typische afroideologische, religionsgeschichtliche Untersuchung. Polemisch. Anregend.

Leslie Fancourt: British Blues On Record 1957–1970, Faversham 1992.
Alles, was man kennen muss.

Chip Deffaa: Blue Rhythms – Six Lives In Rhythm & Blues, New York 1996.
Enthält Biografien von Ruth Brown, La Vern Baker, Little Jimmy Scott, Charles Brown, Floyd Dixon und Jimmy Witherspoon.

Pete Welding / Toby Byron: Bluesland, New York 1991.
Sammelband mit einem Dutzend Porträts verschiedener Autoren über Blind Lemon Jefferson, Lonnie Johnson, Bessie Smith, T-Bone Walker, Robert Johnson, Big Joe Turner, B. B. King, Muddy Waters, Howlin' Wolf, Etta James, Prof. Longhair und Chuck Berry.

d) Nachschlagewerke

Sheldon Harris: Blues Who's Who, New York 1994.
Zuverlässiges und umfassendes biografisches Lexikon.

All Music Guide: Blues, San Francisco 1999.
Umfangreich, aber nicht immer auf dem Stand der neuen Erkenntnisse.

Tony Russell: The Blues From Robert Johnson To Robert Cray, New York 1997.
Am Standard gemessen, eher überflüssige Mixtur aus Blues-History und Blues-Lexikon.

Colin Larkin: The Virgin Encyclopedia Of The Blues, London 1998.
Exzellent. Berücksichtigt auch die Gegenwart.

Gérard Herzhaft: Encyclopedia Of The Blues, Fayetteville 1992.
Sehr gut in den zusammenfassenden Stichworten zu Sachthemen.

Robert Santelli: The Big Book Of Blues, New York 1993.
Was drauf steht, ist auch drin. Gute Diskografie.

Paul Vernon: African-American Blues, Rhythm & Blues, Gospel And Zydeco On Film And Video, 1925–1997, Brookfield 1999.
Umfassende Filmografie, leider noch ohne DVDs, die genau deswegen und wegen ihrer überragenden Bild- und Tonqualität im Buch angeführt sind.

e) Album-Führer

Generell sind alle brauchbar, stimmen zu mindestens siebzig Prozent überein und pflegen bei den anderen dreißig Prozent die Vorlieben ihrer Autoren. Meistens sind nicht einmal die Hälfte der Alben lieferbar. Wer zu sammeln anfängt, greift mit Gewinn zu Santelli.

Robert Santelli: The Best Of The Blues, New York 1997.

Leland Rucker: Blues Music Hound – The Essential Album Guide, Detroit 1998.

Greg Ward: The Rough Guide Blues. 100 Essential CDs, London 2000.

f) Noten und Textbücher

Jeff Todd Titon: Downhome Blues Lyrics, Chicago 1990.
Nur Nachkriegs-Texte! Keine Noten.

Paul Oliver: Early Blues Songbook, London 1982.
Viele Standards. Gute Auswahl. Noten.

Auswahl-Bibliografie

John A. & Alan Lomax: American Ballads And Folksongs, New York 1934.
Enthält nur einige Blues.

John A. & Alan Lomax: Our Singing Country, Mineola 2000.
Wenige Blues.

Stefan, Hal Grossman / Stephen Calt: Country-Blues Songbook, New York 1973.
Frühe, aber nicht überzeugende Auswahl. Seltsame Notationen.

Anna Stong Bourgeois: Blues Women. Profiles And Lyrics 1920–1945, Jefferson 1996.
Beliebig, in den Biografien dürftig, aber viele Texte. Keine Noten.

A. X. Nicholas: Woke Up This Morning – Poetry Of The Blues, New York 1973.
Textsammlung aus den siebziger Jahren. Heftiges Vorwort.

Hal Leonard Corporation: The Blues, Milwaukee 1995.
Sehr gute repräsentative Auswahl mit Noten. Preisgünstig.

Jack Long: The Real Book Of Blues, Wise Publications London 1999.
Sehr gute Auswahl, hervorragende Harmonisierungen, leider recht teuer.

Diskografie

Abkürzungen der CD-Labels

Ar	Arhoolie	NH	Nighthawk Records
AQ	Audioquest	OBC	Original Blues Classics
BC	Blues Collection	Orl	Orleans Records
BGO	Blues Goes On Records	Pa	Pachyderm Records
BlBea	Blues Beacon	PiCr	Pine Creek
BlPi	Blind Pig	Pol	Polydor
BlTo	Black Top	PoBl	Point Blank Records
Bu	Buschfunk	Pre/Bv	Prestige/Bluesville
Bull	Bullseye Blues	Priv	Private Music/BMG
Capr	Capricorn	Pu	Putumayo
CE	Collector's Edition	Rhi	Rhino
Cha	Charly	Ro	Rounder
CoLeg	Columbia Legacy	RooBl	Rooster Blues Records
Cre	Crest Records	Ry	Rykodisc
De	Delmark	So	Sony
Do	Document Records	Sud	Sundazed
Docur	Docurama DVD	Snt	Sonet
Ear	Earwig	ShTr	Shady Tree
El	Elektra	SF	Smithsonian Folkways
Ep	Epic	SOB	Story Of Blues
Eq	Earthquake	Spa	Spareribs Records
FC	Fog City Records	StPl	Stony Plain Records
FMTM	From Minstrel To Mojo	Tak	Takoma
FF	Flying Fish	Te	Testament
FL	Fox Lorber	TAR	Telarc
G	Genes	TM	Travelin' Man
Git	Gitanes	ToCo	Tone Cool
Han	Hannibal Records	US	Unsere Stimme-Trikont
HiWa	High Water	Van	Vanguard
Hy	Hybrid	Vee	Vee-Jay
Im	Image DVD	WC	World Circuit
Ind	Indigo	WinSt	WinStar
IMM	Immediate Records	WR	Whopee Records
Ja Ar	Jazz Archives	Ya	Yazoo
KiVi	Kino Video DVD	Za	Zappa Records
Li	Line Records	32Bl	32 Blues

Diskografie

Einleitung

9 Before The Blues – Ya 2015

Kapitel 1

21 Hard Times Come Again No More – Ya 20337
23 The Dinwiddle Colored Quartet – Do 5288
27 O Brother Where Art Thou? – DVD Universal 32874
34 Crazy Blues – FREM FA 018
36 Cowboy Songs On Folkways – SF 1991
37 Hollywood Rhythm Vol. 1 – DVD KiVi 197

Kapitel 2

39 Butterbeans and Susie – Do 5545
41 Women In Blues – FREM FA 018
   Blue Ladies – Memphis Archives 1993
42 Mama's Black Baby Boy – Do 5288
43 Tin Pan Alley Blues – Memphis Archives 1994
44 St. Louis Blues – DVD 2001
47 Barrelhouse Blues – Do 5169
   »Jealous Blues« etc. auf Do 6027
   Die vier Blues von Lewis Black alle auf Do 5169
   »Barrelhouse Man« und »Westcoast Rag« auf Do 6033
48 »New Jelly Roll Blues« und folgende Titel dieses Absatzes: alle in teilweise exzellenter Tonqualität nachzuhören auf FMTM, Yazoo oder Document Records

Kapitel 3

51 Mississippi Masters – Ya 2007
53 Mississippi Black Snakes etc. auf Do 6013, Charlie McCoy auf Do 6018, Tommy Johnsons »Cool Drink Of Water Blues« vom 3. Februar 1928 auf FMTM, und vor allem Charley Pattons »Going To Move To Alabama« auf Ya 2010
55 »1931 Depression Blues« auf Do 5392
58 »Canned Heat Blues« etc. auf Catfish 118
   »Charley Pattons Blues« auf Yazoo 2010 und Yazoo 2001
59 Charley Pattons: Founder Of The Delta Blues – Ya 2010
60 Masters Of Blues-Serie – Ya 500
61 Seine alten (auf Do 5002) und seine neuen Aufnahmen (auf Columbia/Legacy C2K-48867)
62 Mississippi Masters – Ya 2007
64 Boogie-Woogie: ordentliche Anthologie auf Jasmine 2538-40
65 Tampa Red und Georgia Tom Dorsey – Do 5236, 5237
66 Blind Lemon Jefferson (auf Ya 1069) und Blind Blake (Ya 10689)

67 St. Louis 1927–1933 – Do 5181
Jesse Johnson, Spider Carter etc. auf Do 5188. Mehrere Sampler Ya St.Louis Blues Country/Town verschaffen einen guten Überblick über den frühen Blues, den Musiker wie Lawrence Casey, Henry Brown oder Sylvester Palmer spielten.
Katherine Baker und Lizzie Washington auf Do 5182
J. D. Short und Henry Spaulding auf Do 5147
Blind Teddy Darby – Do 6042
68 Charlie Specks McFadden auf Do 6041
Clifford Gibson auf Ya 1027, Do 6015
Ohne Hund kann man Clifford Gibson auf Document 6015 hören.
»Jim Jackson's Kansas City Blues Pt. 1–4« auf Do 5114
69 Mozelle Anderson auf Do 6023
70 Lottie Beaman und Julia Lee auf BF 15770
71 The Music Of Kentucky – Ya 2013, 2014
Phillips' Louisville Jug Band und die Kentucky Jazzbabies mit Jimmie Rodgers – Doc JPCD 1504
Blind Willie McTell auf CoLeg
72 Barbecue Bob auf Ya 2005
Dallas Alley Drag – Ya 2054
74 Reverend Gary Davis auf Ya 2011 (früh) und SF 40035 (spät)
Blind Boy Fuller mit Gary Davis auf Ya 1060, CoLeg 46777
75 Satan And Adam auf Flying Fish FF 70567
78 »Mr. Crump Don't Like It« auf Ya 1056
79 Jim Jackson auf Ya 1003
Reverend Robert Wilkins auf Ya 1077
80 Gus Cannon auf Stax 702. Aufnahmen zwischen 1927 und 1929 gibt es bei Yazoo.
John Henry Barbee, George Torey, Walter Rhodes, Sam Townsend auf Do 5159
Ollie Rupert, Madelyn James, Pearl Dixon auf Ya 5159
Mae Moore auf JSP 603

Kapitel 4

83 East Coast Blues – Ya 1013
85 Walter Vincson auf Do 6017
87 Sleepy John Estes und Yank Rachell auf Ya 2004
89 Willie Walker auf Ya 2058
90 Blind Boy Fuller auf Ya 1060
William Moore, Bayless Rose, Tarter And Gay sowie Chicken Wilson And Skeeter Hinton auf Doc 5062
Elizabeth Cotten und Etta Baker auf Cello 91006
Elizabeth Cotten Live auf Ar 477

Diskografie

- 91 String-Bands aus Georgia auf Do 3516
  Pink Anderson auf OBC 524
  Red River Blues – TM 08
- 92 Coley Jones auf Do 5161
  Frenchy's String Band, Jake Jones And The Cold Front Boys, Carl Davis And The Dallas Jamboree Band, William Mc Coy und Will Day auf Do 5162
- 93 Bo Jones, Little Hat Jones, Willie Reed und Oak-Cliff-T-Bone Walker auf Do 5161
  Ida May, Bobbie Cadillac, Lillian Miller, Gertrude Perkins und Hattie Hudson auf Do 5163
- 95 Filmdokument mit Mance Lipscomb auf DVD Ya 502
  CD-Kompilation Mance Lipscomb auf Ar 306

Kapitel 5

- 99 Ma Rainey's Black Bottom – Ya 1071
- 100 Lucille Bogan mit Walter Roland auf Ya 1017
  Mamie Smith auf REM FA 018
- 103 The Best of Blind Blake – Ya 2058
  Blind Lemon Jefferson auf Ya 1069
- 105 Tampa Red komplett – Do 5073–5077; daneben gibt es auch Auswahl-Alben: BC 25
- 107 The Roots Of Robert Johnson – Ya 1073

Kapitel 6

- 113 Tampa Red-Edition – Do 5073-77
  Big Maceo Merriweather und Tampa Red – Ind 2115, BC 159072
- 114 Swan And Lee auf Do 5370
- 115 Speckled Red – De 601
- 116 Charlie McCoy und Bo Carter – Do 6018
  Charlie McFadden auf Do 6041
- 117 Joe McCoy auf Do 6019
  Tampa Kid, Palooka Washboard Band und Big Joe And His Rhythm auf Do 6020
  Teddy Darby und Tom Webb auf Do 6042
- 125 Blues In The Mississippi Night – Ry 90155
- 127 William Brown auf Rounder 11661-1825-2
  Eddie Kelly's Washboard Band auf Do 5168
- 128 Pinetop Burks, Big Boy Knox oder Dusky Dailey auf Do 5232
  Three Fifteen And His Squares auf Do 5391
  Skoodle Dum Doo And Sheffield auf Do 5641
  »Lonely Seth Blues« und »Skoodel Dum Doo« auf Do 5170

Diskografie

     Too Tight Henry auf Do 5642
     Leola Manning auf Do 5170
129 Bob Campbell auf Do 5641
     »Teena Girl Blues« und »Hitler Blues« auf Do 5427
     American War Songs – US 0280
     Brüder McCoy auf Do 6020
     Ted Mays und Claytie Polk auf Do 5232
     »Sweet Home Chicago« auf BC 159492
     Roosevelt Sykes auf SF 40051
130 »Mule« auf NH 202
     »Cairo Blues« auf G 9916
     Little Hat Jones auf Do 5161
     Sam Butler, Bobby Grant etc. auf Do 5036
     Tommy Griffin, One Arm Slim und Frank Edwards auf Do 5426
131 Eddie Durham und Charlie Christian auf Ja Ar 94
     »The Blues Is All Wrong« auf Do 5170
     »Shake The Shack« auf Do 5232
     Irene Sanders und Stella Johnson auf Do 5327
132 Merline Johnson auf BoB 13, Do XXX
     Copulatin' Blues – JASS 1, US 0277
     Please Warm My Weiner – Ya 1043
     Songs We Taught Your Mother – Pre/Bv 520-2
     Roll Over, Ms Beethoven – Pre/Bv 9916
     Carl Davis & The Dallas Jamboree Band auf Do 5162
     The Chicago String Band – Te TCD 5006
133 »Woman Blues« auf Pre/Bv 566-2
     Idle Hours – Pre/Bv 518-2
     Lonnie Johnson auf Ya 1028
134 Lonnie Johnson »elektrische« Aufnahmen auf SF 40067
     »Guitar Blues« auf Ja Ar 84

Kapitel 7

137 »I Be's Troubled« auf Ro 1513
139 Field Recording: Virginia – Do 5575
141 A Treasury Of Library Of Congress Field Recordings – Ro 1500
     Sounds Of The South – Atl 782496
     Southern Journey Ro – 1701–1713
     Deep River Of Songs – Ro 1821 ff.
     Das Interview mit Jelly Roll Morton liegt inzwischen fast vollständig vor auf vier Alben von Ro 1091–1094.
145 Robert Brown, Sally Dotson etc. auf Ar 372,440

Kapitel 8

149 John Lee Hooker Definitive Collection – Metro 005
154 The Okeh Rhythm & Blues Story 1948-1957 – Ep 48912
    The Fire & Fury Records Story – Capr 42009
    The Swingtime Records Story – Capr 42024
    The Jewel/Paula Records Story – Capr 42014
155 Robert Nighthawk auf Te 5010
156 »Rolling Stone«, »They Call Me Muddy Waters« und viele andere Erfolge von Muddy Waters auf Che 31268
158 The London Howlin' Wolf Sessions – Che 8.24723
    Elmore James Werkschau auf Cha CPBox 301
    »Shake Your Moneymaker« auf Cha 31
    »The Sky Is Crying« auf Rhi 71190
159 Jimmy Reeds Vee-Jay-Jahre auf Cha Red Box 9
160 Big Walter Shakey Horton auf Van 172/74
    »Juke« auf Che 9192, 9292
161 Hoodoo Man Blues – Del 612
    Otis Spann auf Te 2211 und SOB 79025
162 »Beer Drinking Woman«, »Mother Earth«, »Every Day I Have The Blues« etc. auf Esp 1909, Cha 249
163 »Boogie Chillen« auf Cha 4
164 Super Super Blues Band – BGO 334
165 Mercury-Anthologie – Mer 314 328 295-99
168 »Further Up The Road«, »I Pity The Fool«, »Turn On Your Love Light« oder »That's The Way Love Is« auf MCA 27013, 27045
169 The Blues Years 1950–1958 – Cha CDSUNBOX 7/1-7/7
    Cousin Joe auf BlMn 6001-3
172 Lightnin' Hopkins auf DVD Ya 502
173 »Coffee Blues« auf Ace 930
    »Mr. Charlie«, »War Is Startin' Again«, »Black Cadillac« auf Rhi 71226
    Lightnin' Slim auf In 2002
174 Lonesome Sundown, Lazy Lester, Silas Hogan, Jimmy Anderson, Leroy Washington, Whispering Smith, alle auf Exc 3008
    Smoky Babe auf Arh 440
    A Shot In The Dark: Nashville Jumps – BF 15864

Kapitel 9

176 House Un-American Blues Activity Dream – Van 79263
    Josh White auf CE 003
    Odettas Folk-Phase auf Van 43/44
177 House Rent Stomp – Blues Encore 52007
178 American Folk Blues Festival auf Evi 26100

Diskografie

179 J. B. Lenoir auf Bel 42001/82001
180 frühe Yardbirds auf Cha 8
Rhythm & Blues-Explosion – See 224
181 Einspielungen für Immediate auf IMMBox 4
182 Ausgewählte Titel der Thunderbolts auf Cre 041
Anthony Top Tophamund Duster Bennett auf Col 488992
184 Safe As Milk – BMG 69175
»Diddy Wah Diddy« auf Ed 902
Album ›Trout Mask Replica‹ – Re 2027
185 Freak Out – Za 1
Chunga's Revenge – Ry 10164
»Lost In A Whirlpool« auf Ry 40573
Broadway The Hard Way – In 848.511
Playground-Psychotics – Za 55
Rising Sons – Col 472865
Ry Cooder – Re 27510
Boomer's Story – Re 26398
Chicken Skin Music – Re 27231
Paradise And Lunch – Re 2179
Crossroads – DVD, OST WB 25399
186 Recycling The Blues And Other Related Stuff – MF 764
Giant Step/The Ole Folks At Home – CBS 18
Father Of The Delta Blues – CoLeg 48867
187 »Bull Doze Blues« auf Ya 1080/1
Hooker 'n' Heat – See 234
Blues From Laurel Canyon – Der 820539
Chicago–The Blues–Today – Van 172/74
188 Best Of Mike Bloomfield – Tak 7115
The Paul Butterfield Blues Band und East-West auf El 60751
John Kay solo auf MCA 31178
Hard Again So – 484466
190 Dr. West's Medicine Show And Junk Band – Sud 11070
Jim Kweskin Jug Band auf Van 13/1
Cheap Suit Serenaders auf Sha 6002/-3
Hot Tuna auf Ed 331, Ed 397, DVD
John Hurt auf Van 19/20
Son House, Furry Lewis, Skip James auf Van 79219
Lonnie Johnson auf Pre/Bv 543
Booker T. White auf CoLeg 52782
Black Ace auf Ar 374
Country Roads, Country Days – Pre/Bv 9918
191 Fred McDowell auf Ar 304
Country Negro Jam Session – Ar 372
Smokey Bae und Herman E. Johnson auf Ar 440
Henry Gray, Guitar Kelly etc. auf Ar 9004

Snooks Eaglin auf Ar 348
Allen Toussaint, Irma Thomas, Prof. Longhair auf Rhi 6730111
I Have To Paint My Face – Ar 432
Mercy Dee Walton auf Ar 369
Robert Shaw auf Ar 377
Mance Lipscomb auf Ar 306
Lightnin' Hopkins auf Ar 302
Lil' Son Jackson auf Ar 409
Earl Hooker auf Ar 324
John Jackson auf Ar 378, Ar 471
192 Robert Pete Williams auf So 649

Kapitel 10

193 Curtis Jones auf BC 158312
194 Champion Jack Dupree auf At 782434, CoLeg 52834
Memphis Slim auf Che 9250, RCA 2098
195 ›Da Blues des is a Deife‹ – Eq 64500
Sharper Than A Tack BlBea – 10342
197 Cajun Pioneers auf WR 61438
Sons Of The Deserts, Cypress Grove, Willie Salomon und Peter Krause auf K&S 398
198 Das Beste Aus 45 Jahren auf Bu 167
›Springtime Blues‹ – RDP 100
Engerling auf Bu 087
She's Real – POB 0798
199 »Blues Vom Roten Hahn«, »Mama Wilson«, »Moll Blues«, alle auf BMG 74321255442
202 ›Da Blues des is a Deife‹ – Eq 64500
Graymalkin auf Fab – 61037
Schrammel & Slide auf Wo 319.9019.2
»Dreiviertelte, Blaue, Zammazupfte« auf Bee 2005
203 Dutch Tilders, Margaret Roadknight, Chain auf Fe 19718
Hook, Slide And Sinker – Her 018
Long Gone Daddy-Os auf 1+2 Rec 012

Kapitel 11

205 Harlem Blues – FF 70567
207 The Search For Robert Johnson – DVD CoLeg CMV 49113
Can't You Hear The Wind Howl – DVD Win 3015
Hellhound On My Trail – DVD Win 3052
208 Robert jr. Lockwood auf TAR 83509
David Honeyboy Edwards auf Ear 4922, Ear 4940, 32Bl 32109, 32Bl 32185

209 Mule NH 201
　　Goin' Back In The Times – Ear 4929
　　Eddie Kirkland auf 32Bl 32166
　　Blue Shadows – StPl 1233
210 ›Deep In The South‹ – Ce 91001
　　Railroad Bill – Ce 91006
　　»Sugar Man« auf Ce 91002
　　»Life, Love And The Blues« auf Priv 82162
　　Silvertone Blues – Git 547721
　　The Devil Made Me Do It – BluHo 14
　　Cold Blood – HMG 1003
211 All Over You – Ant 042
　　»Everything Is Gonna Be Allright« auf Bl Top 1150
　　»Let It Shine« – BT 1149
　　»Blues Is My Wailing Wall« auf GRP 314 547 781
　　Homesick – Pa 5002
　　Ain't Gonna Worry – Ear 4937
　　Lettin' Go – TAR 3501
　　Stranded – HMG 1001
212 Promised Land – Ro 2632
　　Living Country-Blues – Evi 26105
213 R. L. Burnside und Junior Kimbrough auf FP 0317, FP 0308
　　T-Model Ford auf FP 0318
　　»What's Wrong With You« auf FP 80330
　　»Wrong Doers Respect Me« auf FP 0321
　　»Feel Like Doin' Something Wrong« auf FP 1004
　　The Spirit Lives On – HF 005
　　Blues Across The U.S.A. – Ro AN 10
　　Rounder-Jubiläums-Box – Ro AN 25
　　The Lost American Bluesmen – ShTr 2002
214 Blues Across America – Ca 29208
　　The Detroit Scene – Ca 29201
　　The Dallas Scene – Ca 29203
　　The Chicago Scene – Ca 29204
　　The Nashville Scene – Ca 29206
　　The Los Angeles Scene – Ca 29207
　　The Fieldstones – HMG 6505
　　Keep On Workin' – IS 0505
　　Shake Hands With Shorty – ToCo 1177
215 Texas Blues Greats Country-Blues – CC 57204
　　TBG Electric Blues – CC 57202
　　Hash Brown's Texas Blues Revue – Ca 29108
　　Ice Pickin' – Al 4713
　　Cold Snap – Al 4752
　　Turn Out The Lights – BlTo 1133

Diskografie

     I Like Music When I Party – BlTo 1138
216 Anson Funderburgh und Sam Myers auf BuBl 9573
     New Orleans Piano – At 7225
     Mardi Gras In New Orleans – NH 108
     Crawfish Fiesta – Al 4718
     The Barber's Blues – Ro 2140
     The Human Touch – Orl 1711
     2nd Blues Album – Han 1409
     Remember Me – Orl 1111
     »Louisiana Medicine Man« auf GeeDee 270141
     Thunder Chicken – FC 003
     Folk-Edition von Harry Oster auf Ar 359
     Zydeco – Pu 160
     Cajun – Pu 184
     Swamp Music – US 0156,0157,0158; 0166, 0167; 0202–205
217 Louisiana Gumbo – Pu 161
     Frühe Cajun-Singles von Floyd Soileau auf Ace 743
     »Going Back Home« auf AQ 1050
     Who Stole My Monkey – Ro 2156
     Homemade – Al 4863
218 Harlem Blues – FF 70567
     Big Bill Morganfield auf BlPi 5053
     Talking Timbuktu – WC 040
     Kulanjan – Han 1444
     Roll Away The Stone – Ry 10393
219 Continental Drifter – PoBl 47130
     Keep On Keeping On – Stu 14
     Texas Flood – Ep 38734
     I Want You To Know – ToCo 1156
     Moving To The Country – ToCo 1174
     Stavin Chain auf RUF 1038
     Robert Johnson Revue – DVD WinSt 73052
     »Dirt Floor« auf Uto 94
     »Perfect Day« auf Uto 021
220 Howlin' Mercy – El 61440
     Johnny Dowd auf MR 103 und Gli 459
     Shoot Out At The OK Chinese Restaurant – Gli 467
221 Baptist Generals auf Gli 498
     Guitar Preacher – Pol 527 717
     Live At Pachyderm Studios – PiCr 003
     Circle – Pa 8
     She Wolf – HiWa 6508
     Feelin' Good – HiWa 6502
     Deep Blues – DVD FL 5133
     Every Woman's Blues: Best Of The New Generation – Sha 9009

Downsville Girl – Li 9.01303
222 Where Blues Begins – BlPi 5048
The Toughest Girl Alive – BuBl 9605
Turn The Heat Up – Al 4857
Nawfel auf Pol 9430082
Take Your Shoes Off – Ry 10479
223 Dark Night – HiTo 8096
Homesick For The Road – TA 83454
What You Got – TA 83467
Me To You – EW 20444
Roadworks – RUF 1048
Payin For My Sins – Sha 9020
Stomp Down Rider – RH 80
Call Down The Thunder – RH 89
You Don't Know My Mind – RH 113
Once Upon The Blues – RUF 1044
224 Vü-Dü Menz – Al 4872
Between Midnight And Day – Ak 4837
Fish Ain't Bitin – Al 4850
Greens From The Garden – Al 4867
Staying Power – BuBl 9611
Just Like You – Okeh 484117
Soldier For The Blues – BuBl 9582
Grand Slam – RooBl 2618
All Around Man – RooBl 2629
Knocking At Your Door – TE 83456
225 Portrait – RooBl 2626
Midnight Delight – RooBl 2633
Blues Come Home To Roost – RooBl 2634

Kapitel 12

227 The Spirit Lives On – Hot Fox 005
228 John Henry Barbee auf Sto 8003
229 B. B. King in Zimbabwe – DVD Pio 98-585
Blues Roots – Rhi 71135
234 Jimmie Tarlton, Tom Darby, Dock Boggs etc. auf Ar 7039
White Country Blues (1926–1938) – A Lighter Shade Of Blue – CoLeg 47466
236 Ghengis Blues – DVD Docu 9472, OST
New Train – Hy 20019
238 St. Louis Blues – PAO 10430

Register

Ace, Johnny 215
Adams, Alberta 214
Adams, Johnny 169
Akers, Garfield 62, 79
Albold, Volker 199
Aldo, Steve 181
Alexander, Dave 215
Alicia 221
Allen, Fulton s. Blind Boy Fuller
Allison, Bernard 210
Allison, Luther 165, 192, 210
Allman, Duane 158
Alvin, Dave 189
Alvin, Phil 189
Ammons, Albert 63, 141, 165
Anderson, Eddie Rochester 45
Anderson, Jimmy 174
Anderson, Mozelle s. Kansas City Kitty
Anderson, Pink 91
Andrews, Dope 41
Andrews, Ed 24, 47
Ann, Jo 182
Anthony, Eddie s. Macon Ed
Armstrong, James 222
Armstrong, Louis 45, 66, 133f., 166f.
Arnold, Kokomo 107
Asch, Moses 144
August, Joe s. Mr. Google Eyes
Austin, Lovie 97
Aykroyd, Dan 204

B. B. King 8, 152, 164, 166–168, 171, 174, 181, 229, 234
B. D. Tite 71
Baby Dodds 133
Baez, Joan 123, 176, 183
Baker jr., Houston A. 13, 14, 230
Baker, Etta 90, 210
Baker, Katherine 67
Baker, Mickey 75
Ball, Marcia 189, 222
Bane, Michael 230

Banjo Joe 48, 78f.
Bankston, Dick 57
Barbecue Bob 48, 72
Barbee, John Henry 80, 228
Barber, Chris 18, 180
Barnes, George 131, 154
Barnes, Roosevelt Booba 212, 221
Bartholomew, Dave 66, 169
Bassett, Johnnie 214
Bayes, Nora 43
BB Queen 221
Beaman-Kimbrough, Lottie 69f.
Beck, Dieter 196
Beck, Jeff 181, 189
Beecher-Stowes, Harriet 21
Belafonte, Harry 176f.
Belfour, Robert 212f.
Bell, Carey 223
Bell, Lurrie 223
Below, Freddie 161
Belushi, John 204
Bennett, Duster 182
Bennett, Wayne 168
Benoit, Tab 223
Berendt, J. E. 196
Bernard, Al 43
Bernard, Shane K. 217
Bernreuther, Wolfgang 195
Berry, Chuck 18, 58, 150, 164, 170, 212
Bessie, Smith 19
Bibb, Eric 223
Big Al Dupree 214
Big Bill Broonzy 18, 26, 54, 56, 64, 113, 123–125, 131, 155, 160, 162, 176f.
Big Bill Morganfield 218
Big Boy Knox 128
Big Daddy Smitty 210
Big Jack Johnson 221
Big Joe Turner 70, 129, 193
Big Joe Williams 85f., 102, 134, 155, 188f., 191, 208
Big Lucky Carter 213

Big Maceo Merriweather 64, 104, 113, 155, 160f.
Big Maybelle Smith 75
Big Moose Walker 206
Big Walter Shakey Horton 159f.
Bigeou, Ester 44
Billie Holiday 19, 134
Binder, Roy Book 218
Bing Crosby 109
Bird, Roland s. Professor Longhair
Bird, Roy 165
Bishop, Elvin 232
Bizor, Billy 215
Black Ace 131, 190
Black Daddy 71
Black Diamond 65
Black, Lewis 47
Blackmore, Amos s. Junior Wells
Blackwell, Scrapper 64
Blake, Arthur 89
Bland, Bobby Blue 152, 166, 168
Blind Blake 7, 15, 37, 66, 78, 89
Blind Boy Fuller 89, 127
Blind Joe 91
Blind Joe Reynolds 62, 146
Blind Joe Taggart 35
Blind John Davis 131, 155
Blind Lemon Jefferson 24, 35, 48, 57, 60, 63, 66, 73, 94f., 102, 104, 121, 171
Blind Roosevelt Graves 85, 146
Blind Simmie Dooley 91
Blind Squire Turner 117
Blind Teddy Darby 67
Blind Willie Dunn 133
Blind Willie Johnson 35, 48, 60
Blind Willie McTell 48, 71, 88, 90, 141
Block, Rory 189, 221
Bloomfield, Mike 165, 188, 232
Blue Harlem 134
Bluestein, Gene 138
Blunt, Ernest s. The Florida Kid
Bo Weavil Jackson 130
Bodag, Wolfram 199
Bogan, Lucille 99f., 132
Bogart, Deanna 221
Bogert, Brenda 71

Bogert, Pen 71
Boggs, Dock 234
Bollin, Zuzu 215
Bolten, Hattie 131
Bommas, Peter 217
Bonzo Dog Doodah 235
Booker, James 169
Bourgeois 101
Boyd, Eddie 113, 156, 160, 194
Bracey, Ishmon (Ishman) 84, 146
Bradford, Perry 38f., 43f., 64f., 74
Bradley, Tommie 84
Brandon, Mary Ann 222
Bratfisch, Rainer 199
Brim, John 56, 156
Brooks, Sam 88
Broonzy, William Lee Conley s. Big Bill Broonzy
Brown, Buster 91
Brown, Charles 151, 185
Brown, Clarence Gatemouth 185
Brown, James 58, 230
Brown, Lillyn 43
Brown, Robert 145
Brown, Rose 65
Brown, Roy 66, 169
Brown, Ruth 75, 170
Brown, Sammy 47
Brown, Sarah 221
Brown, Savoy 181
Brown, Willie 27, 35, 57, 107, 127
Brownie McGhee 26, 122, 145, 178
Bryant, Gladys 44
Buchanan, Roy 189
Buffalo, Norton 219
Bull City Red 90
Burdon, Eric 200
Burnett, Chester s. Howlin' Wolf
Burnside, R. L. 212f., 221
Bursch, Peter 194
Burse, Charlie 78
Butler, Henry 224
Butler, Sam s. Bo Weavil Jackson
Butterfield, Paul 188, 232
Byrd, John 128

Cadillac, Bobby 73, 93
Cage, Butch 191
Cage, John 183
Cahill, Mary 43
Calder, Tony 181
Cale, J. J. 189, 198
Callicot, Joe 62
Cameron, Scott 156
Campbell, John 129, 219
Campbelljohn, John 203
Cannon, Gus s. Banjo Joe
Capone, Al 146f.
Captain Beefheart 9, 112, 184f., 220
Carbo, Chuck 216
Carle, Frank 127
Carlisle, Cliff 234
Carr, Leroy 107f.
Carr, Sam 214
Carroll, Jeanne 195
Carter, Bo 78, 84, 116, 132, 146
Castle, Henry Lee s. Too Tight Henry
Cave, Nick 219
Cephas, John 217
Chain 203
Champion Jack Dupree 14, 66, 162, 193f.
Champion, Grady 223
Charles, Ray 151, 204
Charters, Samuel B. 11, 27, 32, 52, 84, 110, 172, 226
Chatman, Peter s. Memphis Slim
Chatmon, Bo 84
Chatmon, Lonnie 84
Chatmon, Sam 14, 84, 191
Chavis, Boozoo 217
Chenier, Clifton 217
Chess, Leonard 155–157
Chess, Marshall 212
Chess, Phil 155
Chicken Shacks Stan Webb 181
Chilton, John 146
Christian, Charlie 131, 134, 168, 170
Christl, Christian 195
Christmann, Siegfried 212

Clapton, Eric 8, 158, 165f., 181f., 234
Clark, Carroll 42
Clark, Dave 148
Clearwater, Eddie The Chief 211
Cocker, Joe 181f.
Cole, James 84
Coleman, Bob / Walter 129
Coleman, Deborah 221f.
Coleman, Jaybird 102
Collins, Albert 171, 215
Connor, Joanna 221
Cooder, Ry 184–186, 218, 228
Cooper, Al 187f.
Cooper, Mike 182
Copeland, Johnny 215
Copeland, Shemekia 222
Cotten, Elizabeth 90
Cotton, James 161, 169, 211
Council, Floyd Dipper Boy s. The Devil's Daddy in Law
Count Basie 69, 170, 178, 200
Courlander, Harald 142
Cousin Joe 66, 169
Cow Cow Davenport 64, 133
Cox, Ida 101
Cray, Robert 164, 222
Crenshaw, Reese 91
Crippen, Katie 43
Cripple Clarence Lofton 63
Crudup, Arthur Big Boy 144, 151, 155
Crumb, Robert 190
Curry, Clifford 214
Cypress Grove 197

Daigrepont, Bruce 217
Dailey, Dusky 128
Daniels, Charlie 189
Dankner, Laura 67
Darby, Teddy s. Blind Squire Turner
Darby, Tom 234
Davies, Cyril 180f.
Davis, Angela 19, 97, 101
Davis, CeDell 213
Davis, Debbie 221, 223
Davis, Francis 23, 33f., 37, 47, 59, 107, 135, 206, 219f., 222, 231

Register

Davis, Gary 74, 90
Davis, Guy 223
Davis, Jesse Ed 128
Davis, Jimmy 131
Davis, John 160
Davis, Walter 66–68, 129f., 144, 174
Day, Will 92
De La Parra, Fito 187
Delafose, John 217
Delaney, Mattie 62
Diabate, Toumani 218
Diamond Teeth Mary 212
Dibango, Manu 232
Dicaire, David 121, 123
Dickerson, Jim 76
Diddley, Bo 150, 156, 164, 183
Diestelmann, Stefan 199
Dill, Callie 146
Dittmann 202
Dixon, Floyd 174
Dixon, Mary 132
Dixon, Pearl 80
Dixon, Willie 14, 155–157, 160, 178, 180, 185, 198
Dobler, Franz 217
Doc Clayton 155
Dodds, Julia Major 106
Dodds, Robert s. Johnson, Robert
Doe, Ernie K. 67
Donegan, Lonnie 18, 180
Dotson, Sally 145
Douglas, K. C. 174
Douglas, K. D. 190
Douglas, Lizzie s. Memphis Minnie
Dowd, Johnny 220
Dr. John 169, 216
Dr. Ross 169
Drechsler, Remigius Remy 196
Dudley, Murphie 44
Duke Ellington 44, 109, 133f.
Dumas, Tom 52f.
Dunbar, Aynsley 185
Dunbar, Scott 212
Dunn, Johnnie 41
Durham, Eddie 131, 134
Dyer, Johnny 214

Dylan, Bob 94, 103, 123, 183f., 188

Ealey, Robert 215
Earl Hooker 169, 191
Earl King 170
Edelhagen, Kurt 178
Edwards, Clarence 145, 191
Edwards, David Honeyboy 13, 17, 203, 207–209, 236
Edwards, Frank 130
Eisler, Hanns 183
Elliott, Ernest 41
Ellison, Ralph 148, 153, 175
Ell-Zee Floyd 67
Emerson, Ralph Waldo 140
Eminem 206
Engbarth, Gerhard 199
Europe, James Reese 43
Evans, David 83, 88, 119, 140, 213, 229
Ezell, Will 47

Falco, Tav 78, 220
Fancourt, Leslie 182
Fändrich, Williams 201
Fanon, Frantz 52, 230
Fariña, Mimi 176
Fariña, Richard 176
Farmer, Johnny 213
Fats Domino 66, 150, 169
Fats Waller 144
Faulkner, Glen 213
Ferris jr., William 52–54
Finn, Julio 230, 232f.
Fitzgerald, Francis Scott Key 153
Fletcher, Kirk Ell 214
Floyd, Eddie 230
Föhrs, Dirk 197
Foley, Sue 221
Foreman, Ronald 43
Fox, John D. 62
Frank Zappa 100, 108, 112, 184f.
Franklin, Aretha 204, 222
Frazier, Calvin 162
Freeberg, Stan 150
Frey, Jürgen 199, 237
Fritz, Joe Papoose 215

Frost, Frank 214
Fuller, Blind Boy 74
Fuller, Jesse 190
Fulson, Lovell 94, 156, 174, 209
Funderbergh, Anson 216

Gaines, Earl 211
Gallagher, Rory 181
Gant, Cecil 174
Garcia, Jerry 183, 186
Garner, Al 214
Garner, Larry 223
Garon, Beth 80
Garon, Paul 80
Garrett, Lloyd 72
George, Nelson 148f., 151–154
Georgia Boyd 67
Georgia Tom Dorsey 64f., 69, 71, 99, 104, 114
Gibbons, Billy 220
Gibson, Clifford 68
Gibson, Gus 91
Gillett, Charlie 154
Gillum, Jazz 155
Gleason, Ralph J. 183
Glen, Emery 47
Glover, Danny 207
Goldie Cosby 65
Gorden, Odetta Holmes Felious 176f.
Govenar, Alan 215
Granger, Courtney 217
Grant, Bobby 130
Graves, J. 33
Graves, Uaroy 85
Gray, Henry 191
Green, Peter 158, 181f.
Greenbaum, Norman 78, 190
Greensmith, Bill 68
Greeson, Liz Mandeville 221
Griffin, Tommy 130
Grimes, Tiny 134
Grossman, Stefan 219
Groundhog Tony McPhee 181
Guitar Crusher 219
Guitar Gabriel 210
Guitar Kelly 191
Guitar Slim 67, 170

Guralnick, Peter 111
Gussow, Adam 75, 218
Guthrie, Arlo 78, 123
Guy, Buddy 161, 165, 168, 192, 204, 206, 224

Hager, Fred 38
Haley, Bill 150
Hall, Bob 72
Hall, Vera 142
Hallelujah Joe s. McCoy, Joe
Hambone Willie Newbern 37, 107
Hammond jr., John 207, 232
Hammond, John 98, 106, 124f., 207
Handy, William Christoffer 7, 10, 23f., 28f., 31–33, 43, 67, 75f., 125
Hannusch, Jeff 169
Hardin, Ed 65
Hardin, Lane 130
Hardin, Lil 66
Harris, Corey 7, 224
Harris, Leroy s. B. D. Tite
Harris, William 62, 146
Harris, Wynonie 174
Harrison, Daphne Duvall 42
Harrison, Wilbert 68
Hart, Alvin Youngblood 224
Hatton, Bert Snake Root 67
Hawkins, Jay 165
Hayes, Clifford 35, 48, 71, 77
Hayes, Curtis 71
Hayes, Isaac 230
Hegamin, Lucille 43, 132
Hemphill, Jessie Mae 128, 212, 220
Hemphill, Sid 126, 128, 142, 229
Henderson, Mike 211
Hendrix, Jimi 7, 58, 111, 123, 165, 168, 183, 189, 221f.
Herzhaft, Gérard 67, 77, 99f., 104f., 160
Hicks, Charlie s. Lincoln, Charlie
Hicks, Don 190
Hicks, Otis s. Lightnin' Slim
Hicks, Robert s. Barbecue Bob
Hill, Bertha Chippie 132

Register

Hill, Joe Louis 169
Hill, Walter 185
Hite, Bob The Bear 183, 186
Hogan, Silas 174, 191
Holiday, Billie 231
Hollins, Tony 144
Holmes, Joe s. King Solomon Hill
Holmes, Winston 69
Holzapfel 202
Homesick James 161, 187, 209, 211
Hooker, John Lee 26, 33, 156, 162f., 172, 179, 187, 192, 204, 209, 211, 229, 234
Hooker, Zakiya 218, 221
Hound Dog Taylor 204
Houston, Joe 185
Houston, Whitney 154
Howlin' Wolf 18, 33, 68, 117–120, 151, 156–158, 161, 169, 183, 185, 192f., 204, 206, 212, 221
Howse, Pat 145
Hudson, Hattie 93
Hudson, Willie 213
Humphrey, Albert C. 195
Hunter, Alberta 17, 44, 76, 80, 97, 132, 147
Hunter, Ivory Joe 151
Hurt, John 190
Huston, Joe 214
Hutchison, Frank 234
Hutto, J. B. 187, 204

Ickes, Robert 219
Ironing Board Sam 216
Irwin, May 42

Jackson, Jim 37, 79
Jackson, John 191
Jackson, Papa Charlie 24
Jacobi, Peter 196
Jacobs, Marion Walter s. Little Walter
Jahn, Jahnheinz 198
James, Colin 203
James, Eddie s. Son House
James, Elmore 151, 155, 158, 209

James, Etta 192, 210
James, Madelyn 80
James, Nehemiah Skip 33, 61, 83, 107, 146, 173, 190
Jason Leed, Jennifer 45
Jaxon, Frankie 104
Jefferson, Joel 171
Jelly Roll Anderson 67
Jelly Roll s. Shoecraft, Morton Jelly Roll
Jenkins, Bobo 162
Jimmy Strange 67, 132
Johnson, Alonzo s. Johnson, Lonnie
Johnson, Billiken 73
Johnson, Charles S. 143
Johnson, Clarence 84
Johnson, George W. 42
Johnson, Guy B. 145
Johnson, Henry 67
Johnson, Herman E. 145, 191
Johnson, James Super Chikan 225
Johnson, Jesse 67
Johnson, K. D. 73
Johnson, Ledell 84
Johnson, Lil 132
Johnson, Lonnie 15, 48, 64, 66f., 73, 94, 101, 105, 113, 131, 133f., 190, 209
Johnson, Luther Guitar Junior 206
Johnson, Mager 84
Johnson, Mary 67
Johnson, Merline The Yas Yas Girl 132
Johnson, Murl 70
Johnson, Noah 106
Johnson, Pete 69f., 141
Johnson, Robert 7–10, 15, 17, 27, 33f., 62, 81, 105–112, 111f., 124, 126, 145, 158, 164, 173, 207–209, 223
Johnson, Stella 131
Johnson, Tommy 53, 57, 84, 108, 146, 157, 186
Jolson, Al 43
Jones, Al 195
Jones, Bo 93, 130

Jones, Coley 92, 130
Jones, Columbus 191
Jones, Curtis 162, 193
Jones, Floyd 56
Jones, Johnny Yarddog 113, 211, 214
Jones, Leroi 175, 226
Jones, Spike 150
Jones, Tutu 224
Joplin, Janis 123, 183, 189, 230f.
Joplin, Scott 23, 65
Joque, Beau 217
Jordan, Louis 134, 147f., 150f.
jr. Boy Jones 214
Jumpin' Johnny Sansone 219
Junior Wells 160f., 204, 206, 211

Kalb, Denny 187
Kane, Candye 222
Kansas City Kitty 69
Kansas Joe McCoy 80, 84, 116f., 129
Kansas Katie 131
Katz, Steve 187
Katzmann, Nick 219
Kaufman, Irving 43
Kaukonen, Jorma 183
Kay, John 189
Kaylan, Howard 185
Keb' Mo 224
Keil, Charles 151
Kekuku, Joseph 22
Kelly, Dave 182
Kelly, Jo Ann 80
Keltner, Jim 228
Kent, Nick 183
Ki Ki Johnson 114
Kid Ory 42, 66
Kimbrough, Junior 212f.
Kimbrough, Lena 69
Kimbrough, Sylvester 69
King Curtis 173
King Solomon Hill 27f., 130
King, Albert 68, 181, 211
King, Freddie 165, 171, 181, 192
King, Riley B. s. B. B. King
Kirk, Andy 7
Kirk, Rahsaan Roland 71

Kirkland, Eddie 162, 209
Kissin' Bug 65
Kittrell, Christine 174
Kittridge, George Lyman 140
Korner, Alexis 180f., 232
Krause, Peter 197
Kropp, Dieter 196
Kubik, Gerhard 22, 226–229, 234
Kulberg, Andy 187
Küstner, Axel 212
Kweskin, Jim 190

Lady Bianca 221
Lafayette Leake 113
Landis, John 204
Lang, Eddie s. Blind Willie Dunn
Lang, Johnny 222
Larkin, Collin 132
Laughing Charlie Hicks 72
Laury, Booker T. 221
Lazy Lester 174, 211
Leadbelly 12, 13, 25, 32, 36, 56, 95, 121f., 137, 145, 177
Leadbitter, Mike 191
Leake, Lafayette 162
Led Zeppelin 111, 181
Ledbetter, Huddie 73, 121f.
Lee, Alvin 181
Lee, Julia 70
Leiber 153
Lending, Ken 200
Lenoir, J. B. 56, 156, 179
Lesh, Phil 183
Lewis, Meade Lux 63, 141
Lewis, Noah 78f., 102
Lewis, Walter Furry 78f., 189f.
Lichtenstein, Grace 67
Lieber, Jerry 68
Liedtke, Stefan 71
Ligeti, György 183
Liggins, Gene 65
Liggins, Jimmy 174
Liggins, Joe 174
Lightnin' Hopkins 14, 26, 56, 94, 165, 171–173, 179, 191f., 215
Lightnin' Slim 173, 185
Lil' Son Jackson 173, 191
Lilly, Bob 65

Lincoln, Abraham 148
Lincoln, Charlie 47
Lindley, David 218
Linthecome, Joe 114
Lippmann, Horst 156, 178, 180
Lipscomb, Mance 37, 94, 191
Little Arthur Duncan 214
Little Brother Montgomery 66, 85, 133
Little Hat Jones 93, 130
Little Jimmy King 224
Little Milton 68, 169
Little Richard 66, 150, 164
Little Walter 68, 155f., 159–161
Littlejohn, Johnny 204
Lockran, Gerry 182
Lockwood, Robert jr. 155, 160f., 165, 207–209
Lomax, Alan 17, 25, 32, 61, 90, 115, 121f., 125–128, 136–142, 144f., 208
Lomax, John A. 17, 19, 25, 121–123, 136–138, 140–143, 145
Lonesome Sundown 174
Long Gone Daddy-Os 203
Long, Johnny 234
Lornell, Kip 122
Louisiana Red 194, 210
Lucas, Jane s. Kansas City Kitty
Lucas, Nick 105

Ma Rainey 15, 17, 19, 31f., 34, 45, 80, 96, 98f., 231
Mack, Ida May (Mae) 73, 93
Macon Ed 91
Mae West 44
Mae, Jessie 142
Magic Sam 165, 192, 211
Magic Slim 224
Mama Bradford 64
Mamie Desdoumes 32
Mamie Smith s. Smith, Mamie Gardener
Mandel, Harvey 189
Manning, Leola 128, 131
Mapp, Eddie 72
Marcus, Greil 19

Marsalis, Wynston 233
Martin, Daisy 44
Martin, Sara 44
Maxey, Matthew Hogman 145
Mayall, John 181, 187
Mayfield, Percy 174
Mays, Ted 129
McCabe, Matt 215
McCarthy, Joseph Raymond 176
McClennan, Tommy 147, 208
McCollum, Robert Lee s. Robert Nighthawk
McCoy, Charlie 53, 84, 116, 129
McCoy, Joe s. Kansas Joe McCoy
McCoy, William 92
McDonald, Earl 71
McDowell, Fred 25, 191
McFadden, Charlie Specks 68, 116
McGhee, Sticks 75
McKernan, Rod Pig Pen 186
McPhee, Tony 232
McShann, Jay 69, 144
Melrose, Frank 113
Melrose, Lester 65f., 105, 123, 131, 134, 147, 159
Memphis Minnie 80, 155
Memphis Slim 7, 125, 131, 155, 162, 165, 180, 193f.
Metfessel, Milton 44
Meyer, Peter 207
Michl, Willi 196, 202
Midwood, Ramsay 220
Mighty Mo Rogers 211
Milburn, Amos 173
Miller, Jay 173
Miller, Lillian 93
Miller, Rice s. Sonny Boy Williamson
Mills, Maude 44
Mississippi Fred McDowell 137, 142
Mississippi John Hurt 37
Mitchell, Joni 123
Moby 234
Molton, Flora 212
Moody Jones 155
Moon, Keith 59

265

Register

Moore, Alice 67
Moore, Gary 182
Moore, Monette 44
Moore, Rosie Mae 80
Moore, William 90
Morganfield, McKinley s. Muddy Waters
Mr. Google Eyes 169
Muddy Waters 26, 33, 68, 136f., 142, 144, 151, 154–158, 160f., 172, 178f., 183, 185, 189, 192, 204, 206, 212
Mugge, Robert 207, 221
Muldaur, Maria 77, 190, 222
Murphy, Eddie 45
Murray, Charles Shaar 163
Murray, Donald 148
Musselwhite, Charlie 188, 219, 232
Myers, David 161
Myers, Louis 161
Myers, Sam 216

Nalepa, Tadeusz 200
Nat King Cole 151
Nawfel 222
Neal, Kenny 223
Nelson, Romeo 155
Nettles, Isaiah 146
Nicholson, Robert 212, 215
Nix, Willie 169
Nixon, Hammie 87
Nulisch, Darrell 215

Oak Cliff T-Bone s. T-Bone Walker
Oakley, Giles 11, 29, 72
Obrecht, Jas 155
Oden, Jim 186
Odum, Howard E. 140
Odum, Howard W. 145
Oertle, Ernie 109
Oldham, Andrew Loog 181
Oliver, Paul 82, 115, 143, 227
Ondar, Kongar-ol 236
One Arm Slim 130
Oster, Harry 145, 191f., 216
Otis, Johnny 153, 165, 185
Owens, Jack 212, 221

Pace, Harry 44
Page, Jimmy 181
Palmer, Robert 221
Panassié, Hugues 11, 55, 125
Panther Burns 221
Papa Charlie Jackson 37, 47, 81, 123
Papa Mali 216
Parker, Charlie 135
Parker, Leroy 41
Parth, Johnny 25
Patterson, Ottilie 180
Patton, Charley (Charlie) 15, 33–35, 52f., 57–59, 78, 86, 107, 128, 146, 157, 173
Pearson jr., Nathan W. 45f.
Pee Wee Crayton 174
Peel, David 196
Peer, Ralph 41
Peg Leg Howell 48, 71
Pena, Paul Earthquake 235f.
Pendergast, Tom 69
Penniman, Richard 150
Perkins, Gertrude 93
Petway, Robert 147
Peyton, David 65
Phelps, Kelly Joe 218
Philadelphia Jerry Ricks 194
Phillips, Jimmy 145
Phillips, Sam 157, 168f.
Phillips, Washington 35
Pickett, Wilson 230
Pinetop Burks 128, 131
Pinetop Perkins 7, 161, 206
Pinetop Smith 94
Pitchford, Lonnie 7, 142, 212, 221, 224
Plant, Robert 220
Plunkett, Robert 214
Polk, Claytie 129
Poole, Charlie 234
Powell, Willie Mae 207f.
Presley, Elvis 18, 150, 209
Price, Lloyd 67
Price, Sammy 73, 147
Primer, John 224
Pritchett, Gertrude s. Ma Rainey
Private Cecil Gant 151

Professor Longhair 67, 169, 191, 216
Pruitt, Milas 69
Ptacek, Rainer 220
Puff Daddy 206

Qualis, Henry 214
Qualtinger, Helmut 202
Quattlebaum, Doug 190
Quinn, Strozer 131

Rachell, Yank 79, 87, 208
Raines, Annie 219
Rainey, William Pa 98
Raitt, Bonnie 80, 164, 189, 222
Ramblin' Thomas 187
Ranger, Jack 73
Rattlesnake Cooper 215
Rau, Fritz 178
Rebennack, Mac s. Dr. John
Red Mike Bailey 67
Reed, Dock 142
Reed, Grace 159
Reed, Jimmy 159
Reed, Willie 93, 130
Reverend Gary Davis 89
Rhodes, Walter 80
Rice 21
Rice, Daryle 222
Richard, Seth 128
Richards, Keith 157
Riddle, Leslie 37
Riley, Dave 214
Ringsgwandl, Georg 202
Rishell, Paul 219
Roadknight, Margaret 203
Robert Nighthawk 155
Robertson, Sherman 217
Robicheaux, Coco 216
Robinson, Bill Bojangles 45
Robinson, Bob 114
Robinson, Jimmie Lee 213
Robison, Willard 48, 72
Rodgers, Jimmie 71, 234
Rogers, Jimmy 156, 160, 206
Roland, Walter 100
Ronk, Dave van 18
Roosevelt, Franklin Delano 148

Rose, Bayless 90
Rourke, Constance 140
Rowe, Mike 206
Rupert, Ollie 80
Rush, Otis 165, 168, 187, 192
Rushing, Jimmy 70, 134
Russell, Calvin 220
Russell, Ross 70

Salomon, Willie 197
Sanders, Irene 131
Sangster, Charlie 212
Santana, Carlos 164
Schoirer, Hanse 202
Schuller, Gunther 104
Scott, Frank 213
Scott, Joe 168
Scotts, Hazel 175
Screamin' Jay Hawkins 58, 216
Seeger, Pete 18, 56, 122f., 144, 176
Seeley, Blossom 43
Seuss, Ludwig 197
Seward, Alec 75, 190
Shade, Will 78, 80
Shaka, Tom 219
Shakey Jake 180, 204
Shannon, Mem 216
Sharrock, Sonny 210
Shaw, Robert 191
Shelton, Roscoe 211
Shepherd, Kenny Wayne 219
Shepp, Archie 237
Sherwood-Caso, Kim 220
Shields, Lonnie 224
Shines, Johnny 108, 164, 187, 207f.
Shirley, Jimmy 134
Shoecraft, Morton Jelly Roll 32f., 64, 66, 74, 126, 132, 141, 169
Short, J. D. 62, 67
Shy Guy Douglas 174
Simien, Terrance 217
Simmonds, Kim 181
Sims, Frankie Lee 173
Sims, Henry 54
Siniveer, Karel 199, 237
Slap (Rag) White 65

Register

Slash 59
Sleepy John Estes 79, 87, 169, 185, 188, 208
Sleepy Otis Hunt 213
Slim Harpo 18, 174, 185
Slim, Tarheel 75
Smith, Bessie Mae s. St. Louis Bessie
Smith, Clara 41, 100, 132
Smith, Clarence Pinetop 63
Smith, Clementine 41
Smith, Dan s. Black Daddy
Smith, Elizabeth 100
Smith, Floyd 134
Smith, Harry 25
Smith, J. T. Funny Paper (Papa) s. Howlin' Wolf
Smith, K. C. 191
Smith, Laura 44
Smith, Mamie Gardener 24, 34, 38, 40f., 43–45, 74, 100
Smith, Trixie 41, 44, 100
Smith, Walter Tang 169
Smith, Wilson s. Thunder
Smokey Baer 191
Smokey Hogg 165, 173
Smoky Babe 145, 174
Snapps, Booker T. 91
Snooks Eaglin 67, 190f.
Snooky Prior 161
Soileau, Floyd 217
Söllner, Hans 202
Sommers, J. Dustin 220
Son House 33, 35, 52, 60f., 81, 107, 126, 137, 173, 186, 190
Son Seals 211
Son Thomas 212
Sonny Boy Williamson 125, 127, 144, 158f., 166, 179–181
Spann, Otis 113, 156, 161
Sparrow Marshal 65
Spaulding, Henry 67
Spearman, Toni 195
Speir, H. C. 57, 109, 145f.
Spencer, Julia Major s. Dodds, Julia Major
Spencer, R. L. s. Johnson, Robert
Spencer, Robert s. Johnson, Robert
Spider Carter 67

Spires, Bud 221
Spivey, Victoria 17, 75, 132, 231
Spottswood, Dick 42
Springer, Robert 27, 49, 68, 81f., 87, 89, 92f.
Spruell, Fred 58
St. Louis Bessie 15, 17, 34, 36f., 41, 44f., 67, 80, 96–100, 231
St. Louis Jimmy 68, 190
Stafford, Mary 43
Stark, Cootie 210
Stearns, Marshall 81
Stewart, Rod 181
Stidham, Arbee 160, 190
Stills, Stephen 188
Stockhausen, Karlheinz 183
Stokes, Frank 37, 78
Stoller, Mike 68, 153
Stone, Roland 216
Strachwitz, Chris 145, 172, 174, 191
Strehli, Angela 213
Strickland, Napoleon 212
Strothers, Jimmy 91
Sumlin, Hubert 157, 206
Sunnyland Slim 160, 165
Sweet Mama Stringbean 43
Sykes, Roosevelt The Honeydripper 66f., 85, 129, 151

T. V. Slim 174
Taj Mahal 184–186, 218, 228
Tampa Red 15, 64, 99, 104f., 113f., 116, 155, 160
Tarlton, Jimmie 234
Tasby, Finis 214
Tatum, Art 89
Taylor, Koko 204
Taylor, Lizzie 75
Taylor, Mick 158, 181
T-Bone Walker 58, 93, 130, 134, 165, 168, 170, 179f., 209, 215
Teagarden, Jack 128
Teddy Doering 113
Terry, Sonny 26, 90, 122, 145, 159, 178
Texas Alexander 94f., 103, 116, 133, 171, 209

Texas Bill Day 73
The Devil's Daddy in Law 127
The Florida Kid 129
Theessink, Hans 196
Thomas, Carla 230
Thomas, Elvie 146
Thomas, Henry Ragtime Texas 37, 47, 94
Thomas, Hersal 47
Thomas, Irma 169, 191
Thomas, James 211
Thomas, Rufus 169, 230
Thomas, Willie B. 191
Thornton, Willie Mae Big Mama 185
Thorogood, George 158, 164, 189, 219
Thorup, Peter 200
Thunder 171
Tilders, Dutch 203
Titelman, Russ 184
Titon, Jeff Todd 49, 53, 82
Too Tight Henry 128
Topham, Anthony Top 182
Torey, George 80
Touré, Ali Farka 218, 228f.
Toussaint, Allan 66, 191, 169
Townsend, Henry 67f., 130, 209
Townsend, Sam 80
Travers, Pat 189
Trice, Richard 127
Trice, Welly 127
Trucks, Derek 219
Tucker, Bessie 73
Tucker, Johnny 211
Tucker, Sophie 43
Turner, Charlie 69
Turner, Ike 68, 169
Turner, Joe 200
Turner, Lavinia 44
Turner, Nat 20
Turner, Paul 65
Turner, Titus 165
Turner, Tom 62
Turner, Troy 225

Ukulele Bob Williams 114

Vai, Steve 185
Van Ronk, Dave 184
van Schmidt, Ric 184
Van Zandt, Townes 189, 220
Vaughan, Cooney 85
Vaughan, Robert 216
Vaughan, Stevie Ray 158, 168, 189, 216, 219
Velvette, Lorette 78, 221
Vernon, Mike 174, 181f., 224
Vilser, Paul M. 196
Vincson, Walter 84f.
Vinson, Eddie Cleanhead 165
Vinson, Mose 213
Virgial, Otto 62
Vliet, Don Glen s. Captain Beefheart
Vliet, Don Van 9

Walker, Charles Wigg 75, 214
Walker, Dennis 222, 225
Walker, Fred 36
Walker, Joe Louis 210
Walker, Robert Bilbo 212
Walker, Willie 88f.
Wallace, Sippie 132, 165
Walli, Hasse 200
Walton, Joyce 221
Walton, Mercy Dee 173, 191
Walton, Wade 191
Wand, Hart A. 72
Wand-Garrett 23
Wardlow, Gayle Dean 27, 145f.
Warfield, Charlie 64
Warren, Bill 213
Washboard Sam 66, 155, 162
Washboard Walter 146
Washington, Dinah 151, 165, 231
Washington, Leroy 174
Washington, Lizzie 67
Washington, Tuts 169
Waters, Ethel s. Sweet Mama Stringbean
Watson, Johnny Daddy Stovepipe 47
Watson, Johnny Guitar 171, 185
Watson, Mississippi Mary 47
Weaver, Sylvester 47

Webb, Tom 117
Webster, Katie 215
Weihs, Richard 202
Weir 186
Welch, Robert 145
Weldon, Casey Bill 78, 80, 117
Weston, John 214
Wheatstraw, Peetie 67, 87, 108, 117, 144
Whidby, Lula 43
Whispering Smith 174, 191
Whistling Alex Moore 73
White, Booker (Bukka) T. 14, 66, 190
White, Georgia 75, 132
White, Josh 18, 26, 88f., 176f.
White, Leroy 23
White, Newman Ivy 145
White, Tony Joe 174, 189
Whitley, Chris 219
Whitman, Walt 140
Whittaker, Hudson s. Tampa Red
Wiggins, Phil 217
Wild Child Butler 210
Wild Jimmy Spruill 75
Wiley, Geeshie (Geechie) 62
Wilkins, Reverend Robert 79, 146
Williams jr., Emery 214
Williams, Bert 42
Williams, Hank 220
Williams, J. Mayo 114, 147
Williams, Lucinda 189, 221
Williams, Mary Lou 69
Williams, Robert Pete 145, 191f.
Williams, Saffire 221
Williamson, James s. Homesick James
Williamson, John Lee Sonny Boy 86
Williamson I, John Lee Sonny Boy 66, 102, 155, 159
Willis, Willie Dusty 106
Wills, Oscar s. T. V. Slim
Wilson, Alan The Owl 186f.
Wilson, Edith 43, 132
Wilson, Hop 215
Wingy 65
Winter, Johnny 170, 172, 189, 215f., 233
Witherspoon, Jimmy 129, 134, 165
Wolfe, Charles 122
Woodbridge, Hudson s. Tampa Red
Woods, Oscar 130
Woody Guthrie 56, 122, 144
Work, John W. 32, 127, 140
Wray, Link 220f.
Wright, Richard 148

Yancey, Jimmy 63
Young, Charles 214
Young, Ernie 174
Young, Joe 165, 192
Youngblood, Arzo 212

Nachweis der abgebildeten Cover

Seite 9 – Foto: Unbekannte schwarze String-Band, zirka 1860, © Dan Smith; Gesamtgestaltung: Joan Pelosi.

Seite 21 – Design Joan Pelosi.

Seite 39 – Document Records.

Seite 51 – Foto: zirka 1930, Mimosa Records; Gesamtgestaltung: Joan Pelosi.

Seite 83 – Foto: © Jack Delano; Gesamtgestaltung: Nick Perls.

Seite 103 – Foto: ›The Paramount Book Of Blues‹, 1927.

Seite 115 – Illustration: William Bollender; Gesamtgestaltung: W. Hopkins.

Seite 139 – Document Records.

Seite 149 – Metro Records.

Seite 177 – Blues Encore.

Seite 195 – Titelbild und Deko-Schrift: Reinhard Michl.

Seite 205 – Foto: Cynthia Carris; Cover-Konzeption: Rachel Faro; Gesamtgestaltung: Dean Janoff.

Seite 227 – Foto: Volker Albold; Gesamtgestaltung: Johannes Liehner.

Hinweise zur CD

All That Blues
Original Blues Classics
℗ Fantasy, Inc.
Produktion: ZYX-Music GmbH

1. Willie Dixon / Memphis Slim   That's My Baby   3:22
   (Willie Dixon) Monona Music Co.-BMI

2. Lonnie Johnson   No Love For Sale   3:01
   (Lonnie Johnson) Prestige Music-BMI

3. Memphis Slim   Grinder Man Blues   4:32
   (Peter Chatman) Duchess Music / Wabash Music-BMI

4. Odetta   Weeping Willow Blues   2:34
   (Paul Carter) C. R. Publ. Co.-ASCAP

5. Albert Hunter With Lovie Austin
   And Her Blues Serenaders   St. Louis Blues   2:23
   (W. C. Handy) P. D.

6. Otis Spann   The Blues Never Die   3:40
   (Otis Spann) Prestige Music-BMI

7. Fred McDowell   Milk Cow Blues   3:31
   (Kokomo Arnold) MCA, Inc.-ASCAP

8. Reverend Gary Davis   Say No To The Devil   3:57
   (Rev. Gary Davis) Chandos Music-ASCAP

9. Lightnin' Hopkins   Automobile Blues   4:31
   (Sam Hopkins) Prestige Music-BMI

10. Sonny Terry   One Monkey Don't Stop The Show   3:09
    (Sonny Terry) Prestige Music-BMI

11. Memphis Slim   Steady Rolling Blues   4:31
    (Peter Chatman) Arc Music Corp.-BMI

12. Pink Anderson   I've Got Mine   3:06
    (Traditional) Chandos Music-ASCAP

13. Lightnin' Hopkins   Back To New Orleans   3:20
    (Sonny Terry / Brownie McGhee) Pru Music-BMI

Hinweise zur CD

14. Billie And Dede Pierce — Nobody Knows You, When You're Down And Out — 4:08
    (James Cox) MCA, Inc.-ASCAP

15. Sonny Terry — Ida Mae — 3:18
    (Sonny Terry) Prestige Music-BMI

16. Jesse Fuller — Leavin' Memphis, Frisco Bound — 4:33
    (Jesse Fuller) Hillgreen Music-BMI

17. Lightnin' Hopkins — The Walkin' Blues — 3:22
    (Sam Hopkins) Prestige Music-BMI

18. Jimmy Witherspoon — Baby, Baby, Baby — 2:58
    (David-Livingston) Polygram Intl. / Hallmark Music-ASCAP

19. Jesse Fuller — You Can't Keep A Good Man Down — 2:23
    (Jesse Fuller) Hillgreen Music-BMI

20. Big Joe Williams — Rollin' And Tumblin' — 2:36
    (McKinley Morganfield) Arc Music / Water Tunes-BMI

21. King Curtis — Trouble In Mind — 2:56
    (Richard Jones) MCA Music-ASCAP

TT 71:51